幼教、幼护类专业公共基础课教材

大学语文

DAXUE YUWEN

主　编◎曾新华
副主编◎田　晔　陈　芳　连慧玲
钟晓星　杨校育　秦中应

西南师范大学出版社
国家一级出版社　全国百佳图书出版单位

图书在版编目(CIP)数据

大学语文 / 曾新华主编. — 重庆 : 西南师范大学出版社, 2020.8

ISBN 978-7-5697-0296-5

Ⅰ. ①大… Ⅱ. ①曾… Ⅲ. ①大学语文课 – 高等学校 – 教材 Ⅳ. ①H193.9

中国版本图书馆 CIP 数据核字(2020)第 096395 号

大学语文

曾新华　主编

责任编辑: 熊家艳
责任校对: 翟腾飞
装帧设计: 品木设计公司
排　　版: 王　兴
出版发行: 西南师范大学出版社
地址:重庆市北碚区天生路 2 号
邮编:400715
市场营销部电话:023-68868624
印　　刷: 重庆市正前方彩色印刷有限公司
幅面尺寸: 185 mm×260 mm
印　　张: 14.75
字　　数: 322 千字
版　　次: 2020 年 8 月 第 1 版
印　　次: 2020 年 8 月 第 1 次印刷
书　　号: ISBN 978-7-5697-0296-5

定　　价: 49.00 元

前言

PREFACE

2020年是恢复大学语文这门课程的第四十周年。这本《大学语文》主要面向幼教、幼护类专业学生和教师而编写的一本公共基础课教材，教材在范文选读和岗位实践活动的安排上遵循学前教育、幼儿发展与健康管理及幼儿保育等专业对人文素质教育目标的现实要求，以语文教学与实践、专业认知、职业素养为核心，力求做到既服务于专业培养目标又能提高学生的人文素质，为“人的全面发展”打下夯实基础。

十年前，在著名文艺理论家徐中玉先生的署名文章《我为何倡导“大学语文”》中，他曾回忆：“‘大学语文’这门公共课，曾经在我国高校中普遍开设，是各类非中文专业一年级学生的必修课，而后中断近三十年。改革开放后的1980年，我与时任南京大学校长的匡亚明教授联合发起倡议，在高校中重新开设‘大学语文’课程。当时高校的文化素质教育与专业教育严重脱节，大学生普遍存在人文知识匮乏、文化素养缺失的问题，恢复大学语文课程主要是针对这一现状提出的。我与匡亚明、苏步青等人，希望通过这门课程的开设，提升大学生的人文精神和综合素质。三十多年的实践证明，大学语文课程的目标定位是正确的。”

徐中玉先生认为：“在大学，语文课程是重要的通识性课程。大学语文究竟怎么样才能教得好？学生如何才能学得好？大学语文教学贵在以学生的需要为中心，力求引导学生，使他们确立自觉、积极的学习态度。师生之间互相帮助，教学相长，共同进步。作为老师，在教学过程中，在学生读了一部分作品之后，我们应适当就课文中的某些话题、学生们遇到的各类问题在师生间组织一些讨论。同时，学习一篇课文，学生要多想想，哪些方面好，对自己为人处世有哪些触动、启发；哪些方面还不太理解、不够清楚，有什么感受或者疑问，尽可在课内或课外提出来大家讨论。”

山东大学人文社科一级教授，北京大学原中文系主任温儒敏认为：“‘大学语文’主要还是激发和培养学生对语文的兴趣，也就是民族语言、文学、文化的兴趣。把以往可能在应试教育中丧失了的这种兴趣重新激发起来，让学生体味语文之美，培养对民族语言文化的亲近感和自豪感。大学语文不等于文学欣赏课，它还有一些语言文字方面的内容，是一门综合课。”

习近平在2018年全国教育大会上的讲话谈道:“要把立德树人融入思想道德教育、文化知识教育、社会实践教育各环节,贯穿基础教育、职业教育、高等教育各领域,学科体系、教学体系、教材体系、管理体系要围绕这个目标来设计,教师要围绕这个目标来教,学生要围绕这个目标来学。凡是不利于实现这个目标的做法都要坚决改过来。”

本教材按照幼教、幼护类专业岗位需要,设计了“幼师职业与师风师德”“教育艺术与人文素养”“职业技能与幼师文书”“沟通技巧与家园共育” “心理健康与爱岗敬业”“文学欣赏与终身学习”六个项目;每个项目由范文、岗位实践及主题实践等几个部分构成,从人文素养和职业准备两个维度探寻大学语文与职业成长的契合点,唤起学生自主学习、自我探究的内在学习动力,让学生在语文学习中联系专业认知,并在语言文字中感受作为一名幼儿教育工作者应该具备怎样的人文素质和职业道德。本教材的选文注重经典性、实用性、时代性和专业性的结合,力求贴近学生生活,贴近学生情感,贴近学生心灵,充分发挥语文为幼教工作者发展服务的功能。

本教材由铜仁职业技术学院曾新华担任主编,由铜仁职业技术学院田晔、陈芳、连慧玲、钟晓星、杨校育、秦中应担任副主编。具体分工如下:项目一由曾新华编写;项目二由田晔编写;项目三由陈芳编写;项目四由连慧玲编写;项目五由钟晓星编写;项目六由杨校育和秦中应编写。全书由曾新华统稿、定稿、通读。限于编者的能力和水平,书中难免存在谬误和不完善的地方,恳请各位专家批评指正。

目录
CONTENTS

项目一　幼师职业与师风师德

项目二　教育艺术与人文素养

项目三　职业技能与幼师文书

项目四　沟通技巧与家园共育

项目五　心理健康与爱岗敬业

项目六　文学欣赏与终身学习

PART 1

项目一

幼师职业与师风师德

学习目标:

1.能体会幼师职业的内在责任与价值;能够赏析范文中关于敬业、乐业、选择、大学自由的内涵。

2.能够欣赏、品味作品中的情感价值,并能分析与师风师德具体衔接的内容;能准确完整地写一篇幼儿教师师风师德演讲稿,并录制演讲视频。

3.能够感受作品魅力,提升人文素养;养成自主赏读文学的习惯。

幼儿园教师是专业而有尊严的职业[1]

虞永平

导　读

虞永平,中国学前教育研究会理事长,南京师范大学教授。2018年我国学前教育宣传月的主题是“我是幼儿园教师”。虞永平教授撰写的《幼儿园教师是专业而有尊严的职业》从幼儿园教师的职业基础全面分析了幼教职业的神圣与伟大,同时为幼教职业树立了鲜明旗帜。

选　文

今年的学前教育宣传月主题为“我是幼儿园教师”,全社会将关注的目光投向250万幼儿园教师,讴歌他们的奉献精神,确认他们的专业性,关注他们的成长和发展,这充分体现了国家对学前教育和幼儿园教师的重视,充分说明了幼儿园教师对儿童成长具有重要的作用。

一、幼儿园教师的奉献支撑了我国的学前教育事业

幼儿园教师是一个光荣和神圣的职业。幼儿园教师是儿童成长发展的重要引路人,对于儿童良好生活态度、学习习惯、行为品质的养成具有重要的作用。长期以来,广大幼儿园教师为祖国的学前教育事业兢兢业业、奋发有为、任劳任怨,他们支撑着我们这个拥有4600多万在园儿童的世界上最庞大的学前教育体系,培养了一代又一代的新人,夯实了我国劳动力素质的根基,谱写了我国学前教育事业的新篇章。从马背上的摇篮到新中国幼儿园的大发展,再到改革开放以来幼儿园的内涵建设,尤其是2010年以来学前教育的新发展,都凝聚了一代代幼儿园教师的青春和汗水。

今年的学前教育宣传月,教育部组织了“我是幼儿园教师”的征文活动,收到了大量的来稿。很多教师讲述了自己平凡又有意义的专业生活和青春故事。例如,注重细节的贵州省的马丽琼老师,发现一个小朋友没有到幼儿园,几经周折追寻具体的原因,结果挽救了因二氧化碳中毒的祖孙三人;接收哈尼族外来务工人员子女的江苏某幼儿园的蔡冬梅老师,冒着风雪赶往幼儿园,给哈尼族孩子送早点、送衣物,尚不会汉语的孩子终于感动地冒出了一句

[1] 摘自中华人民共和国教育部官方网站新闻专题报道,2018年5月21日。

“妈妈早!”;四川省的李珊珊老师,没有豪言壮语,也没有惊天动地的壮举,但为了孩子,她可以和同事坚持说服木器厂将作为垃圾和柴火的木块送给幼儿园,她们用双手挖出木块,不管刺伤和流血,用背篓背回幼儿园,加工成安全的玩具。

大量的故事说明了,幼儿园教师心里永远装着孩子,孩子在老师心中是第一位的,为了孩子她们可以忍受病痛、劳累和清贫,为了孩子她们无怨无悔地奉献出自己的青春。正是这些坚守幼儿园教育岗位,并不断努力工作的幼儿园教师,推动了我国学前教育事业不断跨上新的台阶。

二、幼儿园教师的专业性确保了儿童有效的学习

学前教育是一个专业,幼儿园教师是一个拥有专业素养的职业。为儿童创造良好的生活和活动环境,引导儿童在与丰富多彩的环境相互作用的过程中充实生命,获得成长,这是幼儿园教师的重要使命。保障幼儿园教师完成这一使命的关键就是教师的专业性。

幼儿园教师是专业人员,需要经过专业的学习和训练,以获得专业的态度、知识和能力。幼儿园教师不仅要有多学科的系统知识,还要有知识转化的能力。幼儿园教师不是书本知识的搬运工,她们必须在清晰把握儿童发展的基础上,将知识进行浅显易懂的转化,让儿童在现实的情境和多样化的活动中感受知识,让儿童在探索、交往、体验和表达的过程中,在发现问题和解决问题的过程中,获得经验,得到发展。幼儿园教师还应该具有观察并分析幼儿发展的能力、计划和设计多种活动的能力、挖掘和利用资源的能力、环境创设的能力、组织活动的能力以及评价的能力等专业能力,这也是幼儿园教师的看家本领。幼儿园教师获得这些专业能力,需要经受系统的学习和训练。从这个意义上说,幼儿园教师是专业人员,具有不可替代性。

三、幼儿园教师的工作成就了幼儿全面的发展

幼儿园教师的工作是艰巨而复杂的。幼儿园教育必须关注儿童健康、语言、社会、科学及艺术各个领域的协调发展。幼儿园教师必须坚持以儿童为本,对儿童的教育都必须建立在观察分析儿童的基础之上。幼儿园教育的内容是从儿童出发的,基于儿童的需要和兴趣,基于儿童的现实生活,基于幼儿园特定的资源,制订计划和组织活动,而不是依循固定不变的教材,这是对幼儿园教师的重大挑战,也说明了幼儿园教师工作的复杂性和创新性。

幼儿的身心发展规律和学习特点决定了他们的学习内容比中小学学生学习的内容要简单一些,但这并不意味着幼儿园教师的工作就比中小学简单。幼儿的学习是整体性、综合性的,教师的主要工作不是分门分科的知识讲授,必须努力让儿童在多样化的活动中获得有机联系的综合的经验。幼儿园教师必须将教育内容情境化、经验化和过程化,把儿童引导到亲身体验和实际操作的过程中,幼儿园教育大多需要经历观察了解儿童、确定教育目标和内容、创设活动环境、准备活动材料、支持和引导活动等多个环节。幼儿园教师要为教育活动

付出大量劳动，因此幼儿园教师的劳动是艰巨的和复杂的。

幼儿园教师的工作需要爱心、耐心和责任心。儿童处在身心发展的重要阶段，生活自理能力还比较弱，特别需要老师周到的照顾和呵护。幼儿园教师的工作是保育和教育相结合的，对儿童一日生活的各个环节全程照护，全面负责，幼儿园教师没有什么课间休息，时刻保持对儿童的关注，尽可能满足儿童多样化的需求，身心一直处于高度紧张的状态。一个母亲照顾一个孩子，尚感到疲惫不堪，同时科学照护三十个孩子，幼儿园教师承受的压力和付出的精力是可想而知的。这些工作都需要幼儿园教师的专业知识和专业能力，更需要教师的爱心、细心、耐心等专业态度和情感。

我国的学前教育事业需要一批又一批热爱儿童、立志教育的优秀幼儿园教师，幼儿园教师的职业应该由大量的优秀青年来担负。学前教育是人力资源强国战略的起始工程，是在构筑国家未来的长城，是在积聚民族的竞争力，幼儿园教师是学前教育的第一资源。因此，我们呼吁全社会充分认识幼儿园教师的地位和作用，充分认识幼儿园教师的专业性，要进一步加大对学前教育的投入，尤其要加强对教师权益的维护，让每个教师远离生活的窘迫，真正能有尊严地从事教育儿童的工作。必须下大力气解决幼儿园教师的地位和待遇问题，必须下大力气提升幼儿园教师的职业获得感和幸福感。应充分考虑幼儿园教师的工作规律，为她们进一步的专业成长和创造性劳动创造更好的条件。

让我们为造就一支热爱儿童、勇于奉献、有职业尊严感的高素质的幼儿园教师队伍而共同努力！

★学习与探究★

1. 分层式写作是一般文章报告的基本写作方式，能够完整凸显文章的基本要义。本文用了何种写作方式？在阅读过程中，你是如何快速获得文中信息内容的？

2. 请谈谈你是如何理解文中“幼儿园教师的工作需要爱心、耐心和责任心。儿童处在身心发展的重要阶段，生活自理能力还比较弱，特别需要老师周到的照顾和呵护。幼儿园教师的工作是保育和教育相结合的，对儿童一日生活的各个环节全程照护，全面负责，幼儿园教师没有什么课间休息，时刻保持对儿童的关注，尽可能满足儿童多样化的需求，身心一直处于高度紧张的状态。”这一段内容的？你对幼师这个职业的理解是怎样的？

3. 结合全文谈谈，如何成为一名合格的幼儿园教师？幼儿园教师最需要具备的能力是什么？

幼儿期的人(节选)[1]

德国 福禄培尔

导　读

弗里德里希·威廉·奥古斯特·福禄培尔(1782—1852年),德国教育家,被公认为是19世纪欧洲最重要的教育家之一,是现代学前教育的鼻祖,有“幼儿教育之父”之称 。他不仅创办了第- 所称为“幼儿园”的学前教育机构,他的教育思想迄今仍在主导着学前教育理论的基本方向。福禄培尔的教育思想与实践对世界各国幼儿教育的发展起到深远的影响。福禄培尔认为,游戏是儿童的内在本能,尤其是活动本能,因而对儿童的教育,不应加以束缚、压制,也不应拔苗助长,而是应当顺应其本性,满足其本能的需要,如同园丁顺应植物的本性,给植物施以肥料,配合以合适的日照、温度。

选文从人的自然发展出发说明一个道理:抚育子女的内容和目的就是唤醒、发展和激发孩子的全部力量和全部素质,培养人的四肢和一切器官的能力,满足他的素质和力量的要求。

选　文

在一个刚刚出生到世界上的人面前,即幼儿面前,出现的一个外部世界,尽管总是由同一些事物按照同一种结构组成,然而对他来说,最初是由处于迷雾般朦胧的、无形的黑暗和杂乱无章的混沌状态的,甚至幼儿本身和外部世界也相互混合的那种虚空构成的。然后,来自这种虚空和迷雾的事物,特别通过从父母或母亲方面来的、最早出现在幼儿和外部世界两者之间的、起初把这两者分开、然后又把两者统一起来的言语,首先是个别和稀少地、最后是多样地和常常按照本身内部包含着的固定的独特性展现在幼儿面前,于是人,即幼儿,最后把自己也看作一个具有一定独特性的、完全不同于其他一切事物的客观对象。所以,在人的心灵和精神中,在人类的思想发展史中,在人类意识的历史中,在儿童身上,在每个儿童从他出生到世界上起直到最后作为一个人自己意识到身居伊甸园以及在这里体验到展现在他面前的美丽的自然为止所获得的经验里,正如圣书里所向我们讲述的那样,复现着万物发展和

[1] 本文选自福禄培尔著,孙祖复译《人的教育》,人民教育出版社1991年出版。

被创造的历史。同样地，在每一个儿童身上，在以后的时期里，按其本性会重复同样的行为，这种行为标志着道德的解放、人的解放的开始和理性的开始，标志着全人类道德的解放、人的解放的开始和全人类理性的开始，而且这种解放和理性，为创造人类自由起见，是必然要开始的。从自身中去认识、去捉摸、去洞察整个人类发展的历史，直到该历史目前已经到达的一点，或者直到任何固定的一点，这一切，乃是每一个心灵和人，特别是注意到自己发展的每个心灵和人的使命。为此，每一个人，凡能够做到的，应被要求把他自己和别人的一生及早地和经常地作为一个继续不断地、按照上帝的法则发展着的整体来认识和看待，并且每一个人都应当这样来认识和看待他自己和别人的一生。只有按照这种方式，人才能理解历史，理解人类发展的历史，理解自身，理解他自身发展的历史、现象和事实，理解他自己的心灵、性情和精神的历史。只有这样，他才能理解别人，只有这样，父母才能理解他们的孩子。

……

按照通过对立物认识事物的规律，幼儿的听觉器官首先得到发展。然后，通过听觉和在听觉的引发、制约、刺激下，视觉也得到发展。幼儿身上这两种感觉的发展，才使父母和周围的人有可能在物体同它们的对立物之间、物体同言语之间、然后是物体同符号之间建立最密切的联系，结合得像一个东西一样，像一个相互交错、相互重叠的共存之物一样，从而引导幼儿去观察事物和进一步认识事物。

随着感觉的向前发展，幼儿身上又同时地、有规律地发展对身体和四肢的运用，而发展的顺序又决定于它们自身的性质和物质世界事物的特性。

……

随着幼年时期的到来，随着人在外部和通过外部表现内部本质并寻找和力求两者一致的，即寻找和力求结合两者的统一的这一时期的到来，真正的人的教育便开始了。这时，虽然身体的保育减少了，但智力的培育和保护却加强了。但在这一时期，人及其教育还是完全被托付给母亲、父亲和家庭的，他同他们一起，构成一个就本质上说完整的、不可分割的统一体。因为作为表现手段的语言，这时仅仅被看作可以听到的东西，说话在这一阶段上还是一种与人完全不分的东西。他还根本不认识作为某种固有的东西而存在的语言。它像他的手臂、眼睛、舌头一样，同他合为一体，而他自己关于它尚一无所知。

……

……所以，这一发展阶段上的儿童，应当正确地和确切地看待一切事物，应当正确地、确切地、肯定地和纯正地描绘一切事物，无论就事物本身来说，还是按其本质和特性来说，都应当这样对待。他应当正确地描绘物体与空间和时间的关系，以及物体彼此之间的关系和物体对物体本身的关系，用恰当的名称和词汇表达每一个事物、每一个词本身，按照它的音调、音素、结尾等组成部分加以清楚、纯正地使用。由于人的这一发展阶段要求作为儿童的他清楚、正确、纯正地描绘一切，因此就极其需要把他周围的一切东西正确地、清楚地、纯正地展示在他的面前，使他能够正确地、清楚地、纯正地看到并认识这一切；两者是不可分割和相互依存的。然而在这一阶段，正如语言同说话的人还是一体的一样，对于说话的儿童来说，语言和语言符号同要描绘的对象也是一体的，也就是说，他还不能把词与事物分开，正如他还不能把身体与精神、肉体与灵魂分开一样。它们对他来说还是一体的、同一的东西。儿童在这一时期的游戏尤其可以表明这一点。儿童在游戏中，只要他能够说话，是很想多说话的。游戏和说话是儿童这时生活的要素，因此，处在人的这一发展阶段上的儿童，视每一个事物是有生命、感情和言语能力的，并相信每一个事物都在听他说话。这正是由于儿童开始把他的内在本质向外表现，所以在他看来，他周围的其他一切东西也能进行与他相同的活动，不管它是一块石头或一块木头，不管是一棵植物、一朵花或一个动物，都是如此。

这样，对于这一发展阶段上的儿童来说，正如他的生活本身得到发展、他同父母和家庭的生活得到发展以及他同一种对于他和对于这些与他共同生活的人来说崇高的、看不见的力量处在一起的生活得到发展一样，特别是他在——像他感觉到的那样——包含着同他相同生活的自然中以及同自然一起的生活也得到了发展。特别是父母和家庭的其他成员在这时必须把儿童在自然中和同自然一起的生活，同自然中明确的、无声的事物一起的生活作为儿童整个生活的关键来加以培育。而这一点，特别应当通过游戏，通过儿童游戏的培育来实现，而这种游戏在最初仅仅是自然的生活。

游戏是儿童发展的、这一时期人的发展的最高阶段，因为它是内在本质的自发表现，是内在本质出于其本身的必要性和需要的向外表现，“游戏”一词本身就说明了这一点。游戏是人在这一阶段上最纯洁的精神产物，同时是人的整个生活、人和一切事物内部隐藏着的自然生活的样品和复制品。所以游戏给人以欢乐、自由、满足，内部和外部的平静，同周围世界的和平相处。一切善的根源在于它、来自它、产生于它。一个能干的、自发的、平心静气的、坚忍不拔的、直到身体疲劳为止坚持游戏的儿童，也必然成为一个能干的、平心静气的、坚忍不拔的、能够以自我牺牲来增进别人和自己幸福的人。一个游戏着的儿童，一个全神贯注地沉醉于游戏中的儿童不就是这一时期儿童生活最美好的表现吗？

……

在幼年时期的这几年里，儿童的食物和进食是十分重要的，它不仅对于儿童目前的年龄和生活来说是重要的，而且对他整个未来的生活来说也是重要的，因为儿童可以通过他的食物、通过他的进食而成为怠惰或勤勉、萎靡不振或充满朝气、迟钝或敏捷、缺乏生气或充满活力的人。而且儿童以这种方式接受的、通过他的食物的性质接受的印象、性向、嗜好、感觉的倾向，甚至他所特有的生活倾向，生活中各种活动的倾向是难以摆脱的，甚至将来他已经成了自立的人时还是难以摆脱。它们同他整个肉体的生活成为一体，因而也同他的精神生活紧密联系，至少同他的感觉和情感紧密联系。所以儿童在母乳之后最初的食物应当简单而适度，不超出绝对必要的限度之外的人工的和精制的食物，尤其不要用过多的香料来刺激食欲，也不要太油腻，以免阻碍内脏器官的活动。

……

因此，在家庭范围内，父母抚育子女的内容和目的就是唤醒、发展和激发孩子的全部力量和全部素质，培养人的四肢和一切器官的能力，满足他的素质和力量的要求。母亲出自自己的天性，在没有任何指导和要求，没有经过任何学习的情况下本能地自发地做所有这一切。然而这样是不够的，她必须把孩子看作一种有意识的生物，对一种正在觉悟中的生物发生作用，有意识地引导孩子实现人的经常不断地发展，在自己同孩子之间在一定程度上建立起内心的、活生生的、自觉的联系。

……

尽管如此，有节奏、有规律的动作的完美的早期发展对一个孩子和一个人的一生的最近和将来具有极大的好处。如果早期教育中很早就中断有节奏的、合乎节拍的有规律动作的发展，我们作为教育者将会给自己带来许多损失，而使作为受教育者的学生和人蒙受的损失则更大。作为受教育者的儿童是比较容易理解合乎规律的、适度的生活的。许多为所欲为的、不适当的和粗暴的东西较容易从生活中、从行动和动作中消失，而代之以更多的自制、节度和协调。同时，以后也较容易在他身上形成对自然和艺术、音乐和诗歌的深刻的鉴赏力。

★学习与探究★

1. 阅读全文，总结出福禄培尔认为处于幼儿期的人在成长过程中最需要成人帮助其发展的几个方面。

2. 福禄培尔认为，幼儿与学龄儿童的身心发展特点不同，幼儿园的主要目标不在于儿童能从中学到多少知识，而在于帮助儿童的身心发展。结合自身基础思考，当代幼儿教育过程中的一日常规活动从哪些方面体现了福禄培尔的教育理念？

3. 幼儿教师主要对幼儿进行启蒙教育，帮助他们获得有益的学习经验，促进其身心全面和谐发展。幼儿教师在教育过程中的角色绝不仅仅是知识的传递者，还是幼儿学习活动的支持者、合作者、引导者。幼儿教师的职业素养表现在执着的事业心、自信自尊、良好形象、爱心和童心、沟通能力、组织活动能力、自学能力几个方面；同时《幼儿园教师专业标准（试行）》以“师德为先、幼儿为本、能力为重、终身学习”为核心，你能举例说明幼师这个职业的主要任务是什么吗？

黄昏[1]

何其芳

导　读

何其芳（1912—1977年），原名何永芳，生于重庆万州，现代诗人、散文家、文学评论家，中国科学院哲学社会科学学部委员。1935年于北京大学哲学系毕业。《黄昏》是一篇美得令人忧伤的散文，典型的何其芳"独语"调式，感伤的黄昏，沉默的街道，孤独的文人，飘飞的思绪。何其芳在《谈〈画梦录〉和我的道路》中说："《黄昏》那篇小文章就是一个界石。在那以前，我是一个充满了幼稚的伤感，寂寞的欢欣和辽远的幻想的人。在那以后，我却更感到了一种深沉的寂寞，一种大的苦闷，更感到了现实与幻想的矛盾，人的生活的可怜，然而找不到一个肯定的结论。"

选　文

马蹄声，孤独又忧郁地自远至近，洒落在沉默的街上如白色的小花朵。我立住。一乘古旧的黑色马车，空无乘人，纡徐地从我身侧走过。疑惑是载着黄昏，沿途散下它阴暗的影子，遂又自近至远地消失了。

街上愈荒凉。暮色下垂而合闭，柔和地，如从银灰的归翅间坠落一些慵倦于我心上。我傲然，耸耸肩，脚下发出凄异的长叹。

一列整饬的宫墙漫长地立着。不少次，我以目光叩问它，它以叩问回答我：

——黄昏的猎人，你寻找着什么？

狂奔的猛兽寻找着壮士的刀，美丽的飞鸟寻找着牢笼，青春不羁之心寻找着毒色的眼睛。我呢？

我曾有一些带伤感之黄色的欢乐，如同三月的夜晚的微风飘进我梦里，又飘去了。我醒来，看见第一颗亮着纯洁的爱情的朝露无声地坠地。我又曾有一些寂寞的光阴，在幽暗的窗子下，在长夜的炉火边，我紧闭着门而它们仍然遁逸了。我能忘掉忧郁如忘掉欢乐一样容易吗？

小山巅的亭子因暝色天空的低垂而更圆，而更高高地耸出林木的葱茏间，从它我得到仰望的惆怅。在渺远的昔日，当我身侧尚有一个亲切的幽静的伴步者，徘徊在这山麓下，曾不

[1] 本文选自《何其芳散文选集》，百花文艺出版社2009年出版。

经意地约言：选一个有阳光的清晨登上那山巅去。但随后又不经意地废弃了。这沉默的街，自从再没有那温柔的脚步，遂日更荒凉，而我，竟惆怅又怨抑地，让那亭子永远秘藏着未曾发掘的快乐，不敢独自去攀登我甜蜜的想象所萦系的道路了。

一九三三年初夏

★学习与探究★

1.用你最好的普通话朗读一遍全文，并说出文章带给你最深刻的体会是什么。

2.散文是一种抒发作者真情实感、写作方式灵活的记叙类文学体裁。尽管作者是一个孤傲清高的文人，面对暮色"如银灰的归翅间坠落一些慵倦于我心上。我傲然，耸耸肩"。可是，心中的忧愁却如春水一般，慢慢地溢了出来。那是失落的爱情的感伤。"我醒来，看见第一颗亮着纯洁的爱情的朝露无声地坠地。"分析全文，作者要表达困扰他的主要情感是什么？

3.作者所抒发的是一种隐隐的忧愁，但联系当时的社会环境，这种忧愁不是凭空而来的，在当时的社会里也不是罕见的。结合自身经历思考，在你身上是否也有同样忧愁的情绪产生过？作为一名未来的幼儿教育工作者，你认为生活与社会带给你的忧伤是否会影响你的职业发展，会造成怎样的影响？

4.通过网络搜集何其芳的其他诗歌、散文等著作，感受文学作品的力量。

边城（节选）[1]

沈从文

导　读

沈从文（1902—1988年），原名沈岳焕，乳名茂林，字崇文，笔名休芸芸、甲辰、上官碧、璇若等，湖南凤凰县人，中国著名作家、历史文物研究者。在沈从文看来，"城市"是民族文化的歧路，"现代化"是人类退化的根源。他要为现代的都市人呈现另一种生活、另一种人情，在他看来，乡下原始、淳朴、自然的人性和人生，才是民族理想的精神和人生状态，他要展现这种人生的境界，为民族灵魂的再造提供他独特的方案。

《边城》以牧歌式的情调描绘出田园诗般的边城世界。这里的人民保持着淳朴自然、

[1] 本文选自沈从文著《边城》，人民文学出版社2000年出版。

真挚善良的人性美和人情美。他们诚实勇敢、乐善好施、热情豪爽、轻利重义、守信自约，“凡事只求个心安理得”。没有惊心动魄的社会巨变和激烈复杂的矛盾冲突，但风格深远自然、清灵纯朴、和谐隽永，如一幅美丽的乡村图画，被誉为“现代文学史上最纯净的一个小说文本”和“中国现代文学牧歌传说中的顶峰之作”。他的散文独具魅力，为现代散文增添了艺术光彩。

选　文

由四川过湖南去，靠东有一条官路。这官路将近湘西边境到了一个地方名为“茶峒”的小山城时，有一小溪，溪边有座白色小塔，塔下住了一户单独的人家。这人家只一个老人，一个女孩子，一只黄狗。

小溪流下去，绕山岨流，约三里便汇入茶峒的大河，人若过溪越小山走去，则只一里路就到了茶峒城边。溪流如弓背，山路如弓弦，故远近有了小小差异。小溪宽约廿丈，河床为大片石头作成。静静的水即或深到一篙不能落底，却依然清澈透明，河中游鱼来去皆可以计数。小溪既为川湘来往孔道，限于财力不能搭桥，就安排了一只方头渡船，一次连人带马，约可以载二十位，人数多时则反复来去。渡船头竖了一枝小小竹竿，挂着一个可以活动的铁环，溪岸两端水面牵了一段废缆，有人过渡时，把铁环挂在废缆上，船上人则引手攀缘那横缆，慢慢地牵船过对岸去。船将拢岸了，管理这渡船的，一面口中嚷着“慢点慢点”，自己霍地跃上了岸，拉着铁环，于是人货牛马全上了岸，翻过小山不见了。渡头为公家所有，故过渡人不必出钱，有人心中不安，抓了一把钱掷到船板上时，管渡船的必为一一拾起，仍然塞到那人手心里去，俨然吵嘴时的认真神气：“我有了口粮，三斗米，七百钱，够了！谁要这个?!”

但不成，不管如何还是有人把钱的。管船人也为了心安起见，便把这些钱托人到茶峒去买茶叶和草烟，将茶峒出产的上等草烟，挂在自己腰带边，过渡的谁需要这东西皆慷慨奉赠，估计那远路人对于身边草烟引起了相当的注意时，便把一小束草烟扎到那人包袱上去，一面说：“不吸这个吗，这好的，这妙的，送人也很合适！”茶叶则在六月里放进大缸里去，用开水泡好，给过路人解渴。

管理这渡船的，就是住在塔下的那个老人。活了七十年，从二十岁起便守在这小溪边，五十年来不知把船来去渡了若干人。年纪虽那么老了，本来应当休息了，但天不许他休息，他仿佛便不能够同这一分生活离开。他从不思索自己的职务对于本人的意义，只是静静地很忠实地在那里活下去。代替了天，使他在日头升起时，感到生活的力量，当日头落下时，又不至于思量与日头同时死去的，是那个伴在他身旁的女孩子。他唯一的朋友为一只渡船与一只黄狗，唯一的亲人便只那个女孩子。

女孩子的母亲，老船夫的独生女，十五年前同一个茶峒军人，很秘密地背着那忠厚爸爸发生了暧昧关系。有了小孩子后，这屯戍军士便想约了她一同向下游逃去。但从逃走的行为上看来，一个违背了军人的责任，一个却必得离开孤独的父亲。经过一番考虑后，军人见她无远走勇气，自己也不便毁去作军人的名誉，就心想：一同去生既无法聚首，一同去死当无人可以阻拦，首先服了毒。事情业已为作渡船夫的父亲知道，父亲却不加上一个有分量的字眼儿，只作为并不听到过这事情一样，仍然把日子很平静地过下去。女儿一面怀了羞惭一面却怀了怜悯，仍守在父亲身边，待到腹中小孩生下后，却到溪边吃了许多冷水死去了。在一种奇迹中这遗孤居然已长大成人，一转眼间便十三岁了。为了住处两山多篁竹，翠色逼人而来，老船夫随便为这可怜的孤雏，拾取了一个近身的名字，叫作“翠翠”。

翠翠在风日里长养着，故把皮肤变得黑黑的，触目为青山绿水，故眸子清明如水晶。自然既长养她且教育她，故天真活泼，处处俨然如一只小兽物。人又那么乖，如山头黄麂一样，从不想到残忍事情，从不发愁，从不动气。平时在渡船上遇陌生人对她有所注意时，便把光光的眼睛瞅着那陌生人，作成随时皆可举步逃入深山的神气，但明白了人无机心后，就又从从容容地在水边玩耍了。

老船夫不论晴雨，皆守在船头，有人过渡时，便略弯着腰，两手缘引了竹缆，把船横渡过小溪。有时疲倦了，躺在临溪大石上睡着了，人在隔岸招手喊过渡，翠翠不让祖父起身，就跳下船去，很敏捷地替祖父把路人渡过溪，一切皆溜刷在行，从不误事。有时又与祖父黄狗一同在船上，过渡时与祖父一同动手，船将近岸边，祖父正向客人招呼：“慢点，慢点”时，那只黄狗便口衔绳子，最先一跃而上，且俨然懂得如何方为尽职似的，把船绳紧衔着拖船拢岸。

风日清和的天气，无人过渡，镇日长闲，祖父同翠翠便坐在门前大岩石上晒太阳，或把一段木头从高处向水中抛去，嗾身边黄狗自岩石高处跃下，把木头衔回来。或翠翠与黄狗皆张着耳朵，听祖父说些城中多年以前的战争故事。或祖父同翠翠两人，各把小竹作成的竖笛，逗在嘴边吹着迎亲送女的曲子，过渡人来了，老船夫放下了竹管，独自跟到船边去，横溪渡人，在岩上的一个，见船开动时，于是锐声喊着：

“爷爷，爷爷，你听我吹——你唱！”

爷爷到溪中央便很快乐地唱起来，哑哑的声音同竹管声，振荡在寂静空气里，溪中仿佛也热闹了一些。（实则歌声的来复，反而使一切更寂静一些了。）

有时过渡的是从川东过茶峒的小牛，是羊群，是新娘子的花轿，翠翠必争着作渡船夫，站在船头，懒懒地攀引缆索，让船缓缓地过去，牛羊花轿上岸后，翠翠必跟着走，站到小山头，目送这些东西走去很远了，方回转船上，把船牵靠近家的岸边。且独自低低地学小羊叫着，学母牛叫着，或采一把野花缚在头上，独自装扮新娘子。

茶峒山城只隔渡头一里路，买油买盐时，逢年过节祖父得喝一杯酒时，祖父不上城，黄狗就伴同翠翠入城里去备办东西。到了买杂货的铺子里，有大把的粉条，大缸的白糖，有炮仗，有红蜡烛，莫不给翠翠一种很深的印象，回到祖父身边，总把这些东西说个半天。那里河边还有许多船，比起渡船来全大得多，有趣味得多，翠翠也不容易忘记。

★学习与探究★

1.《边城》是沈从文的代表作，曾入选20世纪中文小说100强，排名第二位，仅次于鲁迅的《呐喊》。读完节选范文，继续读完整本书，领悟作品对人性美好的描述。

2. 沈从文第一次登台授课那天，因为紧张，呆呆地站了10分钟。好不容易开了口，急促的10分钟全讲完了。他再次窘迫，无奈，在黑板上写道："我第一次上课，见你们人多，怕了。"下课后，学生议论纷纷，传到北大校长胡适耳里，胡适笑着说："上课讲不出话来，学生不轰他，这就是成功。"站上讲台说话或者在公众场合讲话，你会不会紧张？幼师不仅要面向诸多小朋友讲话，还要面向很多小朋友的家长以及公众讲课评课，需要怎么样的人文素养才能做好公开讲话的准备呢？

★岗位实践★

活动一：

阅读下则案例完成后面的练习。

2019年3月29日，某地一幼儿园内发生一起悲剧：一名4岁男孩因异物卡喉身亡。在事发的几分钟内，这名男孩2次倒地。可在此期间老师却一直看着手机，3分钟后才发现异样。

从监控视频可以看到，当天早上9点多，4岁的源源在吃东西时，疑似被异物卡住了喉咙。只见他自己走到一旁，很努力地想用手把嘴里的东西抠出来，但尝试了多次未果。此时，并没有老师过来查看。

9点13分，源源第一次倒地，还碰歪了教室里放水壶的桌子，引起了附近几个小朋友的注意，但同样没有老师来查看情况。

之后，源源一度从地上爬起来，但没走几步就一头撞在墙上再次仰面倒地，并在地上痛苦翻滚，但依旧没有老师过来查看情况。

监控显示，源源第二次倒地3分钟后，才有一名身穿黄色外套的老师急忙跑来，但此时源源已经躺在地上不动了。

120赶到现场后，立即对源源实施抢救。但遗憾的是，最终抢救无效，源源不幸身亡。源源的家长表示，经他们了解，源源发生意外的时候，幼儿园的老师一直在玩手机，这才导致3分钟内无人来帮助源源。

1. 根据上述材料，你认为悲剧发生的主要问题出在哪里？

2. 你认为幼儿教师师风师德在日常工作中体现在哪些方面？请举例说明。

活动二：

主题：我眼中的幼儿园老师

形式：宣讲

提示：请同学们收集典型突出的幼儿园教师案例，并结合幼儿园的观摩情况，以图文PPT的形式展现你眼中的幼儿园老师是怎样的职业。

青年在选择职业时的考虑[1]

德国 马克思

导 读

马克思(1818—1883年)，德国伟大的思想家、政治学家、哲学家、经济学家、革命理论家和社会学家。马克思主义的创始人之一，第一国际的组织者和领导者，国际共产主义运动的开创者。他的理论贡献为两个方面：唯物史观与剩余价值学说。唯物史观揭示了人类社会由低级向高级发展，最终向共产主义社会发展的客观规律；剩余价值学说研究了资本主义制度的经济关系，揭露了资本家剥削的秘密。主要著作有《资本论》《共产党宣言》等。

《青年在选择职业时的考虑》是马克思于1835年8月12日在特里尔中学毕业考试时写的德语作文。作文本身反映出他受到校长约翰·维滕巴赫的思想影响。维滕巴赫对作文的总评语是："相当好。文章的特点是思想丰富，布局合理，条理分明，但是一般来说作者在这里也犯了他常犯的错误，过分追求罕见的形象化的表达；因此，在许多加有着重号的地方，在个别措辞以及句子的连接上，叙述时就缺乏必要的鲜明性和确定性，往往还缺乏准确性。"从评价和保存次序来看，这篇作文是班里第五篇优秀作文。为人类服务，这是少年马克思的崇高理想，也是文中所阐述的主要思想。在漫长的斗争岁月中，他始终不渝地忠实于少年时代的誓言。

选 文

自然本身给动物规定了它应该遵循的活动范围，动物也就安分地在这个范围内活动，而

[1] 本文选自中文马克思主义文库《马克思恩格斯全集·第一卷(下册)》(第二版)。

不试图越出这个范围，甚至不考虑有其他范围存在。神也给人指定了共同的目标——使人类和他自己趋于高尚，但是，神要人自己去寻找可以达到这个目标的手段；神让人在社会上选择一个最适合于他、最能使他和社会变得高尚的地位。

这种选择是人比其他创造物远为优越的地方，但同时也是可能毁灭人的一生、破坏他的一切计划并使他陷于不幸的行为。因此，认真地权衡这种选择，无疑是开始走上生活道路而又不愿在最重要的事情上听天由命的青年的首要责任。

每个人眼前都有一个目标，这个目标至少在他本人看来是伟大的，而且如果最深刻的信念，即内心深处的声音，认为这个目标是伟大的，那它实际上也是伟大的，因为神决不会使世人完全没有引导者；神轻声地但坚定地作启示。

但是，这声音很容易被淹没；我们认为是热情的东西可能倏忽而生，同样可能倏忽而逝。也许，我们的幻想蓦然迸发，我们的感情激动起来，我们的眼前浮想联翩，我们狂热地追求我们以为是神本身给我们指出的目标；但是，我们梦寐以求的东西很快就使我们厌恶，于是，我们便感到自己的整个存在遭到了毁灭。

因此，我们应当认真考虑：我们对所选择的职业是不是真的怀有热情？发自我们内心的声音是不是同意选择这种职业？我们的热情是不是一种迷误？我们认为是神的召唤的东西是不是一种自我欺骗？不过，如果不对热情的来源本身加以探究，我们又怎么能认清这一切呢？

伟大的东西是闪光的，闪光会激发虚荣心，虚荣心容易使人产生热情或者一种我们觉得是热情的东西；但是，被名利迷住了心窍的人，理性是无法加以约束的，于是他一头栽进那不可抗拒的欲念召唤他去的地方；他的职业已经不再是由他自己选择，而是由偶然机会和假象去决定了。

我们的使命绝不是求得一个最足以炫耀的职业，因为它不是那种可能由我们长期从事，但始终不会使我们感到厌倦、始终不会使我们劲头低落、始终不会使我们的热情冷却的职业，相反，我们很快就会觉得，我们的愿望没有得到满足，我们的理想没有实现，我们就将怨天尤人。

但是，不仅虚荣心能够引起对某种职业的突然的热情，而且我们也许会用自己的幻想把这种职业美化，把它美化成生活所能提供的至高无上的东西。我们没有仔细分析它，没有衡量它的全部分量，即它加在我们肩上的重大责任；我们只是从远处观察它，而从远处观察是靠不住的。

在这里，我们自己的理性不能给我们充当顾问，因为当它被感情欺骗，受幻想蒙蔽时，它既不依靠经验，也不依靠更深入的观察。然而，我们的目光应该投向谁呢？当我们丧失理性的时候，谁来支持我们呢？

是我们的父母，他们走过了漫长的生活道路，饱尝了人世辛酸。——我们的心这样提醒我们。

如果我们经过冷静的考察，认清了所选择的职业的全部分量，了解它的困难以后，仍然对它充满热情，仍然爱它，觉得自己适合于它，那时我们就可以选择它，那时我们既不会受热情的欺骗，也不会仓促从事。

但是，我们并不总是能够选择我们自认为适合的职业；我们在社会上的关系，还在我们有能力决定它们以前就已经在某种程度上开始确立了。

我们的体质常常威胁我们，可是任何人也不敢藐视它的权利。

诚然，我们能够超越体质的限制，但这么一来，我们也就垮得更快；在这种情况下，我们就是冒险把大厦建筑在残破的废墟上，我们的一生也就变成一场精神原则和肉体原则之间的不幸的斗争。但是，一个不能克服自身相互斗争的因素的人，又怎能抗御生活的猛烈冲击，怎能安静地从事活动呢？然而只有从安静中才能产生出伟大壮丽的事业，安静是唯一能生长出成熟果实的土壤。

尽管我们由于体质不适合我们的职业，不能持久地工作，而且很少能够愉快地工作，但是，为了恪尽职守而牺牲自己幸福的思想激励着我们不顾体弱去努力工作。如果我们选择了力不胜任的职业，那么我们决不能把它做好，我们很快就会自愧无能，就会感到自己是无用的人，是不能完成自己使命的社会成员。由此产生的最自然的结果就是自卑。还有比这更痛苦的感情吗？还有比这更难于靠外界的各种赐予来补偿的感情吗？自卑是一条毒蛇，它无尽无休地搅扰、啃啮我们的胸膛，吮吸我们心中滋润生命的血液，注入厌世和绝望的毒液。

如果我们错误地估计了自己的能力，以为能够胜任经过较为仔细地考虑而选定的职业，那么这种错误将使我们受到惩罚。即使不受到外界的指责，我们也会感到比外界指责更为可怕的痛苦。

如果我们把这一切都考虑过了，如果我们的生活条件容许我们选择任何一种职业，那么我们就可以选择一种使我们获得最高尊严的职业，一种建立在我们深信其正确的思想上的职业，一种能给我们提供最广阔的场所来为人类工作，并使我们自己不断接近共同目标即臻于完美境界的职业，而对于这个共同目标来说，任何职业都只不过是一种手段。

尊严是最能使人高尚，使他的活动和他的一切努力具有更加崇高品质的东西，是使他无可非议、受到众人钦佩并高出于众人之上的东西。

但是，能给人以尊严的只有这样的职业，在从事这种职业时我们不是作为奴隶般的工具，而是在自己的领域内独立地进行创造；这种职业不需要有不体面的行动（哪怕只是表面上不体面的行动），甚至最优秀的人物也会怀着崇高的自豪感去从事它。最合乎这些要求的职业，并不总是最高的职业，但往往是最可取的职业。

但是，正如有失尊严的职业会贬低我们一样，那种建立在我们后来认为是错误的思想上的职业也一定会成为我们的沉重负担。

这里，我们除了自我欺骗，别无解救办法，而让人自我欺骗的解救办法是多么令人失望啊！

那些主要不是干预生活本身，而是从事抽象真理的研究的职业，对于还没有确立坚定的原则和牢固的、不可动摇的信念的青年是最危险的，当然，如果这些职业在我们心里深深地扎下了根，如果我们能够为它们的主导思想而牺牲生命、竭尽全力，这些职业看来还是最高尚的。

这些职业能够使具有合适才干的人幸福，但是也会使那些不经考虑、凭一时冲动而贸然从事的人毁灭。

相反，重视作为我们职业的基础的思想，会使我们在社会上占有较高的地位，提高我们自己的尊严，使我们的行为不可动摇。

一个选择了自己所珍视的职业的人，一想到他可能不称职时就会战战兢兢——这种人单是因为他在社会上所处的地位是高尚的，他也就会使自己的行为保持高尚。

在选择职业时，我们应该遵循的主要指针是人类的幸福和我们自身的完美。不应认为，这两种利益会彼此敌对、互相冲突，一种利益必定消灭另一种利益；相反，人的本性是这样的：人只有为同时代人的完美、为他们的幸福而工作，自己才能达到完美。如果一个人只为自己劳动，他也许能够成为著名的学者、伟大的哲人、卓越的诗人，然而他永远不能成为完美的、真正伟大的人物。

历史把那些为共同目标工作因而自己变得高尚的人称为最伟大的人物；经验赞美那些为大多数人带来幸福的人是最幸福的人；宗教本身也教诲我们，人人敬仰的典范，就曾为人类而牺牲自己——有谁敢否定这类教诲呢？

如果我们选择了最能为人类而工作的职业，那么，重担就不能把我们压倒，因为这是为大家作出的牺牲；那时我们所享受的就不是可怜的、有限的、自私的乐趣，我们的幸福将属于千百万人，我们的事业将悄然无声地存在下去，但是它会永远发挥作用，而面对我们的骨灰，高尚的人们将洒下热泪。

★学习与探究★

1. 课后观看电视纪录片《不朽的马克思》，了解马克思波澜壮阔的人生经历后，领悟他的文字“如果我们选择了最能为人类而工作的职业，那么，重担就不能把我们压倒，因为这是为大家作出的牺牲；那时我们所享受的就不是可怜的、有限的、自私的乐趣，我们的幸福将属于千百万人，我们的事业将悄然无声地存在下去，但是它会永远发挥作用”。

2. 请你总结马克思在本文中的基本观点是什么。

3. 你选择职业时的主要依据是什么？幼儿教师职业是否符合你的考虑？

4.相较本文严谨的逻辑性，中国作家王小波的《工作与人生》显得轻松活泼。请对比阅读，领略理性与感性表达的不同魅力。

5.结合文中的写作方式思考写好一篇作文最重要的部分是什么。

论孩子[1]

纪伯伦

导　读

纪伯伦·哈利勒·纪伯伦（1883—1931年），黎巴嫩作家、诗人、画家，是阿拉伯文学的主要奠基人，20世纪阿拉伯新文学道路的开拓者之一，被称为艺术天才、黎巴嫩文坛骄子。其主要作品有《泪与笑》《先知》《沙与沫》等，纪伯伦、鲁迅和泰戈尔是近代东方文学走向世界的先驱。

这首诗的题目虽为《论孩子》，具体内容却是论父母之道的。父母们常忽视了教育最为重要的目标之一——培养独立人格。他们总喜欢干预子女的一切重大人生选择。本诗指出孩子是独立的，是与父母平等的个体，父母只能给孩子爱，却不能代替他们思想、灵魂的形成。

选　文

一位怀抱婴儿的妇女说：请给我们谈谈孩子吧。
穆斯塔法说：
你们的孩子并不是你们的，
而是“生命”对自身的渴望所生的儿女。
他们借你们来到世上，却并非来自你们，
他们虽与你们一起生活，却并不属于你们。

你们可把爱给予他们，却不能给予他们以思想。
因为他们有他们的思想。

[1] 选自纪伯伦著，李唯中译《纪伯伦全集·2》，百花洲文艺出版社2007年出版。

你们能够庇护他们的身体，却不能庇护他们的灵魂。

因为他们的灵魂居于明日的华屋，那是你们无法想见的，即使在梦中。

你们可以努力以求像他们，但不要试图让他们像你们。

因为生命不能走退步，它不可能滞留在昨天。

你们是弓，你们的孩子则是从你们的弓弦上射出的矢箭。

射手看见竖立在无尽头路上的目标，

他会用自己的神力将你们的弓引满，以便让他的箭快速射至最远。

就让你们的弓在射手的手中甘愿曲弯；

因为他既爱那飞快的箭，也爱那静止的弓。

★学习与探究★

1. 朗读全文，如何理解诗中所讲既然孩子的灵魂“居于明日的华屋”，是我们做父母的“无法想见的，即使在梦中”，那我们所能做的就是给孩子“爱”和“自由”，让他们尽可能地去发展自己，让“‘生命’对自身的渴望所生的儿女”活出天赋的自我？

2. 纪伯伦曾经说：“真正伟大的人是不压制人也不受人压制的人。”“爱不占有，也不被占有。”《论孩子》是一首充满哲理和智慧的诗，让我们重新思考孩子与父母的关系，重新思考生命。换一个角度，幼师是与孩子在一起的职业，你能否思考并解释你理解的“教师与孩子的平等关系”“不压制人也不受人压制”等在教师师风师德中的意义？

大山教授（节选）[1]

李春雷

导 读

李春雷，河北省成安县人，国家一级作家，1987年和1989年先后毕业于邯郸师专英语系和河北大学作家班。曾获鲁迅文学奖、全国“五个一工程”奖、徐迟报告文学奖（蝉联三届）、中国新闻奖、“新中国60年优秀中短篇报告文学奖”、全国“五一”文化奖、郭沫若散文奖、河北省文艺振兴奖（蝉联四届）、河北省“五个一工程”奖（蝉联五届）等。李春雷于20世纪60年代后期生于邯郸市成安县的一个普通农家，弟兄四个，他是老大。在那个

[1] 本文选自李春雷著《大山教授》，河北美术出版社2016年出版。

特殊年代里，家境的贫寒可想而知。红薯和萝卜是每天的主食，在他的记忆中，整个童年里连一个完整的鸡蛋也没有吃过。有一次过年，除夕的鞭炮响起来了，他还跟着奶奶在村东的棉花地里揿棉花根。

《大山教授》的主人公李保国，生前是河北农业大学教授、博士生导师。他说："我是农民的儿子，见不得穷。""还有许多山区农民在过苦日子，我必须把自己的知识和能力全部贡献出来。"该书是第一部全景展现李保国先进事迹的长篇纪实文学，是学习李保国精神的生动教材。全书分为九个篇章，以时间顺序为脉络，用优美却又朴实的语言将李保国同志30多年如一日投身太行山、扎根太行山、服务太行山的感人事迹，做了诗歌般的描写。

选　文

李保国第一次落户到太行山深处的前南峪村，是1983年3月6日。

当时，改革开放刚刚开始，河北省委提出了"开发太行山"的号召。李保国，是第一批进入太行山的知识分子。

太行山西倚黄土高原，北连燕山，南牵伏牛山，绵延800余里，号称"中华之脊"，是华夏文化中"山"的代名词。他与黄河一阳一阴，一雄一雌，孕育了伟大的中华文明。

太行山，更是中华人民共和国诞生的衣胞。抗日战争时期，八路军以这里为总部、为基地，进行了顽强的抗击，得到了根本的发展。1949年3月23日，中国共产党走出太行山，走进北京城，建立新中国！

但是，亿万年来，太行山却赤贫如洗。一下雨洪水就像锋利的刮刀，把太行山的皮肉切割得七零八落。在连绵起伏的山山岭岭里生活的山民，全都是穷光蛋。愚公移山的故事就发生在这里，但愚公无策啊。太行山的褶褶皱皱、沟沟坎坎里，包藏着39个贫困县、数十万村庄、数千万山民，饥肠辘辘、面黄肌瘦。到20世纪80年代，山区百姓人均年收入仅仅50余元。

山上最缺土、缺水，而洪水却卷着泥沙白白流逝，不但使太行山更加贫瘠、干渴，而且往往给下游的冀中平原带来洪涝灾害，每每损失惨重。

太行山区和河北平原的百姓，祖祖辈辈一贫如洗，但又束手无策、无可奈何。

普罗大众，是民族之根、社会之基，国家命运，维系于此！

1958年2月，李保国出生在河北省武邑县的一个小村里。

李保国，本是一个苦命的人。3岁的时候，母亲去世。那正是中国历史上最饥饿的时期，这个没娘的孩子侥幸活了下来。儿时的小保国，像一株瘦弱却倔强、顽韧的小苗，根扎在苦水中。在父亲和乡亲们落寞的眼神中，他早早地读懂了农民面对饥饿和贫穷时的无助与无奈。虽然父亲起早贪黑，拼死苦干，但因为他们生活的冀中平原总是旱涝不定，收成稀薄，分得的口粮难以果腹。

春夏季节往往连续干旱，只能眼睁睁地看着麦苗由绿变黄，希望一天天枯萎干瘪。后来，村里请来打井队，灌溉抗旱。可是夏末秋初，玉米棒子吐须、黄豆豆荚披挂满身，眼见丰收在望时，却又常遇洪灾，全年的指望顿时化为泡影。多少个深夜里，小小村庄，满街叹息。他朦朦胧胧地知道，洪灾，与西部的太行山有关。

1972年冬天，14岁的李保国跟随村民一起，到海河上游疏浚河道、修筑大堤，治理海河。

海河上游的众多河流，多发源于太行山区。因为山上植被稀少，不能涵养水分，夏季极易暴发山洪。只有把太行山区的支流治理好，下游才能免遭洪涝灾害。

李保国恨不得自己有大禹一样的智慧，有耕牛一般的力气，开河引流，蓄水灌溉，既使百姓远离沥涝之苦，又让庄稼免遭干旱之灾。然而，他还只是一个孩子啊。他咬牙坚持与成年人一样背筐、担土，几天下来，肩膀被扁担磨破了，血淋淋的，像溃烂的西红柿。

每天傍晚，他总是痴痴地望着西边的太行山，默然发呆。

他知道，那里比自己的小村更干旱，更贫寒。那里的水，如果能存留下来，该有多好啊，既滋润了山区，也减少了下游的灾害。

他不知道，那里，将是自己奋斗终生的地方！

恢复高考后的第一年，李保国考取了河北林业专科学校，学习蚕桑专业（1985年，河北林业专科学校升格为河北林学院，1995年5月，河北林学院与河北农业大学合并，组建河北农业大学林学院）。

历史上，中国北方多蚕桑。但随着气候和经济结构变化，蚕桑正在全面退出。

北方，在寻找着自己的发展之路。

李保国大学毕业后留校任教不久，学校按照省委、省政府"开发太行山"的统一要求，准备在邢台市西部太行山区一带建立"产学研"基地，研究小流域立体开发项目。李保国作为课题组最年轻的成员，作为第一批先遣队员，最早被派驻到浆水镇前南峪村。

前南峪村地处太行深山区，与山西省和顺县、左权县及昔阳县接壤，是远近闻名的贫困村。全村900多人，竟有100多个光棍，12户常年在外讨饭。

小村头顶上光秃秃的大山怪石嶙峋、冷冷冰冰；山沟里的几百亩河滩地，亿万年来历经洪水冲刷，早被淘洗得干干净净。即使遇上风调雨顺的好年景，收成也可怜巴巴。

村头有2000多棵已逾百岁的板栗树，树皮皴裂，叶稠果稀，像一个个古稀老人，愁眉苦脸。

离村七八里山路的麻峪沟，是小村的几十亩苹果园。果园里有一间久经风雨的石板屋，李保国就住在这里。

没有电，也没有水，照明靠煤油灯，饮食靠驴驮。

正值青葱岁月的李保国，住在这里，吃力地思考着苹果的命运和大山的命运。

可是，贫困且蒙昧的山民们，一听说李保国要搞什么小流域综合治理，在山上栽果树，都瞪大了怀疑的眼睛。

"不中不中。这穷山，尽是白光头(鹅卵石)，草都不长。"

"你住的这麻峪沟，是全村最好的地，种庄稼也难生长。栽苹果树吧，结出的苹果邦邦硬。你还想在山上栽树哩，趁早死了这份心吧。"

的确，太行山的子子孙孙，世世代代在石头缝里讨生活，早就把大山的脾性摸透了。要是能栽树，何至于穷得不名一文呢？

搞小流域综合治理，得不到百姓的支持，一切规划都是废纸一张，一切理想都是白日做梦！

可是，山民们固有的思想，比山上的石头还要坚硬，让他们接受新鲜事物，难似石头开花。

必须先让百姓尝到甜头，看到科技的力量，才能打开他们心中的锈锁。

李保国决定从老板栗树和苹果园入手。

但是，他在大学学的是蚕桑专业，虽然兼修果树管理，但并没有多少实际经验。除了向本校的老教师请教之外，便是向书本学习。他借阅了大量果树管理技术方面的书籍，日夜研读，苦苦思考。被煤油灯映照的昏黄，全印在了心里，吞进了肚里。第二天早晨，吐出来，变成了黑黑的痰。

漫漫长夜、小石屋、煤油灯、黑痰，便是太行山与李保国最深切的生命之缘！

麻峪沟的果园，栽种的全是传统的苹果树品种，虽然结果不多、品质欠佳，却是村民们的摇钱树、米袋子。因此，李保国提出要对果园进行科学化管理时，村民们都带着怀疑的目光逼问他："你管理过苹果树吗？"

"没有。但是我学过。"

"我们都管了十多年了，你还想当师傅哩？"

"你们的管理方法不科学。"

"科学管理？科学管理能让石头缝里长出树来？能让乱石滩里结出苹果来？要管，你去管村头的老栗树吧。"

"老栗树我管，苹果树先让我管100棵试试。"

"试试？不结果子呢？我们喝西北风啊？"

"我拿工资赔！"

空口无凭，李保国当即立下一张字据，大意是：李保国承包100棵苹果树，管好了收入归村民所有，管不好甘愿赔偿所有损失！

李保国的目标已经十分明确：研发出适合太行山地区的苹果栽培技术！

革除思想中根深蒂固的陈腐观念，难似剜去身体上积疴沉重的脓瘤疮疤，非经过一番艰苦斗争，难以实现。

村头的老板栗树因为树枝衰老，结果不多。李保国采用双枝更新法，每年逐步截除老枝，促进新枝萌发，形成新的树冠，以恢复老树的活力。因为逐年更新，一次截枝不多，并没有引起村民反对。但在修剪苹果树时，却遭到小村的重重阻挠。

李保国按照“基部三主枝、疏散分层形”的树形进行修剪，杂乱的徒长枝被剪掉了，结满花蕾的病弱枝也被剪掉了。不但密密层层的树枝被剪得稀稀落落，而且还拔掉了苹果树行间空地上套种的油菜。

来果园看稀奇的村民，把李保国毁树拔油菜的消息传回了村里。安货守旧的小村，顿时炸开了锅。

视树如命的村民们，哪能听任一个毛头小子随意毁树呢？

全村男女老少，像雨季的洪水一样，瞬间涌向麻峪沟，把李保国居住的小屋包围了。

有的喊着让李保国赔树；有的嚷着叫李保国赔油菜；更有的揎拳捋袖，要把李保国赶出前南峪。愤懑的村民，怒气冲冲地逼视着李保国……

李保国说：“是好是坏，咱们秋后看结果。这树我承包了，所有损失算我的！”

“说得好听，你是城里人，拍拍屁股走人了，我们找谁去？”

“对，看住他，别让这小子跑喽。”

…………

千百年来，山里百姓苦苦求索，在寻找开启大山的密码。然而，血泪流干，求告无门。可谁知道，密码竟然一直攥在自己的手心里，那就是观念。

观念一变天地宽！

李保国修剪过的苹果树，叶子浓浓绿绿，虽然挂果稀疏，但个个青青葱葱、水水灵灵。昨天像粒花生米，今天像颗鹌鹑蛋，毛茸茸的小脸蛋儿一天天光滑起来，亮亮的，泛着青光。

九月里，秋风涂红又涂金，红的是国光，黄的是金冠。

李保国的苹果树，平均每株结果95斤，亩产可达6000多斤。而没有经过修剪的苹果树呢，亩产才2000多斤。因为品质差，卖的价格也低。而他用双枝更新法修剪过的老板栗树，产量也翻了一番。

村民们，沉默了。

小山村的热情，被点燃了。

但是，李保国并不满意。由于传统苹果品种口感不佳、不耐存储，因而价格较低，还不及红富士苹果价格的一半。

如果改种红富士苹果，经济效益还能再翻一番。

但是，村里太穷，没钱购买新树苗。再者，果园里的苹果树正值盛果期，要更换新树苗，村民们也不可能接受。

第二年春天，李保国自己出钱买来80棵红富士苹果树苗，栽种在果园旁的一片空地上。

这样，既可以剪取接穗，嫁接培养新苗，又能让村民看到新品种的经济效益。

这片小果园，就是李保国的试验田，是后来闻名全国的浆水苹果的产床。

也正是从此开始，李保国真正踏入了苹果王国，和苹果恋爱了，爱得死去活来、难以自拔，甚至忘记了远在保定的新婚妻子。

★学习与探究★

1.《大山教授》是典型的纪实文学，阅读全文，谈谈小山村在李保国的带领下，最先是从哪一步开始走出贫困的。

2. 分析选文，为什么李保国能秉持不离不弃、艰苦创新的精神植根于太行山，帮助当地百姓寻求致富脱贫路，李保国哪些道德风尚值得我们借鉴？

3. 结合当下农村学期教育的现状，在农村幼儿教育的发展过程中，特别是0~6岁的农村儿童，得不到良好的教育与保育。结合自己对幼师职业的选择，谈谈融入农村学前教育，对提升农村学前教育质量的认识。

梦见沈从文（节选）[1]

汪曾祺

导 读

汪曾祺，1920年3月生于江苏高邮市，1939年考入西南联大文学系。中国当代作家、散文家、戏剧家，被誉为“抒情的人道主义者”。汪曾祺在短篇小说创作上颇有成就，曾出版多部短篇小说，对戏剧与民间文艺也有深入钻研。汪曾祺的散文没有结构的苦心经

[1] 本文选自汪曾祺著《梦见沈从文》，中国青年出版社2015年出版。

营，也不追求题旨的玄奥深奇，平淡质朴，娓娓道来，如话家常。他以个人化的细小琐屑为题材，使“日常生活审美化”，纠偏了那种集体的“宏大叙事”；以平淡、含蓄节制的叙述，暴露了滥情的、夸饰的文风之矫情，让人重温曾经消逝的古典主义的名士风散文的魅力，从而折射出中国当代散文的空洞、浮夸、虚假、病态，让真与美、让日常生活、让恬淡与雍容回归散文，让散文走出“千人一面，千部一腔”，功不可没。

汪曾祺坦言沈从文对他的教育影响了他的一生，于是写下了《梦见沈从文》，书中讲到沈老师温和、学识丰富、教学方法卓越而有效，给学生们带来了美好的回忆。在西南联大，沈先生出的题目都非常具体。比如有一个题目是“我们的小庭院有什么”，为什么要出得这么具体呢，沈老师认为：先得学会车零件，然后才能学组装。只有打好基础，才能写出好文章。通过阅读选文，我们可以感受到沈从文独特的人格魅力，授人以鱼不如授人以渔，不能让学生失去独立思考的能力，这才是真正的老师应该起的作用吧！

选　文

星斗其文　赤子其人

沈先生逝世后，傅汉斯、张充和从美国电传来一副挽联。字是晋人小楷，一看就知道是张充和写的。词想必也是她拟的。只有四句：

不折不从　亦慈亦让

星斗其文　赤子其人

这是嵌字格，但是非常贴切，把沈先生的一生概括得很全面。这位四妹对三姐夫沈二哥真是非常了解。——荒芜同志编了一本《我所认识的沈从文》，写得最好的一篇，我以为也应该是张充和写的《三姐夫沈二哥》。

沈先生的血管里有少数民族的血液。湘西有少数民族血统的人大都有一股蛮劲，狠劲，做什么都要做出一个名堂。黄永玉就是这样的人。沈先生瘦瘦小小（晚年发胖了），但是有用不完的精力。他小时是个顽童，爱游泳（他叫“游水”）。进城后好像就不游了。三姐（师母张兆和）很想看他游一次泳，但是没有看到。我当然更没有看到过。他少年当兵，漂泊转徙，很少连续几晚睡在同一张床上。吃的东西，最好的不过是切成四方的大块猪肉（煮在豆芽菜汤里）。行军、拉船，锻炼出一副极富耐力的体魄。二十岁冒冒失失地闯到北平来，举目无亲。连标点符号都不会用。他真的用一支笔打出了一个天下了。一个只读过小学的人，竟成了一个大作家，而且积累了那么多的学问，真是一个奇迹。我一九四六年到上海，因为找不到职业，情绪很坏，他写信把我大骂了一顿，说：“为了一时的困难，就这样哭哭啼啼，真是没出息！你手中有一支笔，怕什么！”他在信里说了一些他刚到北京时的情形——同时又叫三姐从苏州写了一封很长的信安慰我。

沈先生很爱用一个别人不常用的词:“耐烦”。他说自己不是天才(他应当算是个天才),只是耐烦。他对别人的称赞,也常说“要算耐烦”。看见儿子小虎搞机床设计时,说“要算耐烦”。看见孙女小红做作业时,也说“要算耐烦”。他的“耐烦”,意思就是锲而不舍,不怕费劲。一个时期,沈先生每个月都要发表几篇小说,每年都要出几本书,被称为“多产作家”,但是写东西不是很快的,从来不是一挥而就。他年轻时常常夜以继日地写。他常流鼻血。血液凝聚力差,一流起来不易止住,很怕人。有时夜间写作,竟致晕倒,伏在自己的一摊鼻血里,第二天才被人发现。我就亲眼看到过他的带有鼻血痕迹的手稿。他后来还常流鼻血,不过不那么厉害了。他自己知道,并不惊慌。很奇怪,他连续感冒几天,一流鼻血,感冒就好了。他的作品看起来很轻松自如,若不经意,但都是苦心刻琢出来的。《边城》这篇东西是他新婚之后写的,那时他住在达子营。巴金住在他那里。他们每天写,巴老在屋里写,沈先生搬个小桌子,在院子里树荫下写。巴老写了一个长篇,沈先生写了《边城》。他称他的小说为“习作”,并不完全是谦虚。《月下小景》确是为了履行许给张家小五的诺言“写故事给你看”而写的。同时,当然是为了试验一下“讲故事”的方法(这一组“故事”明显地看得出受了《十日谈》和《一千零一夜》的影响)。同时,也为了试验一下把六朝译经和口语结合的文体。这种试验,后来形成一种他自己说是“文白夹杂”的独特的沈从文体,在四十年代的文字(如《烛虚》)中尤为成熟。他的亲戚,语言学家周有光曾说“你的语言是古英语”,甚至是拉丁文。沈先生讲创作,不大爱说“结构”,他说是“组织”。我也比较喜欢“组织”这个词。“结构”过于理智,“组织”更带感情,较多作者的主观。沈先生爱改自己的文章。他的原稿,一改再改,天头地脚页边,都是修改的字迹,蜘蛛网似的,这里牵出一条,那里牵出一条。作品发表了,改。成书了,改。看到自己的文章,总要改。有时改了多次,反而不如原来的,以至三姐后来不许他改了(三姐是沈先生文集的一个极其细心、极其认真的义务责任编辑)。沈先生的作品写得最快、最顺畅、改得最少的,只有一本《从文自传》。这本自传没有经过冥思苦想,只用了三个星期,一气呵成。

他不大用稿纸写作。在昆明写东西,是用毛笔写在当地出产的竹纸上的,自己折出印子。他也用钢笔,蘸水钢笔。他抓钢笔的手势有点像抓毛笔(这一点可以证明他不是洋学堂出身)。《长河》就是用钢笔写的,写在一个硬面的练习簿上,直行,两面写。他的原稿的字很清楚,不潦草,但写的是行书。不熟悉他的字体的排字工人是会感到困难的。他晚年写信写文章爱用秃笔淡墨。用秃笔写那样小的字,不但清楚,而且顿挫有致,真是一个功夫。

他很爱他的家乡。他的《湘西》《湘行散记》和许多篇小说可以作证。他不止一次和我谈起棉花坡,谈起枫柳坳,——一到秋天满城落了枫树的红叶。一说起来,不胜神往。黄永玉画过一张凤凰沈家门外的小巷,屋顶墙壁颇零乱,有大朵大朵的红花——不知是不是夹竹桃,画面颜色很浓,水气泱泱。沈先生很喜欢这张画,说:“就是这样!”八十岁那年,和三姐一同回了一次凤凰,领着她看了他小说中所写的各处,都还没有大变样。家乡人闻知沈从文回来了，简直不知怎样招待才好。他说："他们为我捉了一只锦鸡！"锦鸡毛羽很好看，他很爱那只锦鸡，还抱着它照了一张相，后来知道竟作了他的盘中餐，对三姐说"真煞风景！"锦鸡肉并不怎么好吃。沈先生说及时大笑，但也表现出对乡人的殷勤十分感激。他在家乡听了傩戏，这是一种古调犹存的很老的弋阳腔。打鼓的是一位七十多岁的老人，他对年轻人打鼓失去旧范很不以为然。沈先生听了，说："这是楚声，楚声！"他动情地听着"楚声"，泪流满面。

沈先生八十岁生日，我曾写了一首诗送他，开头两句是：

犹及回乡听楚声，

此身虽在总堪惊。

……沈先生对我这个学生是很喜欢的。他们全家有一阵住在呈贡新街，后迁跑马山桃源新村。沈先生有课时进城住两三天。他进城时，我都去看他，交稿子，看他收藏的宝贝，借书。有一次，晚上，我喝得烂醉，坐在路边，沈先生到一处演讲回来，以为是一个难民，生了病，走近看看，是我！他和两个同学把我扶到他住处，灌了好些酽茶，我才醒过来。有一回我去看他，牙疼，腮帮子肿得老高。沈先生开了门，一看，一句话没说，出去买了几个大橘子抱着回来了。沈先生的家庭是我见到的最好的家庭，随时都在亲切和谐气氛中。两个儿子，小龙小虎，兄弟怡怡。他们都很高尚清白，无丝毫庸俗习气，无一句粗鄙言语，——他们都很幽默，但幽默得很温雅。一家人于钱上都看得很淡。《沈从文文集》的稿费寄到，九千多元，大概开过家庭会议，又从存款中取出几百元，凑成一万，寄到家乡办学。沈先生也有生气的时候，也有极度烦恼痛苦的时候，在昆明，在北京，我都见到过，但多数时候都是笑眯眯的。他总是用一种善意的、含情的微笑，来看这个世界的一切。到了晚年，喜欢放声大笑，笑得合不拢嘴，且摆动双手作势，真像一个孩子。只有看破一切人事乘除、得失荣辱、全置度外、心地明净无渣滓的人，才能这样畅快地大笑。

……

沈从文先生在西南联大

沈先生在联大开过三门课：各体文习作、创作实习和中国小说史。三门课我都选了，——各体文习作是中文系二年级必修课，其余两门是选修。西南联大的课程分必修与选修两种。中文系的语言学概论、文字学概论、文学史（分段）……是必修课，其余大都是任凭学生自选。诗经、楚辞、庄子、昭明文选、唐诗、宋诗、词选、散曲、杂剧与传奇……选什么，选哪位教授的课都成。但要凑够一定的学分（这叫"学分制"）。一学期我只选两门课？那不行。自由，也不能自由到这种地步。

创作能不能教？这是一个世界性的争论问题。很多人认为创作不能教。我们当时的系主任罗常培先生就说过：大学是不培养作家的，作家是社会培养的。这话有道理。沈先生自己就没有上过什么大学。他教的学生后来成为作家的，也极少。但是也不是绝对不能教。沈先生的学生现在能算是作家的，也还有那么几个。问题是由什么样的人来教，用什么方法教。现在的大学里很少开创作课的，原因是找不到合适的人来教。偶尔有大学开这门课的，收效甚微，原因是教得不甚得法。

教创作靠“讲”不成。如果在课堂上讲鲁迅先生所讥笑的“小说作法”之类，讲如何作人物肖像，如何描写环境，如何结构，结构有几种——攒珠式的、橘瓣式的……那是要误人子弟的，教创作主要是让学生自己“写”。沈先生把他的课叫作“习作”“实习”，很能说明问题。如果要讲，那“讲”要在“写”之后。就学生的作业，讲他的得失。教授先讲一套，让学生照猫画虎，那是行不通的。

沈先生是不赞成命题作文的，学生想写什么就写什么。但有时在课堂上也出两个题目。沈先生出的题目都非常具体。我记得他曾给我的上一班同学出过一个题目：“我们的小庭院有什么”，有几个同学就这个题目写了相当不错的散文，都发表了。他给比我低一班的同学曾出过一个题目：“记一间屋子里的空气”！我的那一班出过些什么题目，我倒不记得了。沈先生为什么出这样的题目？他认为：先得学会车零件，然后才能学组装。我觉得先做一些这样的片段的习作，是有好处的，这可以锻炼基本功。现在有些青年文学爱好者，往往一上来就写大作品，篇幅很长，而功力不够，原因就在零件车得少了。

沈先生的讲课，可以说是毫无系统。前已说过，他大都是看了学生的作业，就这些作业讲一些问题。他是经过一番思考的，但并不去翻阅很多参考书。沈先生读很多书，但从不引经据典，他总是凭自己的直觉说话，从来不说亚里士多德怎么说、福楼拜怎么说、托尔斯泰怎么说、高尔基怎么说。他的湘西口音很重，声音又低，有些学生听了一堂课，往往觉得不知道听了一些什么。沈先生的讲课是非常谦抑，非常自制的。他不用手势，没有任何舞台道白式的腔调，没有一点哗众取宠的江湖气。他讲得很诚恳，甚至很天真。但是你要是真正听“懂”了他的话，——听“懂”了他的话里并未发挥罄尽的余意，你是会受益匪浅，而且会终生受用的。听沈先生的课，要像孔子的学生听孔子讲话一样：“举一隅而三隅反”。

沈先生讲课时所说的话我几乎全都忘了（我这人从来不记笔记！）我们有一个同学把闻一多先生讲唐诗课的笔记记得极详细，现已整理出版，书名就叫《闻一多论唐诗》，很有学术价值，就是不知道他把闻先生讲唐诗时的“神气”记下来了没有。我如果把沈先生讲课时的精辟见解记下来，也可以成为一本《沈从文论创作》。可惜我不是这样的有心人。

沈先生关于我的习作讲过的话我只记得一点了，是关于人物对话的。我写了一篇小说（内容早已忘记干净），有许多对话。我竭力把对话写得美一点，有诗意，有哲理。沈先生说：“你这不是对话，是两个聪明脑壳打架！”从此我知道对话就是人物所说的普普通通的话，要尽量写得朴素。不要哲理，不要诗意。这样才真实。

沈先生教写作，写得比说的多，他常常在学生的作业后面写很长的读后感，有时会比原作还长。这些读后感有时评析本文得失，也有时从这篇习作说开去，谈及有关创作的问题，见解精到，文笔讲究。——一个作家应该不论写什么都写得讲究。这些读后感也都没有保存下来，否则是会比《废邮存底》还有看头的。可惜！

沈先生教创作还有一种方法，我以为是行之有效的，学生写了一个作品，他除了写很长的读后感之外，还会介绍你看一些与你这个作品写法相近似的中外名家的作品看。记得我写过一篇不成熟的小说《灯下》，记一个店铺里上灯以后各色人的活动，无主要人物、主要情节，散散漫漫。沈先生就介绍我看了几篇这样的作品，包括他自己写的《腐烂》。学生看看别人是怎样写的，自己是怎样写的，对比借鉴，是会有长进的。这些书都是沈先生找来，带给学生的。因此他每次上课，走进教室里时总要夹着一大摞书。

沈先生就是这样教创作的。我不知道还有没有别的更好的方法教创作。我希望现在的大学里教创作的老师能用沈先生的方法试一试。

学生习作写得较好的，沈先生就做主寄到相熟的报刊上发表。这对学生是很大的鼓励。多年以来，沈先生就干着给别人的作品找地方发表这种事。经他的手介绍出去的稿子，可以说是不计其数了。我在一九四六年前写的作品，几乎全都是沈先生寄出去的。他这辈子为别人寄稿子用去的邮费也是一个相当可观的数目了。为了防止超重太多，节省邮费，他大都把原稿的纸边裁去，只剩下纸芯。这当然不大好看。但是抗战时期，百物昂贵，不能不打这点小算盘。

沈先生教书，但愿学生省点事，不怕自己麻烦。他讲《中国小说史》，有些资料不易找到，他就自己抄，用夺金标毛笔，筷子头大的小行书抄在云南竹纸上。这种竹纸高一尺，长四尺，并不裁断，抄得了，卷成一卷。上课时分发给学生。他上创作课夹了一摞书，上小说史时就夹了好些纸卷。沈先生做事，都是这样，一切自己动手，细心耐烦。他自己说他这种方式是“手工业方式”。他写了那么多作品，后来又写了很多大部头关于文物的著作，都是用这种手工业方式搞出来的。

……

沈先生不长于讲课，而善于谈天。谈天的范围很广，时局、物价……谈得较多的是风景和人物。他几次谈及玉龙雪山的杜鹃花有多大，某处高山绝顶上有一户人家，——就是这样一户！他谈某一位老先生养了二十只猫。谈一位研究东方哲学的先生跑警报时带了一只小皮箱，皮箱里没有金银财宝，装的是一个聪明女人写给他的信。谈徐志摩上课时带了一个很大的烟台苹果，一边吃，一边讲，还说：“中国东西并不都比外国的差，烟台苹果就很好！”谈梁思成在一座塔上测绘内部结构，差一点从塔上掉下去。谈林徽因发着高烧，还躺在客厅里和客人谈文艺。他谈得最多的大概是金岳霖。金先生终生未娶，长期独身。他养了一只大斗鸡。这鸡能把脖子伸到桌上来，和金先生一起吃饭。他到处搜罗大石榴、大梨。买到大的，就拿去和同事的孩子的比，比输了，就把大梨、大石榴送给小朋友，他再去买！……沈先生谈及的这些人有共同特点：一是都对工作、对学问热爱到了痴迷的程度；二是为人天真到像一个孩子，对生活充满兴趣，不管在什么环境下永远不消沉沮丧，无机心，少俗虑。这些人的气质也正是沈先生的气质。“闻多素心人，乐与数晨夕”，沈先生谈及熟朋友时总是很有感情的。

文林街文林堂旁边有一条小巷，大概叫作金鸡巷，巷里的小院中有一座小楼。楼上住着联大的同学：王树藏、陈蕴珍（萧珊）、施载宣（萧荻）、刘北汜。当中有个小客厅。这小客厅常有熟同学来喝茶聊天，成了一个小小的沙龙。沈先生常来坐坐。有时还把他的朋友也拉来和大家谈谈。老舍先生从重庆路过昆明时，沈先生曾拉他来谈过“小说和戏剧”。金先生是搞哲学的，主要是搞逻辑的，但是读很多小说，从普鲁斯特到《江湖奇侠传》。“小说和哲学”这题目是沈先生给他出的。金先生讲了半天，结论是：小说和哲学没有关系。他说《红楼梦》里的哲学也不是哲学。

沈先生在生活上极不讲究。他进城没有正经吃过饭，大都是在文林街二十号对面一家小米线铺吃一碗米线。有时加一个西红柿，打一个鸡蛋。有一次我和他上街闲逛，到玉溪街，他在一个米线摊上要了一盘凉鸡，还到附近茶馆里借了一个盖碗，打了一碗酒。他用盖碗盖子喝了一点，其余的都叫我一个人喝了。

沈先生在西南联大是一九三八年到一九四六年。一晃，四十多年了！

一九八六年一月二日上午

★学习与探究★

1. 下列对文章的理解，不正确的两项是（　　）。

A. 沈先生的“耐烦”，意思就是锲而不舍，不怕费劲。他被称为“多产作家”离不开“耐烦”精神

B. 从沈先生同巴金同住同创作的经历中，可以看出巴老同沈先生一样，对待作品苦心雕琢，精益求精

C. 本文看似结构平朴，语言素淡，却是巧蕴于朴，浓藏于淡，细读来情真意切，淡远悠长

D. 沈先生动情倾听“楚声”，泪流满面，一方面表明了他对家乡的热爱，另一方面也体现了他对传统文化衰落的悲痛

E. 沈先生用微笑看这个世界的一切，体现了他把得失荣辱置之度外，心地明净，毫无渣滓

2. 通读全文后你会发现汪曾祺描写的老师沈从文通过“切实的出题；主张片段习作；从实际出发，朴实诚恳，以身教使学生感悟受益；认真批改学生习作，写很长的读后感；介绍学生看一些与他们的习作写法相近的中外名家作品，让学生借鉴提高；学生写得好的习作就主动寄到相熟的报刊上发表，鼓励学生写作”的方式来教学生写作。试分析沈从文先生表露出来哪些优良的师风师德。幼师职业的师风师德最契合沈从文先生精神的有哪些？

★拓展阅读★

1.2019最美教师——周贤怡。

2. 幼儿园教师职业道德规范。

★思考与讨论★

1. 大学语文课程是对文学作品的赏析,进而对个人素养的熏陶。在文学作品的阅读过程中,你如何与自身的职业成长相连接?

2. 阅读范文时,应如何有效提升效率?

3. 思考幼师职业的"敬业与乐业"应从哪些方面展开?

4."职业道德是深入人内心的一种潜在气质",你是否同意这句话的内在要求。每个职业都有内在的职业道德要求,用你自己的话总结幼师职业道德的精髓。

★主题实践★

活动内容:撰写一份以"幼儿教师师风师德"为主题的演讲稿,并用手机录制成视频进行分享。要求结构清晰,目标清楚;内容可从自身对幼儿教师职业的理解与师风师德的认知出发,谈真实的故事与感知内容,不可抄袭网络范文。

参考范文:

青春在这里闪光

演讲教师:邓婷婷　宜昌市伍家岗区福星幼儿园

都说教师,是塑造人类心灵的工程师,他们用真、善、美启迪了无数颗幼稚的童心,帮助一代又一代人树起第一块生命的里程碑。于是,带着自己的梦想,我选择了"幼儿教师"这个职业,与我同行的还有一群可爱的人们。

2017年1月,我怀着无比的热忱,踏上了实习工作岗位,还记得上班的前一天内心充满无限的期待,同时也夹杂着一些小忐忑,想象着各种和孩子们见面的场景,连自我介绍都在脑海里整理了好几遍,担心孩子会记不住我。第二天上班孩子们一张张小脸充满好奇望向我,虽然前一天已经做足功课,但是声音还是略有一些颤抖,主班老师当时对我说了一句话:"不要把你自己当作实习生,你现在是以一个老师的身份在面对孩子。"毫不夸张地说,上班第一个星期都处于懵懂的状态,第一次上课是一节语言课,上到一半突然不知道该如何进行下去,印象特别深刻我们的生活老师宋老师走到旁边告诉我其他老师是如何组织活动的,根据她给的意见自己加以摸索才勉强将一次活动完整进行。刚学会了如何开展活动新的问题又来了，开学的第二个月班级老师请了三天假，当时知道这个消息整个人都慌了起来。邻班的老师告诉我说安全重于天，一定要注意孩子的安全，忙碌且慌乱的一天结束了，当把孩子平安地送到家长的手上时所有的疲惫烟消云散。第二天早上接园时，很多老师关心地问我有没有遇到什么问题。在一旁的谢老师对我说："你现在所处的逆境会让你成长得更快！"是啊，在这三天里我感受到了作为老师身上的责任，真正地从实习生向一名辅班老师迈进，感谢你们，我的青春因你们而成长！

我很享受和孩子们在一起的时光，轻松、愉悦，孩子们从不吝啬给予爱、表现爱。我们班的邹锦润大家都很熟悉，一个极度缺乏安全感的孩子，不容易亲近也不爱说话，刚到蜜桃班总看见他一个人在角落里哭泣，我便会走过去抱一抱他，午睡时坐在他旁边守着他睡着。之后在一次跆拳道课上我带另一个小朋友去厕所离开了一会儿，回来后老师告诉我，我刚一离开他就开始哭了，那是第一次感受到小朋友对于老师的依赖。在和蜜桃宝贝们相处的一年半里，我收到了太多孩子们的礼物，鲜花、漂亮的小贴画、好吃的饼干、可爱的手工作品、美丽的画作，孩子们总是给我许多意想不到的小惊喜，用他们最单纯的表达方式传递着他们对我的爱。还有最后的十几天我的小宝贝们就要毕业啦，有宝贝偷偷地告诉我他不愿意去小学，想一直和婷婷老师在一起，还有宝贝说想让我陪着他一起去上一年级……感谢你们，我的宝贝们，我的青春因你们而绚丽！

在蜜桃班我不仅拥有着一群可爱的孩子，我还拥有一群可爱的大宝贝们！还记得前两天刚更新完掌通家园，有一位家长便发来了微信，微信的内容是：老师我刚看完您发的照片，好快啊，孩子们就要离开幼儿园了，感谢老师一直以来对孩子的付出。我刚还在和他爸爸说，很多家长会担心孩子在幼儿园的状况，但是我们一直以来觉得把孩子送到幼儿园比给爷爷奶奶带还要放心，我告诉孩子要好好享受在幼儿园里最后的时光，这也是你人生中最后一段属于幼儿园的日子。当时读完微信觉得自己很幸福，感谢家长给予老师的信任与肯定。微信列表上从一个家长到两个三个再到现在的几十个，通讯录的备注名称也大多变成了某某妈妈、某某爸爸，朋友圈从自拍到各路妈妈晒萌娃，你们不仅是家长更像是朋友，感谢你们，我的青春因你们而精彩！

幸福要靠自己去品味，当你在生病的时候，一句句暖人的话语，一张张灿烂的笑脸，孩子们的关心和爱护，你能不感到幸福吗？当你假装生气，听到这样一句温暖的话："老师，我们再也不调皮了，你别生气了"，你能不感到幸福吗？当你看到自己一手带到大大班的孩子即将出港，在那蔚蓝色的童话里航行的时候，你是否觉得，自己也拥有了意大利造船匠的那份幸福？面对这份幸福时我骄傲，我是一名幼儿教师！我的青春在这里闪光！

PART 2

项目二

教育艺术与人文素养

学习目标：

1. 通过范文学习和理解树立正确的教育观。
2. 掌握议论文的论证方法，厘清文章的论证思路。
3. 养成热爱读书的习惯和高尚的人文修养。

教学合一[1]

陶行知

导读

陶行知,安徽省歙县人,中国伟大的人民教育家,中国人民救国会和中国民主同盟的主要领导人之一。1914年毕业于金陵大学,后赴美留学。五四运动后,从事平民教育运动,创办晓庄师范学校。1934年,正式宣布将自己的名字由“知行”改为“行知”。

陶行知先生毕生致力于推动教育事业发展,提出了“生活即教育”“社会即学校”“教学做合一”三大主张,生活教育理论是陶行知教育思想的理论核心。著作有《中国教育改造》《古庙敲钟录》《斋夫自由谈》《行知书信》《行知诗歌集》等。

《教学合一》一文中提出“教学做合一”思想,也告诉我们将“做”放在教学的中心环节,突出“做”的重要性,同时又不否定教和学的作用,将知与行统一,教、学和实践相结合,强调“教学做合一”。

选文

现在的人叫在学校做先生的为教员,叫他所做的事体为教书,叫他所用的法子为教授法,好像先生是专门教学生些书本知识的人。他似乎除了教以外,便没有别的本领,除书以外,就没有别的事教。而在这种学校里的学生除了受教之外,也没有别的功课。先生只管教,学生只管受教,好像是学的事体,都被教的事体打消掉了。论起名字来,居然是学校;讲起实在来,却又像教校。这都是因为重教太过,所以不知不觉地就将教和学分离了。然而教学两者,实在是不能分离的,实在是应当合一的。依我看来,教学要合一,有三个理由:

第一,先生的责任不在教,而在教学,而在教学生学

大凡世界上的先生可分为三种:第一种只会教书,只会拿一本书要儿童来读它、记它,把那活泼的小孩子做个书架子、字纸篓。先生好像是书架子字纸篓之制造家,学校好像是书架子字纸篓的制造厂。第二种的先生不是教书,乃是教学生;他所注意的中心点,从书本上移到学生身上来了。不像从前拿学生来配书本,现在他拿书本来配学生了。他不但是要拿书

[1] 本文选自方明编《陶行知教育名篇》,教育科学出版社2005年出版。

本来配学生，凡是学生需要的，他都拿来给他们。这种办法，果然比第一种好得多，然而学生还是在被动的地位，因为先生不能一生一世跟着学生。热心的先生，固想将他所有的传给学生，然而世界上新理无穷，先生安能尽把天地间的奥妙为学生一齐发明？既然不能与学生一齐发明，那他所能给学生的，也是有限的，其余还是要学生自己去找出来的。况且事事要先生传授，既有先生，何必又要学生呢？所以专拿现成的材料来教学生，总归还是不妥当的。那么，先生究竟应该怎样子才好？我以为好的先生不是教书，不是教学生，乃是教学生学。教学生学有什么意思呢？就是把教和学联络起来：一方面要先生负指导的责任，一方面要学生负学习的责任。对于一个问题，不是要先生拿现成的解决方法来传授学生，乃是要把这个解决方法如何找来的手续程序，安排停当，指导他，使他以最短的时间，经过相类的经验，发生相类的理想，自己将这个方法找出来，并且能够利用这种经验理想来找别的方法，解决别的问题。得了这种经验理想，然后学生才能探知识的本源，求知识的归宿，对于世间一切真理，不难取之不尽，用之无穷了。这就是孟子所说的"自得"，也就是现今教育家所主张的"自动"。所以要想学生自得自动，必先有教学生学的先生。这是教学应该合一的第一个理由。

第二，教的法子必须根据学的法子

从前的先生，只管照自己的意思去教学生；凡是学生的才能兴味，一概不顾，专门勉强拿学生来凑他的教法，配他的教材。一来先生收效很少，二来学生苦恼太多，这都是教学不合一的流弊。如果让教的法子自然根据学的法子，那时先生就费力少而成功多，学生方面也就能够乐学了。所以怎样学就须怎样教；学得多教得多，学得少教得少；学得快教得快，学得慢教得慢。这是教学应该合一的第二个理由。

第三，先生不但要拿他教的法子和学生学的法子联络，并须和他自己的学问联络起来

做先生的，应该一面教一面学，并不是贩买些知识来，就可以终身卖不尽的。现在教育界的通病，就是各人拿从前所学的抄袭过来，传给学生。看他书房里书架上所摆设的，无非是从前读过的几本旧教科书；就是这几本书，也还未必去温习的，何况乎研究新的学问，求新的进步呢？先生既没有进步，学生也就难有进步了。这也是教学分离的流弊。那好的先生就不是这样，他必是一方面指导学生，一方面研究学问。如同柏林大学包尔孙先生（F. Paulsen）说："德国大学的教员就是科学家。科学家就是教员。"德国学术发达，大半靠着这教学相长的精神。因为时常研究学问，就能时常找到新理。这不但是教诲丰富，学生能多得些益处，而且时常有新的材料发表，也是做先生的一件畅快事体。因为教育界无限枯寂的生活，那是因为当事的人，封于故步，不能自新所致。孔子说："学而不厌，诲人不倦。"真是过来人阅历之谈。因为必定要学而不厌，然后才能诲人不倦；否则年年照样画葫芦，我却觉得十分的枯燥。所以要想得教育英才的快乐，似乎要把教学合而为一。这是教学应该合一的第三个理由。

总之：一，先生的责任在教学生学；二，先生教的法子必须根据学的法子；三，先生须一面教一面学。这是教学合一的三种理由。第一种和第二种理由是说先生的教应该和学生的学联络，第三种理由是说先生的教应该和先生的学联络。有了这样的联络，然后先生学生都能自得自动，都有机会方法找那无价的新理了。

★学习与探究★

1. 阅读全文，从自己的专业角度出发，谈谈你如何理解“一面教一面学”。

2. 现在社会中有一种声音，认为幼儿园教师的工作其实就类似于保姆，和教育没有什么关系，你怎么看待这种观点？

3. 在你学习的生涯中，会遇到许许多多的老师，哪一位老师对你的影响最大？他属于三种教书先生的哪一种？

做教育理念正确的教育者[1]

意大利　蒙台梭利

导　读

玛丽亚·蒙台梭利（1870—1952年）是教育史上一位杰出的幼儿教育思想家和改革家，意大利历史上第一位学医的女性和第一位女医学博士。她的教育方法是根据其在儿童工作过程中，所观察到的儿童自发性学习行为总结而成。她倡导学校应为儿童设计量身定做的专属环境，并提出了“吸收性心智”“敏感期”等概念。

蒙台梭利博士认为，儿童有一种与生俱来的“内在生命力”，这种生命力是一种积极的、活动的、发展着的存在，它具有无穷无尽的力量。教育的任务就是激发和促进儿童内在潜力的发挥，使其按自身规律获得自然的、自由的发展。她主张，不应该把儿童作为一种物体来对待，而应作为人来对待。儿童不是父母和教师进行灌注的容器，不是可以任意塑造的蜡或泥，不是可以任意刻画的木块，也不是父母和教师培植的花木或饲养的动物，而是一个具有生命力的、能动的、发展着的活生生的人。

[1] 本文选自蒙台梭利著，李芷怡编译《发现孩子》，北京理工大学出版社2015年出版。

选 文

蒙台梭利教育体系的基本方针是利用各种不同的感官教具来唤醒孩子。这些教具本身没有多少恒定的价值,它们价值的大小,完全在于教师用什么样的方式将它们呈现给孩子。

所以,老师要选择最有效的方法,使得孩子们对这些教具产生兴趣,促使他们主动去使用这些教具。

现在我们来探讨,在课堂教学中怎样向孩子呈现这些教具,引导孩子学会这些教具的使用技巧和方法。

研究过我们的教育法的人,大都对每种教育方法都很有兴趣。他们发现,若将我们的教学法与一般的教学法进行比较,会有明显的区别。

在我们的教育法中,学习活动主要由孩子来主导。孩子到了一定的年龄,就能做出有意义的行为举动,可以主动地反复练习某些身体动作。而这些练习需要思考或推理,因此可促使孩子进行自我教育。

在这样的原则下进行学习,孩子的学习活动完全是独立的、自发的,老师几乎不用介入。老师的工作是给孩子提供教具、示范教具如何使用,然后,老师就让孩子自己去操作教具、自己进行学习。

我们旨在引导和开发孩子的精神力量,而不是一味给孩子灌输一些知识。

很多老师会问,只是把教具呈现给孩子就够了吗?这当然不够。

孩子进行自我学习时,学会关于教具的操作方法非常重要。一开始,孩子对于这些教具的使用方法摸不着头脑,老师需要反复地给他们示范具体的操作方法。

可以说,老师的示范是非常重要的,他需要做好随时给孩子做示范的准备。

我们以西式餐具为例来说明,西方人都明白刀叉如何在餐桌上使用。但如果使用者是没有用过刀叉的东方人,他可能会觉得餐桌上的刀叉很好玩,可能会拿起来把玩一番。如果他从未看到过任何人使用刀叉吃饭,就不会知道如何使用刀叉。

因而,在教学过程中,老师需要持续地进行示范,如将方形的积木根据体积大小一个个地堆高;把圆柱体从插孔里取出混合,再根据大小放回原来的插孔里;或把插孔和圆柱体放在两个地方,靠视觉判断大小,并靠记忆将圆柱体放入相应的插孔里。

这样教学,可能有些奇怪,因为,人们一般认为,所谓上课就是老师讲、学生听。

但是,这种不用语言说教的引导才是真正的教学,它会让孩子亲自看到如何坐、如何站,如何拿盘子才不会打翻上面的水杯,如何做出轻巧而稳重的动作等。

这些不都是教学吗?即使是老师的静默行为,也是一种教学。

利用静默练习,我们可以让孩子学会如何安静地坐好,让他学会在别人轻声叫他之前,始终保持安静的坐姿。

我们会引导孩子将注意力集中在自己身上，引导他学会如何控制自己的身体动作。老师不是用语言说明如何保持静默，而是用自己静默的动作和神态来引导孩子。

可以说，静默练习是蒙台梭利教育法的重要组成部分。我们把这种练习用在很多教学中，那些人们不说孩子就没法弄懂的事情也会通过这种方法被教授给孩子。

在我们的蒙台梭利学校中，对孩子起教育作用的是环境本身。老师的作用是引导孩子与环境互动，引导孩子如何使用环境中的各种教具。

这种教学法如果用在其他的教育体系中，是不可能成功的。在其他教育方法中，老师只会不停地对孩子大喊："安静！""不要乱动！"

这就是所谓的教学语言吗？我不认为这样命令式的教学语言能有多大的效果。教育应该找到适当的方法，让孩子在不知不觉中自然地进行学习活动。

我们教育法的成功之处，就是它能够让孩子自动自发地通过操作教具进行学习，而孩子们也因为认真地学习新技能而受到了成人们的喜爱。

想让一个人真正地服从命令，必须要以人具有完美的人格为前提，或者说，孩子必须具备我们期望的那些反应能力才行。这些能力必须靠孩子不断地练习才能获得，而并非靠我们的命令就能得到。

教钢琴的老师常常会对学生说："把你手指的姿势摆得好看一点！"老师只是这样说，却没有教学生究竟如何摆手指才算好看。

所以，学钢琴的孩子手指姿势依然摆不好，老师会一再地重复刚才那句话，但学生的手指姿势照样摆不好。

若我们命令孩子去做某件事，有一个前提，即孩子的心智发展要达到一定的成熟度，这样他才能服从成人的指示去完成任务。

在教学过程中，老师所有的口语教导应该发生在教学的后半段。因为，如果孩子的内在秩序没有达到一定的程度，语言引导就不会起作用。

当然，不是说不能用语言来教，这需要考虑到孩子的词汇量以及词汇使用情况。

没有经验的老师，在教学中常常把自己的职责更多地放在"教"孩子上。他们认为，只要自己采取有意义的方法，给孩子讲解清楚教具的使用方法，就算是完成了自己的任务。

但事实上，这样的做法并不恰当，它与真实的教育相差甚远。对一个老师来说，他的真正职责远比"教"更重要。

老师有责任引导孩子的精神发展。在观察孩子时，老师不仅仅要了解孩子，更重要的是，老师要帮助孩子发展他们的各种能力，这才是观察的最终目的。

当然，要成为一名新时代的老师并不容易，下面，我会为新时代的老师提出一些有益的教学原则。

首先，老师要能分辨清楚孩子的注意力在哪里。如果孩子正在集中注意力进行工作，老师就要尊重孩子,千万不能在孩子身旁纠正他的错误或者突然赞美他,这样做会干扰孩子。

有个别老师对这个原则一知半解,他们只是把教具发给孩子们,然后自己就退到一边,不说话,不管孩子们发生什么事,都不插手。

这样做只有一种结果,那就是导致整个教室乱哄哄的。我们提倡的不干预孩子的活动和学习,需要在孩子发展成熟之后,才可以实施。

意思就是说,孩子必须具有足够的能力让自己专注在一件事情上,我们才可以不去干预他。如果孩子对某件事表露出浓厚的兴趣,他就能专注地沉浸于其中。

假如孩子只是胡乱地发泄自己的精力,老师还是不管不问,那这样的尊重就是错误的了。

有一回,我看到一个班的孩子都在用错误的方法操作教具,整个教室毫无秩序可言。但老师却只是在教室里来回走动,一言不发,沉默得就像一具埃及狮身人面像。

我对这位老师说,还不如让孩子们到外面去玩,或许那样比让他们待在教室里更好些。

在经过一个孩子的身边时,我听到老师正悄声跟另一个孩子说话。我问老师:“你在干什么呢?”老师回答说:“我小声地说话,这样才不会打扰到孩子啊。”

这位老师犯了一个很大的错误,他没有去干预某些孩子的失控,没有试着去建立班级秩序,以让孩子们的工作能够顺利进行。

有一位老师曾对我讲:“你要求我们像对待一位科学家或艺术家那样去尊重孩子,尊重孩子操作教具的活动,但为什么又说,如果孩子只是把教具当作玩具而不是用来操作时,我们就要去干预呢?这不是矛盾的吗?”

我回答这位教师说:“我的确这么说过,我尊重孩子的智能活动就像尊重艺术家的灵感和勤奋一样,甚至比这有过之而无不及。

“但是,假如我来到一位艺术家的工作室,发现他正在抽烟或玩牌,而不是在进行工作。这个时候,我就不怕打扰他,我会对他说‘喂!朋友,你在忙什么呢?’

“因为,这位艺术家在做的事情不用太费神,他是在消遣,所以我会对他说:‘让我们一起出去散散步、享受一下阳光吧!’”

我们的教育法提到的对孩子的尊重,绝不是连同孩子的缺失或一些不当行为也都包容或放任。

尊重孩子,在本质上要遵守以下几项基本原则:

能觉察到孩子不同的体能情况;支持和鼓励孩子所做的对其身心健康有益的行为;打消孩子没有建设性的念头,它们不会促进孩子的发展,反而会让孩子的精力用错地方,阻碍他们的发展。

学校的老师要牢记这些原则,同样,做母亲的也需要遵守这些原则。

老师可能会不厌其烦地提醒孩子,也可能会严厉地指责孩子的错误行为。一位真正懂教育的优秀老师,会采取比强迫压制更有效的方法去引导孩子,使孩子走向正轨。

无疑,做到这一点,需要老师随时对孩子进行细心观察,并持续做出努力。老师要随时留意孩子的情况,小心地安排孩子的学习环境。比起命令和谆谆告诫,这样做其实简单多了。

不过,方法虽然简单,但要做好它并不容易,需要老师具有无尽的爱心和很强的洞察力。

老师对待孩子的学习环境,必须要像家庭主妇对待家庭环境一样用心,设法将环境弄得美观、温馨。仅仅这样还不够,老师还必须要了解孩子的一举一动,要负起对孩子进行教育的责任。

多花点心思、多细心观察孩子,老师才会对自己的工作有更清楚的认识。一个孩子能否步入正常轨道、获得成长、取得成就,都依赖于老师对孩子的观察程度。老师只有真正用心去做,才能真正获得成效。

一位老师是否具有相应的教育能力,取决于他是否能正确地遵守我们的教育法则。

如果老师能认同我们的教育观点,就能从中发现并克服教育上的困难,找到一些难题的解决之道,也能取得最好的教育效果。

虽然,懂得克服小过失、小困难不可能让人达到完美,但知道自己能克服过失、度过困境,这种感受让人振奋,会激发出一种鼓舞人心的力量。

就是这样的力量,让我们生活中的很多小困难变得不值一提,这是让我们不断完善自己的唯一办法,追求道德上的完美也是如此。

所以,我们要帮助孩子克服他们的各种缺点,但同时,不要损害孩子的自信,让他们觉得自己不行。

★学习与探究★

1. 阅读全文,找到蒙台梭利所说的尊重孩子,在本质上要遵守的基本原则是什么?

2. 根据蒙台梭利的教育理念,在幼儿的教学过程中最关键的部分是什么?

3. 在我们现在的幼儿园里,经常会听到老师用“安静”“不要乱动”等类似的语言,根据文中的教育观念,你认为这样的教学语言是否合适?如果不合适,应该用什么样的教学方法使小朋友能够安静地进入教学活动环节呢?

因为孩子[1]

莫言

导　读

莫言，首位中国籍诺贝尔文学奖获得者。1981年，发表个人首部短篇小说《春夜雨霏霏》。1985年，因中篇小说《透明的红萝卜》而一举成名。1986年，在《人民文学》杂志发表中篇小说《红高粱》在文坛引起极大轰动。1987年，担任电影《红高粱》编剧。2009年，出版长篇小说《蛙》。2011年，凭借小说《蛙》获得茅盾文学奖。

2012年，莫言获得诺贝尔文学奖。获奖理由是：通过幻觉现实主义将民间故事、历史与当代社会融合在一起。2016年，当选中国作家协会第九届全国委员会副主席。2019年，创作小说《等待摩西》，长篇小说《红高粱家族》入选“新中国70年70部长篇小说典藏”。

《因为孩子》选自莫言的短篇小说集，通过两家因为孩子矛盾而演变成大人打斗，引出后文两家因为秋生溺水，二毛不计昨日仇恨，不顾冰冷的湖水，救援邻家孩子而和好如初的内容。作者运用大量的笔墨描写人物的语言、动作，生动形象地揭示人物的性格特征，以两家的典型形象表现青草湖人直率、和睦的性格。

选　文

“金桂嫂，您家秋生把俺家大胖的爬犁摔坏了，还把俺家大胖的鼻子打破，淌了那么多血，您也不管教管教他。”莲叶站在半人高的土墙边，恼怒地向邻家院里说。

金桂正在院子里喂鸡，听到莲叶的话，把手中的高粱往地上一撒，两条眉毛刀一样竖起来，说：“莲叶，看在姊妹的份上，看在邻墙隔家的面儿上，我没好意思去找你，你倒找上我来了。真是马善有人骑，人善有人欺！”

“孩子打了人，还不让找啊？你讲理不讲？”

“谁家孩子打了人？明明是你家大胖把俺家秋生的脸抓得净是血道子，衣裳也撕破了，你倒反咬一口，真是好意思！”

[1] 本文选自莫言著《三匹马》，浙江文艺出版社2019年出版。

“谁不知道你家秋生是有名的小恶霸，专门欺负人。”

“谁不说你家大胖是个小土匪，打人骂人！”

……

两个女人靠在墙边，脸对着脸，喷吐着唾沫星子吵起来，仿佛是两只斗架的鸡。

战争的引起者秋生和大胖从各自的家里跑出来，向着对方的院子里投掷石头瓦片。秋生扔出一块石头，正打在莲叶额头上，顿时出了血。莲叶惨叫一声，捂着脸坐在了地上，呼天抢地地哭起来。大胖一看娘受了重伤，抄起弹弓发射飞弹，差点击中金桂的头。

莲叶的男人二毛听到老婆的哭声，从屋子里出来了。女人吵架，男人们是不应该介入的，这是青草湖边的规矩。但是事态发展到流血的地步，也就顾不上规矩了。二毛蹿到墙根，把莲叶拉起来一看，天哪！白净净瓜子脸上血糊糊一片，二毛心中仿佛被戳了一刀。要知道，他和莲叶可是自由恋爱结的婚，小两口好得蜜里调香油哩。于是，不由得火冒三丈，挽袖子攥拳头要上前参战。

“你赖不着俺，自己抓破脸，想赖着俺呀……”金桂还站在原来的阵地上，丝毫不甘示弱。

“好啊，打了人还不认账！”二毛的脚下像安了弹簧，一个箭步冲上去，隔着墙，扇了金桂一个大嘴巴。

金桂一个后滚翻仰倒在地上，一把扯散了头发，没命地嚎起来：

“哎哟，二毛你个强盗，你打死我了……”

自家的孩子自家管，自家的老婆自家打，这也是青草湖边的老规矩。二毛的巴掌扇到金桂的嫩脸上发出的那声脆响引出来金桂的丈夫黑头。黑头五大三粗，为人极重义气，平日里与二毛也不错，光屁股时就在一起捞鱼摸虾，还从来没有翻过脸。今日他也忍不住了。

“二毛，你小子要找死是不是？我的老婆自己都没舍得打一下，用得着你来打？好吧，今天咱们就拼个你死我活吧！”

黑头抄起一柄鱼叉跳过墙来拼命，二毛也顺手摸过一张铁锹准备迎战。

局部战争就要扩大成全面战争了。这时，二毛家院子里拥进了一伙婶子大娘，连劝带拉地把战争平息了。

“哎哟哟，邻墙隔家的，低头不见抬头见，何苦呢？”

“小孩子打架没有真事，随打了随好，大人掺和进去就不值了。”

“就是嘛，以后谁还不见谁了？”黑头说。

“咱们两家向来相处得挺好，这是何苦呢？”二毛后悔自己刚才不该冒火。

这天夜里，两家夫妻都没有睡好。女人都对着男人使性子。原因自然是莲叶中了流弹，金桂挨了巴掌。

第二天早饭时，莲叶对着大胖说：“今儿个不准你下湖跑爬犁，在家做寒假作业。要是你再敢跟那个小恶霸一块儿玩，我就砸断你的腿！”

西边那家也在进行家庭教育,金桂对秋生说:“记住了没有?要是我再看到你和那个小土匪在一起跑爬犁,我就把你填到冰窟窿里去喂老鳖!”

一上午,秋生和大胖都没有出门,像关在笼子里的小鸟一样焦躁不安。

青草湖边的人家现在也都是独生子女,一个个都像心头肉一样金贵。下午,大胖要下湖跑爬犁,不让去就哭,莲叶说:“好吧,别和小恶霸一起玩,记住了?”

“记住了!”大胖一边高叫着,一边扛着爬犁往外跑。

西院里秋生听到了大胖的声音,也要去跑爬犁。金桂不许,秋生就躺在地上打滚儿。金桂无法,只好嘱咐一番,放他去了。

冬天的青草湖,像一块镶在大地上的毛玻璃。青草湖边的孩子,都是冰上运动的健将。大一点的孩子,跑那种“站爬犁”,脚踩两片底下嵌着钢丝的窄板,手撑两根顶端带尖的木棍,双臂一撑,人似流星。像秋生和大胖这样的小不点儿,就跑“坐爬犁”。“坐爬犁”就是在一块长方形的木板上,钉上两块方木,方木上嵌上两片钢板。他们手中也撑着带铁尖的木棍,比“站爬犁”的撑棍短一些。

秋生和大胖下了湖。湖上没有人。两个孩子各自玩了一会儿,孤单单地,没劲极了。往常里他们是形影不离的。两人一块儿比赛,比速度,比花样。现在不行了,昨天刚发生血战呢。

冬日天短,太阳眼见着就挂到柳树梢上了。一群大雁嘎儿嘎儿地叫唤着,在空中盘旋儿圈后,降落到湖面上。两个孩子看呆了。一会儿,他们不约而同地划着爬犁向大雁冲去。临近雁群时,又各自把手中的撑棍像标枪一样投出去。雁群惊飞。

“嗨,差一点就投着了。”大胖说。

“我也差一点!”秋生说。

“秋生,你家有土枪吗?”

“有,俺爹挂在墙上,不让我动。”

“俺家也有。”

“秋生,明儿晚上咱们扛枪来打雁好不好?”

“你会放枪?”

“当然会。”

“俺爹说,小孩放枪,会把耳朵震聋的。”

“你爹骗你呢。”

“秋生,咱们比赛,看谁先划到湖边。”

“好。”

两个小伙伴连连挥动小胳膊,爬犁飞也似的向前冲去。拐弯时两人碰在一起,爬犁翻了。两人都摔了屁股蹲儿。他们搂抱在一起笑起来。

“这次不算,再比一次。”秋生说。

"比就比!"大胖说。

两人又往前划去。湖上,有砸冰捕鱼时留下的一些冰窟窿。窟窿上结冰很薄。秋生没注意,呼隆掉了下去。

大胖吓呆了,没命地哭嚎起来。

天就要黑了。莲叶做好饭,到湖边来找孩子,隔老远就听到了大胖的哭声。她边骂着边往湖边跑去:

"没记性的东西,不让你跟那个小恶霸一块儿玩,偏不信,又被打哭了……"

大胖一见娘来到,哭得更凶了。

"你嚎什么?"

"秋生掉到冰窟窿里了……"

"光哭有什么用?还不回家去叫你爹!"

莲叶早忘记了昨天的仇恨,跑到冰窟窿前一看,不见秋生的影子,便大声呼救起来:"来人啊……孩子掉到冰窟窿里啦……"

二毛得到儿子大胖的报告,扛着铁镐冲下湖来。他抡起铁镐,噼哩咔啦,几下子就把冰窟窿扩大了许多。水很清,能看到水中的秋生。二毛一个猛子钻下水,把秋生抱了上来。

金桂和黑头听到儿子掉到冰窟窿里的消息,急着往外跑,一出门就碰上二毛抱着秋生走来。放在炕上一看,早没气了。金桂顿时大放悲声。

"嫂子,别哭,我学过急救法,试试看。"二毛说着,很麻利地剥去秋生的衣裳,俯下脸对着秋生的鼻孔吹气,然后用力挤压秋生的胸脯。好久,秋生的胸部翕动起来,脸色也红润了。秋生活了。

大胖欢跳着说:"秋生,你可好了。别忘了,赶明儿咱一块儿下湖去打雁。"

金桂一下子把大胖搂在怀里,呜呜地哭起来。莲叶也跟着掉眼泪。

黑头说:"行了,行了,真是娘儿们眼泪多,还不快找几件衣裳给二毛换上。"

这时候她们才注意到,二毛满脸青紫,浑身哆嗦成了一个蛋。

(一九八二年)

★学习与探究★

1. 小说标题为《因为孩子》,请分析大胖、秋生两个孩子在文章中的作用。

2. 这篇由作者虚构的小说情节生动,人物形象描写细致,请结合小说内容,简要说明作者是如何发挥想象力,去编构这样一个故事的。

3. 在幼儿园里面,如果幼儿因为争抢玩具发生矛盾,你该如何解决?

平凡的世界(节选)[1]

路遥

导 读

路遥(1949—1992年),原名王卫国,出生于陕北榆林清涧县一个贫困的农民家庭,因家贫7岁被过继给延川县农村的伯父。曾在延川县中学学习,1973年进入延安大学中文系学习,其间开始文学创作。大学毕业后,任《陕西文艺》(今为《延河》)编辑。1980年发表《惊心动魄的一幕》,获得中国作家协会第一届全国优秀中篇小说奖。1982年发表中篇小说《人生》,后被改编为电影,轰动全国。《平凡的世界》是路遥创作的一部百万字的长篇巨著,这部小说以恢宏的气势和史诗般的品格,全景式地表现了改革时代中国城乡的社会生活和人们思想情感的巨大变迁,还未完成即在中央人民广播电台广播,并于1991年获得第三届茅盾文学奖。

全书共三部。作者以中国20世纪70年代中期到80年代中期的十年为背景,通过复杂的矛盾纠葛,刻画了社会各阶层众多普通人的形象。劳动与爱情、挫折与追求、痛苦与欢乐、日常生活与巨大的社会冲突,纷繁地交织在一起,深刻地展示了普通人在大时代历史进程中所走过的艰难曲折的道路。特别是主人公面对困境艰苦奋斗的精神,对今天的人们仍有极大影响。

选 文

每天,只要学校没什么事,孙少平就一个人出去在城里的各种地方转:大街小巷,城里城外,角角落落,反正没去过的地方都去。除过几个令人敬畏的机关——如县革委会、县武装部和县公安局外,他差不多在许多机关的院子里都转过了——大多是假装上厕所而哄过门房老头进去的。由于人生地不熟,他也不感到这身破衣服在公众场所中的寒酸,自由自在地在这个城市的四面八方逛荡。他在这期间获得了无数新奇的印象,甚至觉得弥漫在城市上空的炭烟味闻起来都是别具一格的。当然,许许多多新的所见所识他都还不能全部理解,但所有的一切无疑都在他的精神上产生了影响。透过城市生活的镜面,他似乎更清楚地看见

[1] 本文选自路遥著《平凡的世界》第一部第二章,北京十月文艺出版社2017年出版。

了他已经生活过十几年的村庄——在那个他所熟悉的古老的世界里，原来许多有意义的东西，现在看起来似乎有点平淡无奇了。而那里许多本来重要的事物过去他却并没有留心，现在倒突然如此鲜活地来到了他的心间。

除过这种漫无目的地转悠，他现在还养成了一种看课外书的习惯。这习惯还是在上初中的最后一年开始的。有一次他去润生家，发现他们家的箱盖上有一本他妈夹鞋样的厚书，名字叫《钢铁是怎样炼成的》。起先他没在意——一本炼钢的书有什么意思呢？他随便翻了翻，又觉得不对劲。明明是一本炼钢的书，可里面却不说炼钢炼铁，说的全是一个叫保尔•柯察金的苏联人的长长短短。他突然对这本奇怪的书产生了强烈的好奇心。他想看看这本书倒究是怎么回事。润生说这书是他姐的——润生他姐在县城教书，很少回家来；这书是润生他妈从城里拿回来夹鞋样的。

润生妈同意后，他就拿着这本书匆匆地回到家里，立刻看起来。

他一下子就被这书迷住了。记得第二天是星期天，本来往常他都要出山给家里砍一捆柴；可是这天他哪里也没去，一个人躲在村子打麦场的麦秸垛后面，贪婪地赶天黑前看完了这书。保尔•柯察金，这个普通外国人的故事，强烈地震撼了他幼小的心灵。

天黑严以后，他还没有回家。他一个人呆呆地坐在禾场边上，望着满天的星星，听着小河朗朗的流水声，陷入了一种说不清楚的思绪之中。这思绪是散乱而飘浮的，又是幽深而莫测的。他突然感觉到，在他们这群山包围的双水村外面，有一个辽阔的大世界。而更重要的是，他现在朦胧地意识到，不管什么样的人，或者说不管人在什么样的境况下，都可以活得多么好啊！在那一瞬间，生活的诗情充满了他十六岁的胸膛。他的眼前不时浮现出保尔瘦削的脸颊和他生机勃勃的身姿。他那双眼睛并没有失明，永远蓝莹莹地在遥远的地方兄弟般地望着他。当然，他也永远不能忘记可爱的富人的女儿冬妮娅。她真好。她曾经那样地热爱穷人的儿子保尔。少平直到最后也并不恨冬妮娅。他为冬妮娅和保尔的最后分手而热泪盈眶。他想：如果他也遇到一个冬妮娅该多么好啊！

这一天，他忘了吃饭，也没有听见家人呼叫他的声音。他忘记了周围的一切，一直等到回到家里，听见父亲的抱怨声和看见哥哥责备的目光，在锅台上端起一碗冰凉的高粱米稀饭的时候，他才回到了他生活的冷酷现实中……

从此以后，他就迷恋上了小说，尤其爱读苏联书。在来高中之前，他已经看过了《卓娅和舒拉的故事》。

现在，他在学校和县文化馆的图书室里千方百计搜寻书籍。眼下出的书他都不爱看，因为他已经读过几本苏联小说，这些中国的新书相比而言，对他来说已经没什么意思了。他只搜寻外国书和“文化大革命”前出的中国书。

渐渐地，他每天都沉醉在读书中。没事的时候，他就躺在自己的一堆破烂被褥里没完没了地看。就是到学校外面转悠的时候，胳膊窝里也夹着一本——转悠够了，就找个僻静地方看。后来，竟然发展到在班上开会或者政治学习的时候，他也偷偷把书藏在桌子下面看。

不久，他这种不关心无产阶级政治，光看“反动书”的行为就被人给班主任揭发了。告密者就是离他座位不远的跛女子侯玉英。这是一位爱关心别人私事的女同学。生理的缺陷似乎带来某种心理的缺陷：在生活中她最关注的是别人的缺点，好像要竭力证明这世界上所有的人都是不完整的——你们的腿比我好，但另外的地方也许并不如我！侯玉英讨论时常常第一个发言，像干部们一样头头是道地解释无产阶级专政理论。劳动时尽管腿不好，总是扑着干。当然也爱做一些好人好事，同时又像纪律监察委员会的书记一样监督着班上所有不符合革命要求的行为。

那天班上学习《人民日报》社论《领导干部带头学好》的文章，班主任主持，班长顾养民念报纸。孙少平一句也没听，低着头悄悄在桌子下面看小说。他根本没有发现跛女子给班主任老师示意他的不轨行为。直等到老师走到他面前，把书从他手里一把夺过之后，他才猛地惊呆了。全班顿时哄堂大笑。顾养民不念报了，他看来似乎是一副局外人的样子，但孙少平觉得班长分明抱着一种幸灾乐祸的态度，看老师怎样处置他呀。

班主任把没收的书放在讲桌上，先没说什么，让顾养民接着往下念。

学习完了以后，老师把他叫到宿舍，意外地把书又还给了他，并且说：“《红岩》是一本好书，但以后你不要在课堂上看了。去吧……”

孙少平怀着感激的心情退出了老师的房子。他从老师的眼睛里没有看出一丝的谴责，反而满含着一种亲切和热情。这一件小小的事，使他对书更加珍爱了。是的，他除过一天几个黑高粱面馍以外，再有什么呢？只有这些书，才使他觉得活着还是十分有意义的，他的精神也才能得到一些安慰，并且唤起对自己未来生活的某种美好的向往——没有这一点，他就无法熬过眼前这艰难而痛苦的每一个日子。

而在他眼下的生活中，实际上还有一件令他无法言明的、给他内心带来一丝温暖和愉快的小小的事情。这件事实际上我们已经知道了，这就是：每天吃饭的时候，在众人散尽而他一个人去取自己那两个黑馍——每当这样的时候，他总能看见另外一个人做同样一件事。

当然，在起先的时候，他和那个叫郝红梅的女生都是毫不相干地各自拿了自己的馍就离开了。

不知是哪一天，她走过来的时候，看了他一眼。他也看了她一眼。尽管谁也没说话，但实际上说了。人们在生活中常常有一种没有语言的语言。从此以后，这种眼睛的“交谈”就越来越多了。

孙少平发现，郝红梅实际上是班里最漂亮的女生。只是因为她穿戴破烂，再加上一脸菜色，才使得所有的人都没有发现这一点。这种年龄的男青年，又刚刚有了一点文化，往往爱给一些“洋女生”献殷勤。尤其是刚从农村来的男生，在他们的眼里，城里干部的女儿都好像是下凡的仙女。当然，这般年龄的男女青年还说不上正经八百地谈恋爱，但他们无疑已经朕浅地懂得了这种事，并且正因为刚懂得，因此比那些有过经历的人具有更大的激情。唉，谁没有经过这样的年龄呢？在这个维特式的骚动不安的年龄里，异性之间任何微小的情感，都可能在一个少年的内心掀起狂风巨浪！

孙少平目前还没有到这样的地步。他只是感到，在他如此潦倒的生活中，有一个姑娘用这样亲切而善意的目光在关注他，使他感到无限温暖。她那可怜的、清瘦的脸颊，她那细长的脖颈，她那刚能遮住羞丑的破烂衣衫，都在他的内心荡漾起一种春水般的波澜。

他们用眼睛这样“交谈”了一些日子后，终于有一天，她取完那两个黑面馍，迟疑地走到他跟前，小声问他：“那天，老师没收了你的那本书，叫什么名字？”

“《红岩》，我在县文化馆借的。”他拿黑面馍的手微微抖着，回答她。她离他这么近，他再也不敢看她了。他很不自在地把头低下，看着自己手里的那两个黑东西。

“那里面有个江姐……”她本来不紧张，但看他这样不自在，声音也有点不自然了。

他赶忙说：“是。后来牺牲了……很悲壮！”他加添了一个自认为很出色的词，头仍然低着。

“还有一个双枪老太婆。”她又说。

“你也看过这书？”他现在才敢抬起眼皮看了她一眼。

“我没看过。以前听我爸说过里面的故事。”

“你爸？你爸看过？”

“嗯。”

“你爸在？……”少平显然有点惊讶这位穿戴破烂的女生，她父亲竟然看过《红岩》，因此弄不明白她父亲是干什么的了。

“我爸是农民，成分不好，是地主，不，我爷爷是地主，所以……”

“那你爸上过学？”

“我爸没上过。我爷上过。我爸的字是我爷教的。我爷早死了……我没看过《红岩》小说，但我会唱《红岩》歌剧里的歌。我的名字就是我爸从这歌词里面取的。那歌剧里有一句歌词是：红岩上，红梅开……”

她这样轻声慢语地说着，他呆呆地听着。

她突然红着脸说：“你的书还了没有？”

他说：“还没。”

“能不能借我看一下？”

“能！”他爽快地回答。

于是，第二天他就把书交到了她的手里。

在这以后，只要孙少平看过的书，就借给郝红梅看。无论是他给她借书，还是她给他还书，两个人不约而同地都是悄悄进行的。他们都知道，一个男生和一个女生这样过分亲密的交往，如果让班里的同学们发现了，会引起什么样的反响——那他们也就别想安宁地过日子了！

★学习与探究★

1. 孙少平为什么觉得"只有这些书，才让他觉得活着才十分有意义的"？
2. 就主人公孙少平在选文中的生活经历，请你提出一个问题，引起大家的思考。
3. 现在社会中还有一种"读书无用"的声音，你怎么看？
4. 利用课余时间阅读《平凡的世界》和《红岩》。

★岗位实践★

阅读下则案例完成后面的练习。

论学问[1]

培根

读书为学的用途是娱乐、装饰和增长才识。在娱乐上，学问的主要的用处是幽居养静；在装饰上学问的用处是辞令；在长才上，学问的用处是对于事务的判断和处理。因为富于经验的人善于实行，也许能够对个别的事情一件一件地加以判断；但是最好的有关大体的议论和对事务的计划与布置，乃是从有学问的人来的。在学问上费时过多，是偷懒；把学问过于用作装饰是虚假；完全依学问上的规则而断事，是书生的怪癖。学问锻炼天性，而其本身又受经验的锻炼；盖人的天赋有如野生的花草，它们需要学问的修剪；而学问的本身，若不受经验的限制，则其所指示的未免过于笼统。多诈的人渺视学问，愚鲁的人羡慕学问，聪明的人运用学问。因为学问的本身并不教人如何用它们；这种运用之道乃是学问以外，学问以上的一种智能，是由观察体会才能得到的。不要为了辩驳而读书，也不要为了信仰与盲从，也不要为了言谈与议论，要以能权衡轻重、审察事理为目的。

有些书可供一尝，有些书可以吞下，有不多的几部书则应当咀嚼消化。这就是说，有些书只要读读它们的一部分就够了；有些书可以全读，但是不必过于细心地读；还有不多的几部书则应当全读，勤读，而且用心地读。有些书也可以请代表去读，并且由别人替我做出节要来。但是这种办法只适于次要的议论和次要的书籍，否则经提炼的书就和蒸馏的水一样，都是无味的东西。阅读使人充实，会谈使人敏捷，写作与笔记使人精确。因此，如果一个人写得很少，那么他就必须有很好的记性；如果他很少与人会谈，那么他就必须有很敏捷的机

[1]本文选自樊杨梅主编《大学语文》，西北工业大学出版社2014年出版。

智；并且假如他读书读得很少的话，那么他就必须要有很大的狡黠之才，才可以强不知以为知。

史鉴使人明智，诗歌使人巧慧，数学使人精细，博物使人深沉，伦理之学使人庄重，逻辑与修辞使人善辩。“学问变化气质。”不特如此，精神上的缺陷没有一种是不能由相当的学问来补救的，就如同肉体上各种的病患都有适当的运动来治疗似的。“地球”有益于结石和肾脏，射箭有益于胸肺，缓步有益于胃，骑马有益于头脑，诸如此类。同此，如果一个人心志不专，他顶好研究数学，因为在数学的证理之中，如果他的精神稍有不专，他就非从头再做不可；如果他的精神不善于辨别异同，那么他最好研究经院学派的著作，因为这一派的学者是条分缕析的人；如果他不善于推此知彼，旁征博引，他顶好研究律师们的案卷。如此看来，精神上各种的缺陷都可以有一种专门的补救之方了。

1. 作者在文中所表达的治学读书的目的是什么？

2.“精神上的缺陷没有一种是不能由相当的学问来补救的……精神上各种的缺陷都可以有一种专门的补救之方了。”如何理解这一段话的含义？

3. 谈谈让你读书学习的真正目的是什么。

春江花月夜[1]

张若虚

导 读

张若虚（约670—约730年），扬州（今属江苏扬州）人，唐代诗人。曾任兖州兵曹。唐中宗神龙年间，以“文词俊秀”而“名扬于上京”，与贺知章、张旭、包融并称为“吴中四士”。他的诗作在《全唐诗》中仅存《代答闺梦还》《春江花月夜》两首。这首《春江花月夜》被后世誉为“孤篇横绝”，是历代传诵的名篇。

《春江花月夜》是乐府《清商曲辞·吴声歌曲》旧题，据说是陈后主创制的。隋炀帝也曾写过这个题目，那都是浮华艳丽的宫体诗。张若虚这首诗虽然用的是《春江花月夜》的旧题，题材又是汉末以来屡见不鲜的游子思妇的离愁，但张若虚还是以不同凡响的艺术构思，开拓出新的意境，表现了新的情趣，使这首诗成为千古绝唱。而张若虚也就是以这一首诗确立了文学史上永不磨灭的地位。

诗人把游子思妇的离愁别绪放到春江花月夜的背景上，良辰美景更衬出离愁之苦；

[1] 本文选自孙昕光主编《大学语文》，高等教育出版社2014年出版。

又以江月与人生对比，显示人生的短暂，而在短暂的人生里那离愁就越发显得浓郁。这首诗虽然带着些许感伤和凄凉，但总的看来并不颓废。它展示了大自然的美，表现了对青春年华的珍惜以及对美好生活的向往。那种对于宇宙和人生的真挚的探索，也有着深长的意味。

《春江花月夜》，题目共五个字，代表五种事物。全诗便扣紧这五个字来写，但又有重点，这就是“月”。春、江、花、夜，都围绕着月作陪衬。诗从月升（生）开始，继而写月下的江流，月下的芳甸，月下的花林，月下的沙汀，然后就月下的思妇反复抒写，最后以月落收结。有主有次，主次巧妙地配合着，构成完整的诗歌形象，形成美妙的艺术境界。（选自袁行霈《如梦似幻的夜曲——张若虚〈春江花月夜〉赏析》）

选　文

春江潮水连海平，海上明月共潮生。①滟滟随波千万里，何处春江无月明。②
江流宛转绕芳甸，月照花林皆似霰。③空里流霜不觉飞，汀上白沙看不见。④
江天一色无纤尘，皎皎空中孤月轮。⑤江畔何人初见月，江月何年初照人。⑥
人生代代无穷已，江月年年只相似。⑦不知江月待何人，但见长江送流水。
白云一片去悠悠，青枫浦上不胜愁。⑧谁家今夜扁舟子，何处相思明月楼。⑨
可怜楼上月徘徊，应照离人妆镜台。⑩玉户帘中卷不去，捣衣砧上拂还来。⑪
此时相望不相闻，愿逐月华流照君。⑫鸿雁长飞光不度，鱼龙潜跃水成文。⑬
昨夜闲潭梦落花，可怜春半不还家。⑭江水流春去欲尽，江潭落月复西斜。⑮
斜月沉沉藏海雾，碣石潇湘无限路。⑯不知乘月几人归，落月摇情满江树。⑰

注　释

①“春江”二句：江潮跟海水连成一片，一轮明月随着潮水的上涨也同时升起。海：指长江下游宽阔的江面。连海平：江潮与大海连成一片。共潮生：随着潮水上涨同时升起。全诗以潮水上涨和月亮冉冉升起开篇，引出后文，兴起感情的涌动。

②“滟滟”二句：月光洒在波光闪烁的千里江面上，哪里的江面上没有月光照耀？滟滟：（yànyàn）：水波闪光的样子。

③“江流”二句：曲折（闪亮）的江流在花草遍布、芳香轻飘的郊野上流过，月光照耀下的花草犹如小雪珠粒。宛转：曲折。芳甸：长有花草的郊野。霰（xiàn）：雪珠，多在下雪前降落。

④空里流霜：像霜一样的月光从空中流泻下来。古人以为霜与雪一样是从空中飘落的，

故有此喻。“汀上”句：月光太亮，江岸一片白色，连江边沙滩上的白沙都看不见了。汀(tīng)：水边平地，这里指江边沙滩。

⑤“江天”二句：江天一色，天空连一丝尘埃也没有，只有那一轮明月高悬在夜空。纤尘：细小的尘埃。皎皎(jiǎo jiǎo)：明亮的样子。孤月轮：在广袤的夜空，月亮显得很孤独。这里是为后面人的孤独和思念创造意境。

⑥“江畔”二句：不知何人最先见到月亮，不知月光何年开始照耀人间。探讨人与月的初始因缘。

⑦穷已：穷尽。已：尽。只：一作“望”。

⑧“白云”二句：一片白云在夜空中渐渐飘远了，(望着它)思妇在离别的地方忧愁痛苦得不得了。去：离开。青枫浦：又名双枫浦，在今湖南浏阳。此处指离别之所。浦：水边；小江小河流入大江大海之交汇处。不胜：不尽。

⑨“谁家”二句：在此月夜，是谁家的游子舟行江中，漂泊在外？是谁家的思妇伫立楼头，思念丈夫？“谁家”“何处”互文见义，表示人间处处有游子、思妇之间的相思。扁(piān)舟子：飘荡江湖的游子。扁舟：小船。明月楼：月光照耀下的闺楼。

⑩月徘徊：月影移动的样子。曹植《七哀》诗：“明月照高楼，流光正徘徊。上有愁思妇，悲叹有余哀。”

⑪“玉户”二句：月光似乎与思妇为难，帘卷不去，手拂还来。玉户：指思妇的居室。捣衣砧(zhēn)：捣衣时用的垫石。捣衣是为了寄给游子征夫，故历来诗人以此喻写相思之情。

⑫“愿逐”句：希望随着明月的光华流动照到郎君身上。月华：月光。君：指游子。

⑬“鸿雁”二句：远飞的鸿雁也不能把这儿的月光带到远方游子那里，鱼龙在深处水里跃动，也只能激起阵阵波纹。表达了游子思妇无法传送相思之情。长飞：远飞。光不度：即光不动，未见月光随鸿雁而飞去。这是对上句“愿逐月华流照君”的否定，说明想随月光而去是不可能的。潜跃：潜游跃动。文：波纹，从这个意义上讲后来写作“纹”。

⑭“昨夜”二句：昨夜梦见花落闲潭，可惜春天过半了，游子还不回家。闲潭：幽静的潭水。梦落花：即梦见春已逝去。

⑮江水流春：指春光随江水流逝。复西斜：指夜将尽。

⑯碣石：山名，在今河北省昌黎县。潇湘：水名，在今湖南省。碣石潇湘：泛指游子思妇一北一南，相距遥远。无限路：极言离人相距之远。

⑰乘月：乘着月色。“落月”句：即将西沉的残月的余晖，带着游子思妇的离情，散落在整个春江之上和花林之间。

整体赏析

《春江花月夜》堪称世界上最美的诗，当年闻一多先生誉其为“诗中之诗”。作品细致生动地描绘了江南春江花月之夜的优美迷人景色，抒发了游子思妇缠绵悱恻的离情别绪，表现出诗人对宇宙永恒美好而人生短暂、人情难圆的深沉思索。全诗融诗情画意为一体，诗中有画，画中有诗，诗中有景、有情、有理，美景、深情、哲理融为一体，读来如临其境，韵味无穷。

《春江花月夜》是乐府旧题，属《清商曲辞·吴声歌曲》，要求在诗中写到春、江、花、月、夜几个方面的题材。这首诗沿用古制而将旧题发挥到了极致。

全诗共36句。前16句描写了春夜月下的江上优美如画的景色，以及由此引发的对宇宙和人生的感慨：“春江潮水连海平，海上明月共潮生。滟滟随波千万里，何处春江无月明。”这动人的美景让人激情涌动，从而使情景无限。“江畔何人初见月，江月何年初照人。人生代代无穷已，江月年年只相似。不知江月待何人，但见长江送流水。”通俗流畅的诗句，一下将人们带进朦胧深邃的意境。后20句在前面感叹人生短暂的基础上，具体描写春江花月夜下游子思妇天各一方的缠绵情思：“白云一片去悠悠，青枫浦上不胜愁。谁家今夜扁舟子，何处相思明月楼。”无处不在的思念让这个夜晚充满惆怅，更因“此时相望不相闻，愿逐月华流照君”的悲情祝愿，“江水流春去欲尽，江潭落月复西斜”的长期整夜的等待，以及“不知乘月几人归，落月摇情满江树”的无望和感伤而变得格外动人。全诗把春、江、花、月、夜的景色渲染得空灵、朦胧而美好，将游子思妇的情感抒写得缠绵、深挚而纯洁，对人生和宇宙的思考则朴素深邃，如梦如幻，如怨如诉，美好感人。

艺术上采用多视角写景、多层次抒情，从而使情景描绘淋漓尽致。如写景时从远与近、俯与仰、动与静、明与暗、月升（生）与月落等不同角度写，让人感觉整个夜景和宇宙就在眼前立着，生动深远。全诗借景抒情，因情及人，景生情理，情理下引出男女主人公的爱情思念。在表现爱情思念时，诗人又从男女双方不同角度加以描写：“谁家今夜扁舟子，何处相思明月楼。”让身处异地的男女双方同在今夜月下相望、相思，既写女子对远在外地的丈夫的思念，又表现远方丈夫对家中女子的关心。这些思念和关心就像月光一样，“照离人”“流照君”“卷不去”“拂还来”，久久弥漫在空中。

诗中的心理刻画含蓄细腻，大大加强了诗的抒情色彩。比如诗中写“春江潮水连海平，海上明月共潮生”，其实暗写人的感情如潮水般涌动。“鸿雁长飞光不度，鱼龙潜跃水成文”，通过写大雁长飞却无法带走月光，表现主人公爱情的深远；通过写鱼儿潜跃水中留下波纹，表现主人公内心激动的情怀，描写十分细腻含蓄 。再比如诗中开始写月亮升起，最后写“落月摇情满江树”，其实暗示主人公的思念随月升起，伴月波动，月落时情最激动，主人公就这样整夜整夜被思念折磨得不能入眠。

另外，这首诗句式整齐、章法自然、对仗工整，音韵顿挫悠扬、朗朗上口，声情和谐，不愧为“孤篇盖全唐”之作。

★学习与探究★

1.《春江花月夜》到底写了什么？其景为何？其情为何？其思为何？

2. 为什么称《春江花月夜》为“孤篇盖全唐”之作？

3. 如何看待这首诗的思想价值？

天使与魔鬼的数量[1]

毕淑敏

导 读

毕淑敏，祖籍山东，国家一级作家，北京作家协会副主席，注册心理咨询师，中国作家协会第九届全国委员会委员。1952年出生于新疆伊宁。1969年入伍，在喜马拉雅山、冈底斯山、喀喇昆仑山交汇的西藏阿里高原部队当兵11年，历任卫生员、助理军医、军医等。1980年转业回北京。在苍茫的高原上，她亲眼看到一些年轻人为了祖国的安全富强而永远长眠在冰层中的悲壮。那些惊心动魄、可歌可泣的“死亡”使她对生命有着特别的关注。著有《毕淑敏文集》，长篇小说《红处方》《血玲珑》《拯救乳房》《女心理师》《鲜花手术》等。

此篇文章选自《毕淑敏自选集·散文随笔卷》，作者由一个问题开始了对天使与魔鬼的较量进行调查，但事实上作者的统计数据中显示：即使是魔鬼最兴旺发达的时期，天使的人数也是魔鬼的3倍。也就是说，哪怕在最黑暗的日子里，天使依旧占据了这个世界的压倒多数。为什么我们已习惯撞到魔鬼？为什么普遍认为天使无力？为什么越是对世界一无所知的孩童，越把魔鬼想象为无敌？为什么老境将至时，会在估价中渐渐增加天使的数目？为什么当科学昌明，人类从未有过的强大以后，知道了世上本无魔鬼和天使，反倒在善与恶的问题上，大踏步地倒退，丧失了对世间美好事物的向往与信赖？

[1] 本文选自《毕淑敏自选集·散文随笔卷》，天地出版社2018年出版。

选 文

一天，突然想就天使和魔鬼的数量，做一番民意测验。先问一个小男孩，你说是天使多啊还是魔鬼多？孩子想了想说，天使是那种长着翅膀的小飞人，魔鬼是青面獠牙要下油锅炸的那种吗？我想他脑子中的印象，可能有些中西合璧，天使是外籍的，魔鬼却好像是国产。我纠正说，天使就是好神仙，很美丽；魔鬼就是恶魔王，很丑的那种。简单点讲，就是好的和坏的法力无边的人。小男孩严肃地沉默了一会儿，说，我想还是魔鬼多。

我穷追不舍问，各有多少呢？

孩子回答，我想，有100个魔鬼，才会有一个天使。

于是我知道了，在孩子的眼中，魔和仙的比例是一百比一。

又去问成年的女人。她们说，婴孩生下的时候，都是天使啊。人一天天长大，就是向魔鬼的路上走。魔鬼的坯子在男人里含量更高，魔性就像胡子，随着年纪一天天浓重。中年男人身上，几乎都能找到魔鬼的成分。到了老年，有的人会渐渐善良起来，恢复一点天使的味道。只不过那是一种老天使了，衰老得没有力量的天使。

我又问，你以为魔鬼和天使的数量各有多少呢？

女人们说，要是按时间计算，大约遇到10次魔鬼，才会出现一次天使。天使绝不会太多的。天使聚集的地方，就是天堂了。你看我们周围的世界，像是天堂的模样吗？

在这铁的逻辑面前，我无言以对，只有沉默。于是去问男人，就是那被女人称为魔性最盛的那种壮年男子。他们很爽快地回答，天使吗，多为小孩和女人，全是没有能力的细弱种类，缥缈加上无知。像蚌壳里面的透明软脂，味道鲜美但不堪一击。世界绝不可能都由天使组成，太甜腻太懦弱了。魔鬼一般都是雄性，虽然看起来丑陋，但腾云驾雾，肌力矫健。掌指间呼风唤雨，能量很大。

我说，数量呢？按你的估计，天使和魔鬼，各占世界的多少份额？

男人微笑着说，数量其实是没有用的，要看质量。一个魔鬼，可以让一打天使哭泣。我固执地问下去，数量加质量，总有个综合指数吧？现在几乎一切都可用数字表示，从人体的曲线到原子弹的当量。

男人果决地说，世上肯定有许多天使，但在最终的综合实力上，魔鬼是“1”，天使是“0”。当然，“0”也是一种存在，只不过当它孤立于世的时候，什么也没有，什么也不是。不代表任一，不象征实体。留下的，唯有惨淡和虚无。无论多少个零叠加，都无济于事，圈环相套，徒然摞起一口美丽的黑井，里面蛰伏着天使不再飘逸的裙裾和生满红锈的爱情弓箭。但如果有了“1”挂帅，情境就大不一样了。魔鬼是一匹马，使整个世界向前，天使只是华丽的车轮，它无法开道，只有辚辚地跟随其后，用清晰的车辙掩盖跋涉的马蹄印。后来的人们，指着渐渐淡去的轮痕说，看！这就是历史。

我从这人嘴里，听到了关于天使和魔鬼最悬殊的比例，零和无穷大。

我最后问的是一位老人。他慈祥地说，世上原是没有什么魔鬼和天使之分的，它们是人幻想出来的善和恶的化身。它们的家，就是我们的心。智者早已给过答复，人啊人，一半是天使，一半是魔鬼。

我说，那指的是在某一刻在某一个人身上。我想问的是古往今来，宏观地看，人群中究竟是魔鬼多，还是天使多？假如把所有的人用机器粉碎，离心沉淀，以滤纸过滤，被仪器分离，将那善的因子塑成天使，将那恶的渣滓捏成魔鬼，每一品种都纯正地道，制作精良。将它们壁垒分明地重新排起队来，您以为哪一支队伍蜿蜒得更长？

老人不看我，以老年人的睿智坚定地重复，一半是天使，一半是魔鬼。

不管怎么说，这是在我所有征集到的答案里，对天使数目最乐观的估计——二一添作五。我又去查书，想看看前人对此问题的分析判断。恕我孤陋寡闻，只找到了外国的资料，也许因为“天使”这个词，原本就是舶来。

最早的记录见于公元4世纪。基督教先哲，亚历山大城主教、阿里乌斯教派的反对者圣阿塔纳西曾说过：“空中到处都是魔鬼。”

与他同时代的圣马卡里奥称魔鬼：“多如黄蜂”。

1467年，阿方索·德·斯皮纳认为当时的魔鬼总数为133316666名。（多么精确！魔鬼的户籍警察真是负责。）

一百年以后，也就是16世纪中叶，约翰·韦耶尔认为魔鬼的数字没有那么多，魔鬼共有666群，每群6666个魔鬼，由66位魔王统治，共有44435622名。

随着中世纪蒙昧时代的结束，关于魔鬼的具体统计数目，就湮灭在科学的霞光里，不再见诸书籍。

那么天使呢？在魔鬼横行的时代，天使的人口是多少？这是问题的关键。

据有关记载，魔鬼数目最鼎盛的15世纪，达到1.3亿时，天使的数目是整整4亿！

我在这数字面前叹息。

人类的历史上，由于知识的蒙昧和神化的想象，曾经在传说中勾勒了无数魔鬼和天使的故事。在迷蒙的臆想中，在贫瘠的物质中，在大自然威力的震慑中，在荒诞和幻想中，天使和魔鬼生息繁衍着，生死搏斗着，留下无数可歌可泣的故事。祖先是幼稚的，也是真诚的。他们对世界的基本判断，仍使今天的我们感到震惊。即使是魔鬼最兴旺发达的时期，天使的人数也是魔鬼的3倍。也就是说，哪怕在最黑暗的日子里，天使依旧占据了这个世界的压倒多数。

当我把魔鬼和天使的统计数据，告诉他人的时候，不知为什么，许多人显出若有所失的样子，疑惑地问，天使，真的曾有75%那么多吗？

我反问道，那你以为天使应该有多少名呢？

他们回答，一直以为世上的魔鬼，肯定要比天使多得多！

为什么我们已习惯撞到魔鬼？为什么普遍认为天使无力？为什么越是对世界一无所知的孩童，越把魔鬼想象为无敌？为什么女人害怕魔鬼，男人乐以魔鬼自居？为什么老境将至时，会在估价中渐渐增加天使的数目？为什么当科学昌明，人类从未有过的强大以后，知道了世上本无魔鬼和天使，反倒在善与恶的问题上，大踏步地倒退，丧失了对世间美好事物的向往与信赖？

把魔鬼的力气、智慧、出现的频率和它们掌握的符咒，以及一切威力无穷的魑魅魍魉手段，整合在一起，我相信那一定是天文规模的数字。但人类没有理由悲观，要永远相信天使的力量。哪怕是单兵较量的时候，一名天使打败不了一个魔鬼，但请不要忘记，天使的数目，比起魔鬼来占了压倒优势，团结就是力量。如果说普通人的团结都可点土成金，天使们的合力，一定更具有斗转星移的神功。

感谢祖上遗留给我们的宝贵遗产，天使的基数比魔鬼多。推断下来，天使的力量与日俱增，也一定比魔鬼大。这种优势，哪怕是只多出一个百分点，也是签发给人类光明与快乐的保证书。反过来说，魔鬼在历史的进程中，也必定是一直居着下风。否则的话，假如魔鬼多于天使，加上不搞计划生育，它们苔藓一样蔓延，摩肩接踵，群魔乱舞，人间早成地狱。人类一天天前进着，这就是天使曾经胜利和继续胜利的可靠证据。更不消说，天使有时只需一个微笑，就会让整座魔鬼的宫殿坍塌。

★学习与探究★

1. 阅读全文后谈谈在“人群中究竟是魔鬼多，还是天使多”？

2. 如何理解“在一个孩子眼中，魔鬼与天使的比例是一百比一；在一个女人眼中，魔鬼与天使的比例是十比一；在男人眼中，魔鬼与天使的比例是一比零，就算天使再多，前缀是零，也永远比不过魔鬼；在老人眼中，魔鬼与天使是一比一”这一结果的真正意义？

3. 现在很多人把小孩比喻为天使，有时候又把小孩比喻为恶魔，根据你所学的专业知识来分析，为什么会有这两种极端的情况？

旁若无人[1]

梁实秋

导 读

梁实秋(1903—1987年),原名梁治华,字实秋,笔名子佳、秋郎、程淑等,浙江杭县(今杭州)人,出生于北京,中国著名的现当代散文家、学者、文学批评家、翻译家,国内第一个研究莎士比亚的权威。其一生给中国文坛留下了两千多万字的著作,其散文集创造了中国现代散文著作出版的最高纪录。代表作有《莎士比亚全集》(译作)等。梁实秋的散文琐碎,没有故事情节,全凭见识,将古今中外、日常生活中的琐事拼凑成文,像碎花裙上的碎花点,杂而不乱,抖开斑斓。

《旁若无人》一文,用诙谐幽默的手法将那些在电影院里、邻里、日常生活中各种各样的无道德修养的、"旁若无人"的、缺乏社会公德和文明修养,只顾自己、不顾他人的"豪猪"淋漓尽致地大骂了一通,把人性的劣态绘声绘色予以展露,使读者身临其境。

选 文

在电影院里,我们大概都常遇到一种不愉快的经验。在你聚精会神地静坐着看电影的时候,会忽然觉得身下坐着的椅子颤动起来,动得很匀,不至于把你从座位里掀出去,动得很促,不至于把你颠摇入睡,颤动之快慢急徐,恰好令你觉得它讨厌。大概是轻微地震罢?左右探察震源,忽然又不颤动了。在你刚收起心来继续看电影的时候,颤动又来了。如果下决心寻找震源,不久就可以发现,毛病大概是出在附近的一位先生的大腿上。他的足尖踏在前排椅撑上,绷足了劲,利用腿筋的弹性,很优游地在那里发抖。如果这拘挛性的动作是由于羊癫风一类的病症的暴发,我们要原谅他,但是不像,他嘴里并不吐白沫。看样子也不像是神经衰弱,他的动作是能收能发的,时作时歇,指挥如意。若说他是有意使前后左右两排座客不得安生,却也不然。全是陌生人,无仇无恨,我们站在被害人的立场上看,这种变态行为只有一种解释,那便是他的意志过于集中,忘记旁边还有别人,换言之,便是"旁若无人"的态度。

"旁若无人"的精神表现在日常行为上者不止一端。例如欠伸,原是常事,"气乏则欠,体

[1] 本文选自梁实秋著《大道无所不在》,陕西师范大学出版社2007年出版。

倦则伸”。但是在稠人广众之中,张开血盆巨口,作吃人状,把口里的獠牙显露出来,再加上伸胳臂伸腿如演太极,那样子就不免吓人。有人打哈欠还带音乐的,其声呜呜然,如吹号角,如鸣警报,如猿啼,如鹤唳,音容并茂,《礼记》:“侍坐于君子,君子欠伸,撰杖履,视日蚤莫,侍坐者请出矣。”是欠伸合于古礼,但亦以“君子”为限,平民岂可援引?对人伸胳臂张嘴,纵不吓人,至少令人觉得你是在逐客,或是表示你自己不能管制你自己的肢体。

邻居有叟,平常不大回家,每次归来必令我闻知。清晨有三声喷嚏,不只是清脆,而且洪亮,中气充沛,根据那声音之响我揣测必有异物入鼻,或是有人插入纸捻,那声音撞击在脸盆之上有金石声!随后是大排场的漱口,真是排山倒海,犹如骨鲠在喉,又似苍蝇下咽。再随后是三餐的饱嗝,一串串的咯声,像是下水道不甚畅通的样子。可惜隔着墙没能看见他剔牙,否则那一份刮垢磨光的钻探工程,场面也不会太小。

这一切“旁若无人”的表演毕竟是偶然突发事件,经常令人困恼的乃是高声谈话。在喊救命的时候,声音当然不嫌其大,除非是脖子被人踩在脚底下,但是普通的谈话似乎可以令人听见为度,而无须一定要力竭声嘶地去振聋发聩。生理学告诉我们,发音的器官是很复杂的,说话一分钟要有九百个动作,有一百块筋肉在弛张,但是大多数人似乎还嫌不足,恨不得嘴上再长一个扩大器。有个外国人疑心我们国人的耳鼓生得异样,那层膜许是特别厚,非扯着脖子喊不能听见,所以说话总是像打架。这批评有多少真理,我不知道。不过我们国人会嚷的本领,是谁也不能否认的。电影场里电灯初灭的时候,总有几声“哎哟,小三儿,你在哪儿呢?”在戏院里,演员像是演哑剧,大锣大鼓之声依稀可闻,主要的声音是观众鼎沸,令人感觉好像是置身蛙塘。在旅馆里,好像前后左右都是庙会,不到夜深休想安眠,安眠之后难免没有橡皮底的大皮靴毫无惭愧地在你门前踱来踱去。天未大亮,又有各种市声前来侵扰。一个人大声说话,是本能;小声说话,是文明。以动物而论,狮吼,狼嗥,虎啸,驴鸣,犬吠,即是小如促织蚯蚓,声音都不算小,都不会像人似的有时候也会低声说话。大概文明程度愈高,说话愈不以声大见长。群居的习惯愈久,愈不容易存留“旁若无人”的幻觉。我们以农立国,乡间地旷人稀,畎亩阡陌之间,低声说一句“早安”是不济事的,必得扯长了脖子喊一声“你吃过饭啦”?可怪的是,在人烟稠密的所在,人的喉咙还是不能缩小。更可异的是,纸驴嗓,破锣嗓,喇叭嗓,公鸡嗓,并不被一般地认为是缺陷,而且麻衣相法还公然地说,声音洪亮者主贵!

叔本华有一段寓言:

一群豪猪在一个寒冷的冬天挤在一起取暖;但是它们的刺毛开始互相击刺,于是不得不分散开。可是寒冷又把它们驱在一起,于是同样的事故又发生了。最后,经过几番的聚散,它们发现最好是彼此保持相当的距离。同样的,群居的需要使得人形的豪猪聚在一起,只是他们本性中的带刺的令人不快的刺毛使得彼此厌恶。他们最后发现使彼此可以相安的那个距离,便是那一套礼貌;凡违犯礼貌者便要受严词警告——用英语来说——请保持相当距离。用这方法,彼此取暖的需要只是相当地满足了；可是彼此可以不至互刺。自己有些暖气的人情愿走得远远的，既不刺人，又可不受人刺。

逃避不是办法。我们只是希望人形的豪猪时常地提醒自己：这世界上除了自己还有别人，人形的豪猪既不止我一个，最好是把自己的大大小小的刺毛收敛一下，不必像孔雀开屏似的把自己的刺毛都尽量地伸张。

★学习与探究★

1. 在日常生活中，你是否会遇到这样旁若无人的场景？谈谈你对这些现象的看法，分析“旁若无人”现象背后的原因。

2. 文中列了叔本华的一段寓言，谈谈你对这则寓言的理解。

3.“人文素养的灵魂，不是‘能力’，而是‘以人为对象、以人为中心’的精神，其核心内容是对人类生存意义和价值的关怀，这就是‘人文精神’，也可以说是‘人文系统’。这其实是一种为人处世的基本的‘德性’‘价值观’和‘人生哲学’，科学精神、艺术精神和道德精神均包含其中。”分析作品，结合自身经历，谈谈在你的成长过程中人文素养是如何得到提高的。

儿女[1]

朱自清

导　读

朱自清（1898—1948年），原名自华，号秋实，后改名自清，字佩弦。中国现代散文家、诗人、学者、民主战士。1922年，与叶圣陶等创办了我国新文学史上第一个诗刊——《诗》月刊，倡导新诗。次年，发表长诗《毁灭》，引起当时诗坛广泛注意，后写《桨声灯影里的秦淮河》，被誉为“白话美术文的模范”。

《儿女》是《朱自清散文集》中的一篇，讲述的是朱自清先生从青年到中年这一段时间对待儿女的态度的变迁。青年时代，朱自清在胡适先生的一本书中见过这样一条，说世界上有许多伟大的人物是不结婚的；文中还引用了培根的话，“有妻者，其命定已”。这让他吃了一惊，仿佛如梦初醒。可是，朱自清19岁那年就已经由家人做主娶了媳妇，而且紧接着来了五个孩子。那时的他正像一匹野马，无法容忍这些家庭的累赘，不自觉地随

[1] 本文选自《朱自清散文集》，西苑出版社2006年出版。

时在摆脱着。但是，随着年龄的增长，少年的锋棱渐渐磨钝了，朱自清对待儿女的态度发生了转变，变得能够忍耐了，并逐步开始反思自己的育儿态度，认为自己从前是一个“不成材的父亲”。

选　文

我现在已是五个儿女的父亲了。想起圣陶喜欢用的“蜗牛背了壳”的比喻，便觉得不自在。新近一位亲戚嘲笑我说，“要剥层皮呀！”更有些悚然了。十年前刚结婚的时候，在胡适之先生的《藏晖室札记》里，见过一条，说世界上有许多伟大的人物是不结婚的；文中并引培根的话：“有妻子者，其命定矣。”当时确吃了一惊，仿佛梦醒一般；但是家里已是不由分说给娶了媳妇，又有什么可说？现在是一个媳妇，跟着来了五个孩子；两个肩头上，加上这么重一副担子，真不知怎样走才好。“命定”是不用说了；从孩子们那一面说，他们该怎样长大，也正是可以忧虑的事。我是个彻头彻尾自私的人，做丈夫已是勉强，做父亲更是不成。自然，“子孙崇拜”“儿童本位”的哲理或伦理，我也有些知道；既做着父亲，闭了眼抹杀孩子们的权利，知道是不行的。可惜这只是理论，实际上我是仍旧按照古老的传统，在野蛮地对付着，和普通的父亲一样。近来差不多是中年的人了，才渐渐觉得自己的残酷；想着孩子们受过的体罚和叱责，始终不能辩解——像抚摩着旧创痕那样，我的心酸溜溜的。有一回，读了有岛武郎《与幼小者》的译文，对了那种伟大的、沉挚的态度，我竟流下泪来了。去年父亲来信，问起阿九，那时阿九还在白马湖呢；信上说：“我没有耽误你，你也不要耽误他才好。”我为这句话哭了一场；我为什么不像父亲的仁慈？我不该忘记，父亲怎样待我们来着！人性许真是二元的，我是这样的矛盾；我的心像钟摆似的来去。

你读过鲁迅先生的《幸福的家庭》吗？我的便是那一类的“幸福的家庭”！每天午饭和晚饭，就如两次潮水一般。先是孩子们你来他去地在厨房与饭间里查看，一面催我或妻发“开饭”的命令。急促繁碎的脚步，夹着笑和嚷，一阵阵袭来，直到命令发出为止。他们一边一个地跑着喊着，将命令传给厨房里用人；便立刻抢着回来搬凳子。于是这个说：“我坐这儿！”那个说：“大哥不让我！”大哥却说：“小妹打我！”我给他们调解，说好话。但是他们有时候很固执，我有时候也不耐烦，这便用着叱责了；叱责还不行，不由自主地，我的沉重的手掌便到他们身上了。于是哭的哭，坐的坐，局面才算定了。可接着又你要大碗，他要小碗，你说红筷子好，他说黑筷子好；这个要干饭，那个要稀饭，要茶要汤，要鱼要肉，要豆腐，要萝卜；你说他菜多，他说你菜好。妻是照例安慰着他们，但这显然是太迂缓了。我是个暴躁的人，怎么等得及？不用说，用老法子将他们立刻征服了；虽然有哭的，不久也就抹着泪捧起碗了。吃完了，纷纷爬下凳子，桌上是饭粒呀，汤汁呀，骨头呀，渣滓呀，加上纵横的筷子、欹斜的匙子，就如一块花花绿绿的地图模型。吃饭而外,他们的大事便是游戏。游戏时,大的有大主意,小的有小主意,各自坚持不下,于是争执起来;或者大的欺负了小的,或者小的竟欺负了大的,被欺负的哭着嚷着,到我或妻的面前诉苦;我大抵仍旧要用老法子来判断的,但不理的时候也有。最为难的,是争夺玩具的时候:这一个的与那一个的是同样的东西,却偏要那一个的;而那一个便偏不答应。在这种情形之下,不论如何,终于是非哭了不可的。这些事件自然不至于天天全有,但大致总有好些起。我若坐在家里看书或写什么东西,管保一点钟里要分几回心,或站起来一两次的。若是雨天或礼拜日,孩子们在家的多,那么,摊开书竟看不下一行,提起笔也写不出一个字的事,也有过的。我常和妻说:“我们家真是成日的千军万马呀!”有时是不但“成日”,连夜里也有兵马在进行着,在有吃乳或生病的孩子的时候!

我结婚那一年,才十九岁。二十一岁,有了阿九;二十三岁,又有了阿菜。那时我正像一匹野马,哪能容忍这些累赘的鞍鞯、辔头和缰绳?摆脱也知是不行的,但不自觉地时时在摆脱着。现在回想起来,那些日子,真苦了这两个孩子;真是难以宽宥的种种暴行呢!阿九才两岁半的样子,我们住在杭州的学校里。不知怎的,这孩子特别爱哭,又特别怕生人。一不见了母亲,或来了客,就哇哇地哭起来了。学校里住着许多人,我不能让他扰着他们,而客人也总是常有的;我懊恼极了,有一回,特地骗出了妻,关了门,将他按在地下打了一顿。这件事,妻到现在说起来,还觉得有些不忍;她说我的手太辣了,到底还是两岁半的孩子!我近年常想着那时的光景,也觉黯然。阿菜在台州,那是更小了;才过了周岁,还不大会走路。也是为了缠着母亲的缘故吧,我将她紧紧地按在墙角里,直哭喊了三四分钟;因此生了好几天病。妻说,那时真寒心呢!但我的苦痛也是真的。我曾给圣陶写信,说孩子们的磨折,实在无法奈何;有时竟觉着还是自杀的好。这虽是气愤的话,但这样的心情,确也有过的。后来孩子是多起来了,磨折也磨折得久了,少年的锋棱渐渐地钝起来了;加以增长的年岁增长了理性的裁制力,我能够忍耐了——觉得从前真是一个“不成材的父亲”,如我给另一个朋友信里所说。但我的孩子们在幼小时,确比别人的特别不安静,我至今还觉如此。我想这大约还是由于我们抚育不得法;从前只一味责备孩子,让他们代我们负起责任,却未免是可耻的残酷了!

正面意义的“幸福”,其实也未尝没有。正如谁所说,小的总是可爱,孩子们的小模样,小心眼儿,确有些叫人舍不得的。阿毛现在五个月了,你用手指去拨弄她的下巴,或向她做趣脸,她便会张开没牙的嘴格格地笑,笑得像一朵正开的花。她不愿在屋里待着;待久了,便大声儿嚷。妻常说:“姑娘又要出去溜达了。”她说她像鸟儿般,每天总得到外面溜一些时候。润儿上个月刚过了三岁,笨得很,话还没有学好呢。他只能说三四个字的短语或句子,文法错误,发音模糊,又得费气力说出;我们老是要笑他的。他说“好”字,总变成“小”字;问他“好不好?”他便说“小”,或“不小”。我们常常逗着他说这个字玩儿;他似乎有些觉得,近来偶然也能说出正确的“好”字了——特别在我们故意说成“小”字的时候。他有一只搪瓷碗,是一毛来钱买的;买来时,老妈子教给他:“这是一毛钱。”他便记住“一毛”两个字,管那只碗叫

“一毛”，有时竟省称为“毛”。这在新来的老妈子，是必须翻译了才懂的。他不好意思，或见着生客时，便咧着嘴痴笑；我们常用了土话，叫他作“呆瓜”。他是个小胖子，短短的腿，走起路来，蹒跚可笑；若快走或跑，便更“好看”了。他有时学我，将两手叠在背后，一摇一摆的；那时他自己和我们都要乐的。他的大姊便是阿菜，已是七岁多了，在小学校里念着书。在饭桌上，一定得啰啰唆唆地报告些同学或他们父母的事情；气喘喘地说着，不管你爱听不爱听。说完了总问我：“爸爸认识吗？”“爸爸知道吗？”妻常禁止她吃饭时说话，所以她总是问我。她的问题真多；看电影便问电影里的是不是人？是不是真人？怎么不说话？看照相也是一样。不知谁告诉她，兵是要打人的。她回来便问，兵是人吗？为什么打人？近来大约听了先生的话，回来又问张作霖的兵是帮谁的？蒋介石的兵是不是帮我们的？诸如此类的问题，每天短不了，常常闹得我不知怎样答才行。她和润儿在一处玩儿，一大一小，不很合适，老是吵着哭着。但合适的时候也有：譬如这个往床底卜躲，那个便钻进去追着；这个钻出来，那个也跟着——从这个床到那个床，只听见笑着，嚷着，喘着，真如妻所说，像小狗似的。现在在京的，便只有这三个孩子；阿九和转儿是去年北来时，让母亲暂时带回扬州去了。

阿九是欢喜书的孩子。他爱看《水浒》《西游记》《三侠五义》《小朋友》等；没有事便捧着书坐着或躺着看。只不欢喜《红楼梦》，说是没有味儿。是的，《红楼梦》的味儿，一个十岁的孩子，哪里能领略呢？去年我们事实上只能带两个孩子来；因为他大些，而转儿是一直跟着祖母的，便在上海将他俩丢下。我清清楚楚记得那分别的一个早上。我领着阿九从二洋泾桥的旅馆出来，送他到母亲和转儿住着的亲戚家去。妻嘱咐说：“买点吃的给他们吧。”我们走过四马路，到一家茶食铺里。阿九说要熏鱼，我给买了；又买了饼干，是给转儿的。便乘电车到海宁路。下车时，看着他的害怕与累赘，很觉恻然。到亲戚家，因为就要回旅馆收拾上船，只说了一两句话便出来；转儿望望我，没说什么，阿九是和祖母说什么去了。我回头看了他们一眼，硬着头皮走了。后来妻告诉我，阿九背地里向她说：“我知道爸爸欢喜小妹，不带我上北京去。”其实这是冤枉的。他又曾和我们说：“暑假时一定来接我啊！”我们当时答应着；但现在已是第二个暑假了，他们还在迢迢的扬州待着。他们是恨着我们呢？还是惦着我们呢？妻是一年来老放不下这两个，常常独自暗中流泪；但我有什么法子呢！想到“只为家贫成聚散”一句无名的诗，不禁有些凄然。转儿与我较生疏些。但去年离开白马湖时，她也曾用了生硬的扬州话（那时她还没有到过扬州呢）和那特别尖的小嗓子向着我：“我要到北京去。”她晓得什么北京，只跟着大孩子们说罢了；但当时听着，现在想着的我，却真是抱歉呢。这兄妹俩离开我，原是常事，离开母亲，虽也有过一回，这回可是太长了；小小的心儿，知道是怎样忍耐那寂寞来着！

我的朋友大概都是爱孩子的。少谷有一回写信责备我，说儿女的吵闹，也是很有趣的，何至可厌到如我所说；他说他真不解。子恺为他家华瞻写的文章，真是“蔼然仁者之言”。圣陶也常常为孩子操心：小学毕业了，到什么中学好呢？——这样的话，他和我说过两三回了。

我对他们只有惭愧！可是近来我也渐渐觉着自己的责任。我想，第一该将孩子们团聚起来，其次便该给他们些力量。我亲眼见过一个爱儿女的人，因为不曾好好地教育他们，便将他们荒废了。他并不是溺爱，只是没有耐心去料理他们，他们便不能成材了。我想我若照现在这样下去，孩子们也便危险了。我得计划着，让他们渐渐知道怎样去做人才行。但是要不要他们像我自己呢？这一层，我在白马湖教初中学生时，也曾从师生的立场上问过丏尊，他毫不踌躇地说："自然啰。"近来与平伯谈起教子，他却答得妙："总不希望比自己坏啰。"是的，只要不"比自己坏"就行，"像"不"像"倒是不在乎的。职业、人生观等，还是由他们自己去定的好；自己顶可贵，只要指导，帮助他们去发展自己，便是极贤明的办法。

予同说："我们得让子女在大学毕了业，才算尽了责任。"SK说："不然，要看我们的经济、他们的材质与志愿；若是中学毕了业，不能或不愿升学，便去做别的事，譬如做工人吧，那也并非不行的。"自然，人的好坏与成败，也不尽靠学校教育；说是非大学毕业不可，也许只是我们的偏见。在这件事上，我现在毫不能有一定的主意；特别是这个变动不居的时代，知道将来怎样？好在孩子们还小，将来的事且等将来吧。目前所能做的，只是培养他们基本的力量——胸襟与眼光；孩子们还是孩子们，自然说不上高的远的，慢慢从近处小处下手便了。这自然也只能先按照我自己的样子："神而明之，存乎其人"，光辉也罢，倒霉也罢，平凡也罢，让他们各尽各的力去。我只希望如我所想的，从此好好地做一回父亲，便自称心满意——想到那"狂人""救救孩子"的呼声，我怎敢不悚然自勉呢？

★学习与探究★

1. 结合文中语境，说说"要剥层皮呀"在文中的含义。

2. 本文和朱自清的《背影》一样，都体现了朱自清散文构思精巧、严谨和谐的结构美。《背影》以"背影"为线索：难忘背影—描写背影—思念背影，结构严谨。试着按上述思路，分析本文的结构。

3. 这篇散文的语言清新自然，充满情趣，请从文中选择一句做简要的赏析。

★思考与讨论★

1. 当以后你进入幼儿园工作时，怎么样才能做到教学合一？

2. 博览群书对幼儿教师这个职业有没有帮助？

3. 幼儿园教师对幼儿的身心发展至关重要，你觉得幼儿教师该怎样注意自己的言行举止？

4. 如何从文学作品中来提高个人的人文素养？

5. 试着谈谈如果从事和幼儿教育相关的职业，应该具备哪些基本素养。

6.仔细阅读范文,认真品味作者从文中表达出来的情感。

★主题实践★

阅读下则案例完成后面的练习。

认识你自己(节选)[1]

周国平

“认识你自己!”——这是铭刻在希腊圣城德尔斐神殿上的著名箴言,希腊和后来的哲学家喜欢引用来规劝世人。对这句箴言可做三种理解。

第一是人要有自知之明。这大约是箴言本来的意思,它传达了神对人的要求,就是人应该知道自己的限度。希腊人大抵也是这样理解的。有人问泰勒斯,什么是最困难之事,回答是:“认识你自己。”接着的问题:什么是最容易之事?回答是:“给别人提建议。”这位最早的哲人显然是在讽刺世人,世上有自知之明者寥寥无几,好为人师者比比皆是。看来苏格拉底领会了箴言的真谛,他认识自己的结果是知道自己一无所知,为此受到了德尔斐神谕的最高赞扬,被称作全希腊最智慧的人。

第二种理解是,每个人身上都藏着世界的秘密,因此,都可以通过认识自己来认识世界。在希腊哲学家中,好像只有晦涩哲人赫拉克利特接近了这个意思。他说:“我探寻过我自己。”还说,他的哲学仅是“向自己学习”的产物。不说认识世界,至少就认识人性而,每个人在自己身上的确都有着丰富的素材,可惜大多被浪费掉了。事实上,自古至今,一切伟大的人性认识者都是真诚的反省者,他们无情地把自己当作标本,借之反而对人性有了深刻而同情的理解。

第三种理解是,每个人都是一个独一无二的个体,都应该认识自己独特的禀赋和价值,从而实现自我,真正成为自己。这种理解最流行,我以前也常采用,但未必符合作为城邦动物的希腊人的实情,恐怕是文艺复兴以来的引申和发挥了。

1.怎样理解“认识你自己”?

2.你是在什么情况选择了幼儿相关专业?是不是真正地认识了你自己?

3.文中提到要经常反省自我,认识到自己的长处与短处,请试着从自己的好恶来分析自己。

4.如何理解文中“自知之明者寥寥无几,好为人师者比比皆是”这句话?

[1]本文选自朱艳波主编《大学语文》,北京理工大学出版社2018年出版。

PART 3

项目三

职业技能与幼师文书

学习目标:

1.熟悉幼师常用应用文的概念和基本格式。

2.掌握邀请信、家园联系册等幼师常用应用文的写作技巧。

3.通过阅读作品,反思幼儿教师必备的写作技能。

东方朔传(节选)[1]

班固

导 读

班固(32—92年),东汉历史学家班彪之子,字孟坚,扶风安陵(今陕西咸阳东北)人。生于东汉光武帝建武八年,卒于东汉和帝永元四年,年六十一岁。班固世代为望族,自幼聪敏,“年九岁能属文、诵诗赋”,成年后博览群书,“九流百家之言,无不穷究”。父班彪为当世儒学大家,班固承继父志,“亨笃志于博学,以著述为业”,撰成《汉书》。其书的八表和《天文志》,则由其妹班昭及马续共同续成,故《汉书》前后历经四人之手完成。

《汉书》,又称《前汉书》,是中国第一部纪传体断代史,“二十四史”之一。《汉书》成书于汉和帝时期,前后历时近四十年,是继《史记》之后我国古代又一部重要史书,与《史记》《后汉书》《三国志》并称为“前四史”。《汉书》全书主要记述了上起西汉的汉高祖元年(公元前206年),下至新朝王莽地皇四年(23年),共230年的史事。《汉书》包括本纪十二篇、表八篇、志十篇、传七十篇,共一百篇。

东方朔(公元前154年—公元前93年),西汉文学家。汉武帝即位,征四方士人。东方朔上书自荐,诏拜为郎。后任常侍郎、太中大夫等职。他足智多谋,能言善辩。但因性格诙谐,常在汉武帝面前谈笑,被汉武帝视为倡优之类人物,始终不受重用。

选 文

臣朔少失父母,长养兄嫂。年十三学书,三冬文史足用。十五学击剑。十六学《诗》《书》①,诵二十二万言。十九学孙吴兵法②,战阵之具,钲鼓之教③,亦诵二十二万言。凡④臣朔固已诵四十四万言。又常服子路之言⑤。臣朔年二十二,长九尺三寸⑥,目若悬珠,齿若编贝,勇若孟贲⑦,捷若庆忌⑧,廉若鲍叔⑨,信若尾生⑩。若此,可以为天子大臣矣。臣朔昧死⑪再拜以闻。

[1] 本文节选自张永雷、刘丛译注《汉书》,中华书局2009年出版。

注　释

①诗书:《诗经》和《尚书》。

②孙吴兵法:指春秋战国时期孙武和吴起的军事著作,即《孙子兵法》《吴子》等。

③钲(zhēng)鼓:古代行军时使用的两种乐器,钲是停止进军的信号,鼓是进军的信号。教:教令,近似条令的规定。

④凡:总共。

⑤服:佩服。子路:孔子的弟子,以勇力闻名。

⑥九尺三寸:一米九左右。汉代的一尺约相当于21厘米。

⑦孟贲:战国时期著名的武士。《史记·范雎蔡泽列传》:"成荆、孟贲、王庆忌、夏育之勇焉而死。"

⑧庆忌:春秋时期吴王僚之子,行动非常敏捷,箭射不中,马追不及。

⑨鲍叔:春秋时期齐国大夫鲍叔牙。相传他在与管仲分财物时主动少取。

⑩尾生:中国历史上第一个有记载的为情而死的青年。"尾生与女子期于梁下,女子不来,水至不去,抱柱而死。"(《庄子·内篇》)

⑪昧死:冒死。犹言冒昧而犯死罪。古时臣下上书帝王习用此语,表示敬畏之意。

译　文

我东方朔从小失去父母,由哥嫂抚养长大。十三岁开始读书识字,三年学会掌握了各种字体的写法。十五岁学击剑。十六岁学习《诗经》《尚书》,背诵了二十二万字。十九岁学习孙吴兵法,有关战阵的布置、作战时队伍进退的节制等篇,也背诵了二十二万字。我一共已经习诵了四十四万字的书。还牢记了子路的一些格言。我今年二十二岁,身高九尺三寸,眼睛像挂起的珍珠那样明亮,牙齿像编起来的贝壳那样整齐洁白,像孟贲一样勇敢,像庆忌一样敏捷,像鲍叔一样廉洁,像尾生一样守信。像这样的人,可以做皇帝的大臣了。我东方朔冒死再拜向皇帝禀告。

★学习与探究★

1.范文是汉代文学家东方朔写给汉武帝刘彻的一封自荐信,认真阅读原文,并结合译文思考,东方朔的这封自荐信从哪些方面对自己做了介绍。你如何评价东方朔的这封自荐信?

2.请指出以下自荐信存在的问题。

自荐信

尊敬的校领导:

您好!

怀着满腔热情,我真挚地写了这封自荐信,向您展示一个完全真实的我,希望贵校能接纳我成为其中的一员。

我叫孙明,从小我就十分崇拜教师这一职业,随着年龄的增长、认识的提高,我更萌发了要做一名优秀的人民教师的愿望,怀着对这份理想的执着追求,希望能成为该校一员。

我十分珍惜在校的学习时间,不断从各个方面完善自己。一方面,我刻苦攻读、认真学习,每个学期都以优秀的成绩完成规定学科的学习。另一方面,在校期间,我一直担任学生干部,具有一定的工作能力和组织协调能力,能够吃苦耐劳,诚实敬业。

大学四年使我得到了锻炼,获得了成长,但我深知自己还存在很多缺点和不足。我还太年轻,缺少人生阅历,缺少实践能力,这些都需要我在以后的工作中不断改进。

过去不代表未来,我相信,我能够很快适应工作环境,胜任本职工作,并在工作中不断完善自己。

自荐人:孙明

2019年7月5日

3.请根据下面的招聘启事写一封求职信,向这家幼儿园应聘。

招聘启事

红苹果幼儿园是一所公办幼儿园,系市级示范园,位于武汉市洪山区珞瑜路××号。近年来,在社会各界的关心支持下,我们幼儿园规模不断扩大,现因教育教学工作需要,面向社会诚聘有志于幼教事业的朋友的加盟!

一、招聘岗位:幼儿教师(3名)

二、招聘条件:女性,大专以上学历,具有教师资格证,学前教育、幼儿发展与健康管理等相关专业,在音乐、舞蹈、绘画、英语方法有特长的优先。年龄35岁以下。

三、招聘方式:考核面试

有意应聘者请将求职信、简历、各类证书及身份证复印件、本人近照、联系方式发至邮箱×××。面试时间另行通知。

武汉市红苹果幼儿园

2019年6月10日

山中与裴秀才迪书[1]

王维

导　读

王维，唐代著名田园诗人、画家，字摩诘，号摩诘居士。其精通诗、书、画、音乐等，以诗名盛于开元、天宝年间，尤长五言，多咏山水田园，与孟浩然合称“王孟”，有“诗佛”之称。苏轼评价：“味摩诘之诗，诗中有画；观摩诘之画，画中有诗。”王维存诗400余首，代表诗作有《相思》《山居秋暝》等，著作有《王右丞集》《画学秘诀》。

王维于开元二十年前后曾在辋川隐居，在隐居生活中他经常和野老共话桑麻，同朋友饮酒赋诗，与山僧谈经论道。在这些人中，裴迪是同王维来往最多的盛唐山水田园诗人。他们志趣相投，寄情山水，互为知己，二人常“浮舟往来生，弹琴赋诗，啸咏终日”，赠答、同咏之作高达30余篇；生活中，他们互相关心，患难与共，曾一同在终南山隐居过。安史之乱，王维被安禄山拘禁在普施寺内，裴迪前来探望，可谓是不离不弃，患难之交。王维和裴迪的关系，可以用王维自己的一句诗来形容，那就是“携手本同心”。

选　文

近腊月下，景气①和畅，故山殊可过②。足下方温经，猥③不敢相烦，辄便④往山中，憩感配寺⑤，与山僧饭讫⑥而去。北涉玄灞⑦，清月映郭。夜登华子冈，辋水沦涟，与月上下；寒山远火，明灭林外；深巷寒犬，吠声如豹；村墟夜舂，复与疏钟相间。此时独坐，僮仆静默，多思曩⑧昔，携手赋诗，步仄迳⑨，临清流也。当待春中，草木蔓发，春山可望，轻鲦⑩出水，白鸥矫翼⑪，露湿青皋⑫，麦陇⑬朝雊⑭，斯之不远⑮，傥⑯能从我游乎！非子天机清妙⑰者，岂能以此不急之务相邀？然是中有深趣矣。无忽⑱！因驮黄檗人往⑲，不一⑳。山中人王维白。

---

[1] 本文选自《王维孟浩然选集》，上海古籍出版社2012年出版。

注　释

①景气：景物气候。

②故山殊可过：旧居蓝田山很可以一游。故山，旧居的山，指王维的"辋川别业"所在地的蓝田山。殊，很。过，过访、游览。

③猥：鄙贱。自谦之词。

④辄便：就。

⑤憩感配寺：在感配寺休息。感配寺，王维诗集中有游感化寺的诗，《旧唐书·神秀传》中说，蓝田有化感寺。感配寺可能是化感寺之误。

⑥饭讫(qì)：吃完饭。讫，完。饭，名词作动词，吃饭。

⑦北涉玄灞：近来渡过灞水。涉，渡。玄，黑色，指水深绿发黑。

⑧曩：从前。

⑨仄迳：迳同径，狭窄的小路。

⑩轻鲦(tiáo)：鱼名。

⑪矫翼：张开翅膀。矫，举。

⑫青皋：青草地。皋，水边高地。

⑬麦陇：麦田里。

⑭朝雊(gòu)：早晨野鸡鸣叫。雊，野鸡鸣叫。

⑮斯之不远：这不太远了。斯，代词，这，指春天的景色。

⑯傥：同"倘"，假使，如果。

⑰天机清妙：性情高远。天机：天性。清妙：指超尘拔俗，与众不同。

⑱无忽：不可疏忽错过。

⑲因驮黄檗(bò)人往：借驮黄檗的人前往之便(带这封信)。因：趁。黄檗：一种落叶乔木，果实和茎内皮可入药。

⑳不一：古人书信结尾常用的套语，不一一详述之意。

译　文

现在正是农历十二月的末尾，气候温和舒畅，旧居蓝田山很可以一游。您正在温习经书，仓促中不敢打扰，就自行到山中，在感配寺休息，跟寺中主持一起吃完饭，便离开了。

我向北渡过深青色的灞水，月色清朗，映照着城郭。夜色中登上华子冈，见辋水泛起涟漪，水波或上或下，水中的月影也随同上下。那寒山中远远的灯火，火光忽明忽暗在林外看得很清楚。深巷中狗叫,叫声像豹叫一样。村子里传来舂米声,又与稀疏的钟声相互交错。这时,我独坐在那里,跟来的仆人已入睡,多想从前你我于搀着手吟诵诗歌,在狭窄的小路上漫步,临近那清澈流水的情景。

等到了春天,草木蔓延生长,春天的山景更可观赏,轻捷的鲦鱼跃出水面,白色的鸥鸟张开翅膀,晨露打湿了青草地,麦田里雉鸟在清晨鸣叫,这些景色离现在不远了,(你)能和我一起游玩吗?如果你天性不是与众不同的话,难道我能把邀请你当作闲事吗?而这当中有很深的旨趣啊!不要忽略。因为有载运黄檗的人出山,托他带给你这封信,不一一详述了。

★学习与探究★

1. 本文是王维所作的一篇散文,本为邀请朋友来共赏美景的书信,因其有诗歌美感与韵律,成为唐代赞美自然风光和表述友情的散文名作。结合注释认真阅读文章,并思考王维给裴迪写这封书信的目的是什么,表达了他怎样的愿望。

2. 王维与裴迪为患难知己,赠答、同咏之作高达三十余篇,请查阅资料,再找出两首二人赠答唱和的诗歌。

3. 请根据以下提示,给××幼儿园家长拟一封邀请信。

××幼儿园将于5月30日举行“家园心连心”亲子游园活动,上午九点举行开幕式,九点半开始文艺演出,十点半则是亲子游园会。每位家长到班主任处领取活动卡,参加一个活动便可由活动的负责教师盖章。活动结束后,凭活动卡上的盖章数量到班主任处领取礼品。活动当天要求所有幼儿园小朋友穿园服。活动预计十二点结束,下午放假,不提供早餐和午餐,不派车接送。

傅雷家书(节选)[1]

导　读

傅雷(1908—1966年),中国著名的翻译家、作家、教育家、美术评论家等,一生译著宏富,翻译作品达34部,其中包括巴尔扎克、罗曼·罗兰、伏尔泰等名家著作。朱梅馥(1913—1966年),傅雷之妻,曾与丈夫整理并出版了《傅雷家书》。杨绛称其集温柔的妻子、慈爱的母亲、沙龙里的漂亮夫人、能干的主妇于一身。

[1] 本文节选自《傅雷家书》,天津社会科学院出版社2006年出版。

《傅雷家书》是傅雷及夫人朱梅馥在1954—1966年间写给孩子傅聪和儿媳弥拉的家信摘编，该书既是一本"充满父爱的苦心孤诣、呕心沥血的教子名篇"，又是一部"最好的艺术学徒修养读物"，更是既平凡又典型的中国近代知识分子的深刻写照，是培养孩子独立思考、因材施教等教育思想的成功体现，在教育子女问题上具有指导性的价值。傅雷夫妇也成了中国的典范父母，为我们今天的父母们教育子女做出了榜样。

《傅雷家书》内容丰富，大到谈论艺术理论乃至人生、道德修养问题，小到穿衣吃饭、恋爱婚姻、房屋变迁等生活琐事。正是这一封一封凝聚着深沉之爱的家信，让傅雷和孩子之间建立起了牢固的心灵纽带。虽然该书撰写时间较早，却拨动着一代又一代读者的心弦，使一代又一代的读者尤其是为人父母者为之感悟、为之动容。

选　文

昨夜一上床，又把你的童年温了一遍。可怜的孩子，怎么你的童年会跟我的那么相似呢？我也知道你从小受的挫折对于你今日的成就并非没有帮助；但我做爸爸的总是犯了很多很重大的错误。自问一生对朋友对社会没有做什么对不起的事，就是在家里，对你和你妈妈做了有亏良心的事父亲教子极严，有时几乎不近人情，母亲也因此往往在精神上受折磨。这些都是近一年中常常想到的，不过这几天特别在脑海中盘旋不去，像噩梦一般。可怜过了四十五岁，父性才真正觉醒！

今天一天精神仍未恢复。人生的关是过不完的，等到过得差不多的时候，又要离开世界了。分析这两天来精神的波动，大半是因为：我从来没爱你像现在这样爱得深切，而正在这爱的最深切的关头，偏偏来了离别！这一关对我，对你妈妈都是从未有过的考验。别忘了妈妈之于你不仅仅是一般的母爱，而尤其因为她为了你花的心血最多，为你受的委屈——当然是我的过失——最多而且最深最痛苦。园丁以血泪灌溉出来的花果迟早得送到人间去让别人享受，可是在离别的关头怎么免得了割舍不得的情绪呢？

跟着你痛苦的童年一起过去的，是我不懂做爸爸的艺术的壮年。幸亏你得天独厚，任凭如何打击都摧毁不了你，因而减少了我一部分罪过。可是结果是一回事，当年的事实又是一回事；尽管我埋葬了自己的过去，却始终埋葬不了自己的错误。孩子，孩子，孩子，我要怎样的拥抱你才能表示我的悔与热爱呢！

一九晚

一月三十日晚

亲爱的孩子：你走后第二天，就想写信，怕你嫌烦，也就罢了。可是没一天不想着你，每天清早六七点就醒，翻来覆去睡不着，也说不出为什么。好像克利斯朵夫的母亲独自守在家里，想起孩子童年一幕幕的形象一样；我和你妈妈老是想着你二三岁到六七岁间的小故事——这一类的话我们不知有多少可以和你说，可是不敢说，你这个年纪是一切向前的，不愿意回顾的；我们啰哩啰唆地抖出你尿布时代及一把鼻涕一把眼泪时代的往事，会引起你的烦恼。孩子，这些我都很懂得，妈妈也懂得。只是你的一切终身会印在我们脑海中，随时随地会浮起来，像一幅幅的小品图画，使我们又快乐又惆怅。

真的，你这次在家一个半月傅聪于一九五三年初夏赴罗马尼亚参加世界青年联欢节的钢琴比赛后，随中国艺术代表团赴波兰和东德访问演出，于十月底返京，且于十一月底回上海，在家待了一个半月，又离家赴京参加学习，准备赴波留学，是我们一生最愉快的时期；这幸福不知应当向谁感谢，即使我没宗教信仰，至此也不由得要谢谢上帝了！我高兴的是我又多了一个朋友；儿子变了朋友，世界上有什么事可以和这种幸福相比的！尽管将来你我之间离多别少，但我精神上至少是温暖的，不孤独的。我相信我一定会做到不太落伍，不太冬烘，不至于惹你厌烦。也希望你不要以为我在高峰的顶尖上所想的，我见到的，比你们的不真实。年纪大的人总是往更远的前途看，许多事你们一时觉得我看得不对，日子久了，现实却给你证明我并没大错。

孩子，我从你身上得到的教训，恐怕不比你从我得到的少。尤其是近三年来，你不知使我对人生多增了几许深刻的体验，我从与你相处的过程中学到了忍耐，学到了说话的技巧，学到了把感情升华！

你走后第二天，妈妈哭了，眼睛肿了两天：这叫作悲喜交集的眼泪。我们可以不用怕羞的这样告诉你，也可以不担心你憎厌而这样告诉你。人毕竟是感情的动物。偶然流露也不是可耻的事。何况母亲的眼泪永远是圣洁的，慈爱的！

八月十一日午前

……你的生活我想象得出，好比一九二九年我在瑞士。但你更幸运，有良师益友为伴，有你的音乐做你崇拜的对象。我二十一岁在瑞士正患着青春期的、浪漫底克的忧郁病：悲观、厌世、彷徨、烦闷、无聊；我在《贝多芬传》译序中说的就是指那个时期。孩子，你比我成熟多了，所有青春期的苦闷，都提前几年，早在国内度过；所以你现在更能够定下心神，发愤为学；不至于像我当年蹉跎岁月，到如今后悔无及。

你的弹琴成绩，叫我们非常高兴。对自己父母，不用怕“自吹自捧”的嫌疑，只要同时分析一下弱点，把别人没说出而自己感觉到的短处也一起告诉我们。把人家的赞美报告我们，是你对我们最大的安慰；但同时必须深深地检讨自己的缺陷。这样，你写的信就不会显得过火；而且这种自我批判的功夫也好比一面镜子，对你有很大帮助。把自己的思想写下来（不管在信中或是用别的方式），比着光在脑中空想是大不同的。写下来需要正确精密的思想，所以写在纸上的自我检讨，格外深刻，对自己也印象深刻。你觉得我这段话对不对？

我对你这次来信还有一个很深的感想，便是你的感觉性极强、极快。这是你的特长，也是你的缺点。你去年一到波兰，弹肖邦的style[风格]立刻变了；回国后却保持不住；这一回一到波兰又变了。这证明你的感受力极快。但是天下事有利必有弊，有长必有短，往往感受快的，不能沉浸得深，不能保持得久。去年时期短促，固然不足为定论，但你至少得承认，你的不容易“牢固执着”是事实。我现在特别提醒你，希望你时时警惕，对于你新感受的东西不要让它浮在感觉的表面；而要仔细分析，究竟新感受的东西和你原来的观念、情绪、表达方式有何不同。这是需要冷静而强有力的智力，才能分析清楚的。希望你常常用这个步骤来“巩固”你很快得来的新东西（不管是技术是表达）。长此做去，不但你的演奏风格可以趋于稳定、成熟（当然所谓稳定不是刻板化、公式化）；而且你一般的智力也可大大提高，受到锻炼。孩子，记住这些！深深地记住！还要实地做去！这些话我相信只有我能告诉你。

还要补充几句：弹琴不能徒恃sensation[感觉]，sensibility[感受，敏感]。那些心理作用太容易变。从这两方面得来的，必要经过理性的整理、归纳，才能深深地化入自己的心灵，成为你个性的一部分，人格的一部分。当然，你在波兰几年住下来，熏陶的结果，多少也（自然而然的）会把握住精华。但倘若你事前有了思想准备，特别在智力方面多下功夫，那么你将来的收获一定更大更丰富，基础也更稳固。再说得明白些：艺术家天生敏感，换一个地方，换一批群众，换一种精神气氛，不知不觉会改变自己的气质与表达方式。但主要的是你心灵中最优秀最特出的部分，从人家那儿学来的精华，都要紧紧抓住，深深地种在自己性格里，无论何时何地这一部分始终不变。这样你才能把独有的特点培养得厚实。

……

八月十六日

……这几天，这里为了防台防汛，各单位各组织都紧张非凡，日夜赶着防御工程，抵抗大潮汛的侵袭。据预测，今年的潮水特别大，有高出黄浦江数尺的可能，为预防起见，故特别忙碌辛苦。长江淮河水患已有数月之久，非常艰苦，为了抢修抢救，不知牺牲了多少生命，同时又保全了多少生命财产。都是些英雄与水搏斗。听说水涨最高的地方，老百姓无处安身，躲在树上，大小便、死尸、脏物都漂入河内，多少的党员团员领先抢救。筑堤筑坝，先得打桩，但是水势太猛，非有一个人把桩把住，让另外一个人打下去不可；听说打桩的人，有时会不慎打在抱桩的身上、头上、手上或是水流湍急就这么把抱着桩的人淹没了；光是打桩一件事，已不知牺牲了多少人，他们都是不出怨言的那么无声无息地死去，为了与自然斗争而死去。许多悲惨的传闻，都令人心惊胆战。牛家的大妹，不久就要出发到淮河做卫生工作，同时去有上千的医务人员，这是困苦万状的工作，都是冒着生命危险去的。你想先是饮水一项，已是危险万分，何况疟疾伤寒那些病菌的传染，简直不堪设想。我看了《保卫延安》以后，更可以想象得出大小干部为了水患而艰苦的斗争是怎么一回事。那是一样的可怕，一样的伟大。（好像楼伯伯送你一部，你看过没有？）我常常联想起你，你不用参加这件与自然的残酷斗争。幸运的孩子，你在中国可说是史无前例的天之骄子。一个人的机会、享受，是以千千万万人的代价换来的，那是多么宝贵。你得抓住时间，提高警惕，非苦修苦练，不足以报效国家，对得住同胞。看重自己就是看重国家。不要忘记了祖国千万同胞都在自己的岗位上努力，为人类的幸福而努力。尤其要想到目前国内生灵所受的威胁，所做的牺牲。把你个人的烦闷，小小的感情上的苦恼，一起割舍干净。这也是你爸爸常常和我提到的。我想到爸爸前信要求你在这几年中要过等于僧侣的生活，现在我觉得这句话更重要了。你在万里之外，这样舒服，跟着别人跟不到的老师；学到别人学不到的东西；感受到别人感受不到的气氛；享受到别人享受不到的山水之美，艺术之美，所以在大大小小的地方不能有对不起国家、对不起同胞的事发生。否则，艺术家的慈悲与博爱就等于一句空话了。爸爸一再说你懂得多而表现少，尤其是在人事方面，我也有同感。但我相信你慢慢会有进步的，不会辜负我们的。我又想到国内学艺术的人中间，没有一个人像你这样，从小受了那么多的道德教训。你爸爸花的心血，希望你去完成它；你的成功，应该是你们父子两人合起来的成功。我的感想很多，可怜我不能完全表达出来。

……

八月十六日晚

孩子：我忙得很，只能和你谈几桩重要的事。

你素来有两个习惯：一是到别人家里，进了屋子，脱了大衣，却留着丝围巾；二是常常把手插在上衣口袋里，或是裤袋里。这两件都不合西洋的礼貌。围巾必须和大衣一同脱在衣帽间，不穿大衣时，也要除去围巾。手插在上衣袋里比插在裤袋里更无礼貌，切忌切忌！何况还要使衣服走样，你所来往的圈子特别是有教育的圈子，一举一动务须特别留意。对客气的人，或是师长，或是老年人，说话时手要垂直，人要立直。你这种规矩成了习惯，一辈子都有好处。

在饭桌上，两手不拿刀叉时，也要平放在桌面上，不能放在桌下，搁在自己腿上或膝盖上。你只要留心别的有教养的青年就可知道。刀叉尤其不要掉在盘下，叮叮当当的！

出台行礼或谢幕，面部表情要温和，切勿像过去那样太严肃。这与群众情绪大有关系，应及时注意。只要不急，心里放平静些，表情自然会和缓。

你的老师有多少年纪了？是哪个音乐学院的教授？过去经历如何？面貌怎样的？不妨告诉我们听听。别忘了爸爸有时也像你们一样，喜欢听故事呢。

总而言之，你要学习的不仅仅在音乐，还要在举动、态度、礼貌各方面吸收别人的长处。这些，我在留学的时代是极注意的；否则，我对你们也不会从小就管这管那，在各种manners［礼节，仪态］方面跟你们烦了。但望你不要嫌我烦琐，而要想到一切都是要使你更完满、更受人欢喜！

★学习与探究★

1.人们常说,父母是孩子的第一任老师,家是孩子的第一所学校。幼儿教育是一个复杂的系统工程,一个人在漫长的成长过程中,需要接受家庭教育、学校教育、社会教育三方面教育,三者之间相互联系、相互制约。请你结合自身经历,谈谈家庭教育对于幼儿教育有哪些重要意义。

2.朱梅馥在给傅聪的家信中写道:"我高兴的是我又多了一个朋友;儿子变了朋友,世界上有什么事可以和这种幸福相比的!"结合自身经历思考,"朋友式"的亲子关系具有什么样的特点?对孩子的成长具有怎样的影响?

3.《幼儿园教育指导纲要》中明确指出:"家庭是幼儿园重要的合作伙伴。应本着尊重、平等、合作的原则,争取家长的理解、支持和主动参与,并积极支持、帮助家长提高教育能力。"因此,"家园共育"在幼儿园教育中显得尤为重要。而家园联系册正是幼儿园践行"家园共育"的重要手段。

随着信息技术的发展,很多幼儿园老师都会利用电子设备拍摄一些幼儿在园学习、生活的图像及视频资料,让幼儿家长能更直观地了解孩子在园的情况。阳光幼儿园小班小朋友飞飞的家长看到老师发在家长群里的视频后,在家园联系册上写道:

亲爱的飞飞老师:

在上周五家长群的视频里,我注意到飞飞总是一个人无聊地在教室里走来走去,没有和其他小朋友一起玩游戏,似乎被老师和小朋友们遗忘了。飞飞在家一直都是很开朗、很爱笑的,在外面也喜欢和小朋友一起玩耍。也许家里的环境比较熟悉,所以他能很好地交往。希望老师们能多关注他和关心他,并鼓励他多与其他孩子交往,使他能充分感受到老师的尊重和集体的温暖。

飞飞妈妈

2019年11月5日

针对飞飞妈妈提出的问题,为了消除她的焦虑,老师们决定立刻通过家园联系册给飞飞妈妈回信。请你来写一写。

我们仨(节选)[1]

导　读

杨绛(1911—2016年),本名杨季康,江苏无锡人,中国著名的作家、戏剧家、翻译家。她通晓英语、法语、西班牙语,由她翻译的《堂吉诃德》被公认为最优秀的翻译佳作。

杨绛的散文韵致淡雅,从容不迫,意味无穷而独具一格,多采用白描的手法,或追忆往事,或记述亲友及个人生活经历,将清雅的文笔与炽热的感情巧妙地融合在一起,具有一种高品位的艺术美。《干校六记》《将饮茶》《我们仨》是其散文代表作。

作为中国现代著名作家钱锺书先生的夫人、钱瑗的母亲,杨绛在事业上和生活上给予丈夫及女儿莫大的支持。她见证了中国知识分子的风华年代,也亲历了动荡岁月里的风风雨雨。钱瑗生前曾打算写同名的《我们仨》一书,还起好了写作大纲,却因为早逝未能如愿。为了满足女儿遗愿,杨绛忍着巨大的悲痛,以她的视角写出了《我们仨》,内里充满对亲人的深情追忆,读之令人恻然。《我们仨》是一册承载了浓浓亲情的回忆录,记叙了一个知识精英家庭大半个世纪的家庭故事,写尽了杨绛对丈夫和女儿最深切绵长的怀念,平淡、真实,而又温暖、感人。

选　文

第一部 我们俩老了

有一晚,我做了一个梦。我和锺书一同散步,说说笑笑,走到了不知什么地方。太阳已经下山,黄昏薄暮,苍苍茫茫中,忽然锺书不见了。我四顾寻找,不见他的影踪。我喊他,没人应。只我一人,站在荒郊野地里,锺书不知到哪里去了。我大声呼喊,连名带姓地喊。喊声落在旷野里,好像给吞吃了似的,没留下一点依稀仿佛的音响。彻底的寂静,给沉沉夜色增添了分量,也加深了我的孤凄。往前看去,是一层深似一层的昏暗。我脚下是一条沙土路,旁边有林木,有潺潺流水,看不清楚溪流有多么宽广。向后看去,好像是连片的屋宇房舍,是有人烟的去处,但不见灯火,想必相离很远了。锺书自顾自先回家了吗?我也得回家呀。我正待寻觅归路,忽见一个老人拉着一辆空的黄包车,忙拦住他。他倒也停了车。可是我怎么也说不出要到哪里去,惶急中忽然醒了。锺书在我旁边的床上睡得正酣呢。

我转侧了半夜等锺书醒来,就告诉他我做了一个梦,如此这般;于是埋怨他怎么一声

[1] 本文节选自杨绛著《我们仨》,生活·读书·新知三联书店2003年出版。

不响地撇下我自顾自走了。锺书并不为我梦中的他辩护,只安慰我说:那是老人的梦,他也常做。

是的,这类的梦我又做过多次,梦境不同而情味总相似。往往是我们两人从一个地方出来,他一晃眼不见了。我到处问询,无人理我。我或是来回寻找,走入一连串的死胡同,或独在昏暗的车站等车,等那末一班车,车也总不来。梦中栖栖惶惶,好像只要能找到他,就能一同回家。

锺书大概是记着我的埋怨,叫我做了一个长达万里的梦。

第二部　我们仨失散了

这是一个“万里长梦”。梦境历历如真,醒来还如在梦中。但梦毕竟是梦,彻头彻尾完全是梦。

(一)走上古驿道

已经是晚饭以后,他们父女两个玩得正酣。锺书怪可怜地大声求救:“娘,娘,阿圆欺我!”

阿圆理直气壮地喊:“Mummy娘!爸爸做坏事!当场拿获!”(我们每个人都有许多称呼,随口叫。)

“做坏事”就是在她屋里捣乱。

我走进阿圆卧房一看究竟。只见她床头枕上垒着高高一叠大辞典,上面放一只四脚朝天的小板凳,凳脚上端端正正站着一双沾满尘土的皮鞋——显然是阿圆回家后刚脱下的,一只鞋里塞一个笔筒,里面有阿圆的毛笔、画笔、铅笔、圆珠笔等,另一只鞋里塞一个扫床的笤帚把。沿着枕头是阿圆带回家的大书包。接下是横放着的一本一本大小各式的书,后面拖着我给阿圆的长把“鞋拔”,大概算是尾巴。阿圆站在床和书桌间的夹道里,把爸爸拦在书桌和钢琴之间。阿圆得意地说:“当场拿获!!”

锺书把自己缩得不能再小,紧闭着眼睛说:“我不在这里!”他笑得都站不直了。我隔着他的肚皮,也能看到他肚子里翻滚的笑浪。

阿圆说:“有这种alibi吗?”(注:alibi,不在犯罪现场的证据。)

我忍不住也笑了。三个人都在笑。客厅里电话铃响了几声,我们才听到。

……

第三部　我一个人思念我们仨

三里河寓所,曾是我的家,因为有我们仨。我们仨失散了,家就没有了。剩下我一个人,又是老人,就好比日暮途穷的羁旅倦客;顾望徘徊,能不感叹“人生如梦”“如梦幻泡影”?

但是,尽管这么说,我却觉得我这一生并不空虚;我活得很充实,也很有意思,因为有我们仨。也可说:我们仨都没有虚度此生,因为是我们仨。

“我们仨”其实是最平凡不过的。谁家没有夫妻子女呢？至少有夫妻二人，添上子女，就成了我们三个或四个五个不等，只不过各家各个样儿罢了。

我们这个家，很朴素；我们仨个人，很单纯。我们与世无求，与人无争，只求相聚在一起，相守在一起，各自做力所能及的事。碰到困难，锺书总和我一同承当，困难就不复困难；还有个阿瑗相伴相助，不论什么苦涩艰辛的事，都能变得甜润。我们稍有一点快乐，也会变得非常快乐。所以我们仨是不寻常的遇合。

现在我们仨失散了。往者不可留，逝者不可追；剩下的这个我，再也找不到他们了。我只能把我们一同生活的岁月，重温一遍，和他们再聚聚。

……

（六）

这次锺书到蓝田去，圆圆并未发呆。假期中他们俩虽然每晚一起玩，“猫鼠共跳踉”，圆圆好像已经忘了渡船上渐去渐远渐渐消失的爸爸。锺书虽然一路上想念女儿，女儿好像还不懂得想念。

她已经会自己爬楼梯上四楼了。四楼上的三姨和我们很亲，我们经常上楼看望她。表姐的女儿每天上四楼读书。她比圆圆大两岁，读上下两册《看图识字》。三姨屋里有一只小桌子，两只小椅子。两个孩子在桌子两对面坐着，一个读，一个旁听。那座楼梯很宽，也平坦。圆圆一会儿上楼到三姨婆家去旁听小表姐读书，一会儿下楼和外公做伴。

我看圆圆这么羡慕《看图识字》，就也为她买了两册。那天我晚饭前回家，大姐三姐和两个妹妹都在笑，叫我“快来看圆圆头念书”。她们把我为圆圆买的新书给圆圆念。圆圆立即把书倒过来，从头念到底，一字不错。她们最初以为圆圆是听熟了背的。后来大妹妹忽然明白了，圆圆每天坐在她小表姐对面旁听，她认的全是颠倒的字。那时圆圆整两岁半。我爸爸不赞成太小的孩子识字，她识了颠倒的字，慢慢地自会忘记。可是大姐姐认为应当纠正，特地买了一匣方块字教她。

……

我抱着圆圆出门，她要求下地走。我把她放下地，她对我说：“娘，五号里的少奶奶就是‘精赤人人’。”这个我知道。但是圆圆怎会知道呢？我问她怎么知道的。她还小，才三岁，不会解释，只会使劲点头说：“是的。是的。”几十年后，我旧事重提，问她怎么知道五号里的少奶奶就是“精赤人人”。她说：“我看见她搀着个女儿在弄堂口往里走。”

圆圆观察细微，她归纳的结论往往是意想不到的正确。“精赤人人”确有个女儿，但是我从未见过她带着女儿。锺书喜欢“格物致知”。从前我们一同“探险”的时候，他常发挥“格物致知”的本领而有所发现。圆圆搬个小凳子坐在怪客面前细细端详，大概也在“格物致知”，认出这女人就是曾在弄堂口带着个女儿的人。我爸爸常说，圆圆头一双眼睛，什么都看见。

但是她在钱家,乖乖地坐在我膝上,一声不响,好像什么都不懂似的。

一九四〇年秋杪,我弟弟在维也纳医科大学学成回国,圆圆又多了一个宠爱她的舅舅。弟弟住在我爸爸屋里。

锺书暑假前来信说,他暑假将回上海。我公公原先说,一年后和锺书同回上海,可是他一年后并不想回上海。锺书是和徐燕谋先生结伴同行的。但路途不通,走到半路又折回蓝田。

我知道弟弟即将回家,锺书不能再在来德坊度假,就在辣斐德路弄堂里租得一间房。圆圆将随妈妈搬出外公家。外公和挨在身边的圆圆说:“搬出去,没有外公疼了。”圆圆听了大哭。她站在外公座旁,落下大滴大滴热泪,把外公麻纱裤的膝盖全浸透在热泪里。当时我不在场,据大姐姐说,不易落泪的爸爸,给圆圆头哭得也落泪了。锺书回家不成,我们搬出去住了一个月,就退了房子,重返来德坊。我们母女在我爸爸身边又过了一年。我已记不清“精赤人人”到来德坊,是在我们搬出之前,还是搬回以后。大概是搬回之后。

圆圆识了许多字,我常为她买带插图的小儿书。她读得很快,小书不经读,我特为她选挑长的故事。一次我买了一套三册《苦儿流浪记》。圆圆才看了开头,就伤心痛哭。我说这是故事,到结尾苦儿便不流浪了。我怎么说也没用。她看到那三本书就痛哭,一大滴热泪掉在凳上足有五分钱的镍币那么大。

她晚上盼妈妈跟她玩,看到我还要改大叠课卷(因为我兼任高三的英文教师),就含着一滴小眼泪,伸出个嫩拳头,作势打课卷。这已经够我心疼的。《苦儿流浪记》害她这么伤心痛哭,我觉得自己简直在虐待她了。我只好把书藏过,为她另买新书。

我平常看书,看到可笑处并不笑,看到可悲处也不哭。锺书看到书上可笑处,就痴笑个不了,可是我没见到他看书流泪。圆圆看书痛哭,该是像爸爸,不过她还是个软心肠的小孩子呢。多年后,她已是大学教授,却来告诉我这个故事的原作者是谁,译者是谁,苦儿的流浪如何结束,等等,她大概一直关怀着这个苦儿。

(七)

一九四一年暑假,锺书由陆路改乘轮船,辗转回到上海。当时辣斐德路钱家的人口还在增加。一年前,我曾在辣斐德路弄堂里租到一间房,住了一个月,退了。这回,却哪里也找不到房子,只好挤居钱家楼下客堂里。我和圆圆在锺书到达之前,已在辣斐德路住下等他。

锺书面目黧黑,头发也太长了,穿一件夏布长衫,式样很土,布也很粗。他从船上为女儿带回一只外国橘子。圆圆见过了爸爸,很好奇地站在一边观看。她接过橘子,就转交妈妈,只注目看着这个陌生人。两年不见,她好像已经不认识了。她看见爸爸带回的行李放在妈妈床边,很不放心,猜疑地监视着,晚饭后,圆圆对爸爸发话了。

“这是我的妈妈,你的妈妈在那边。”她要赶爸爸走。

锺书很窝囊地笑说:“我倒问问你,是我先认识你妈妈,还是你先认识?”

“自然我先认识，我一生出来就认识，你是长大了认识的。”这是圆圆的原话，我只把无锡话改为国语。我当时非常惊奇，所以把她的话一字字记住了。

锺书悄悄地在她耳边说了一句话。圆圆立即感化了似的和爸爸非常友好，妈妈都退居第二了。圆圆始终和爸爸最“哥们”。锺书说的什么话，我当时没问，以后也没想到问，现在已没人可问。他是否说“你一生出来，我就认识你”？是否说“你是我的女儿”？是否说“我是你的爸爸”？我们三个人中间，我是最笨的一个。锺书究竟说了什么话，一下子就赢得女儿的友情，我猜不出来，只好存疑，只好永远是个谜了。反正他们两个立即成了好朋友。

她和爸爸一起玩笑，一起淘气，一起吵闹。从前，圆圆在辣斐德路乖得出奇，自从爸爸回来，圆圆不乖了，和爸爸没大没小地玩闹，简直变了个样儿。她那时虚岁五岁，实足年龄是四岁零两三个月。她向来只有人疼她，有人管她、教她，却从来没有一个一同淘气玩耍的伴儿。

圆圆去世，六十岁还欠两个多月。去世前一两个月，她躺在病床上还在写《我们仨》。第一节就是《爸爸逗我玩》。

……

（十六）

自从迁居三里河寓所，我们好像跋涉长途之后，终于有了一个家，我们可以安顿下来了。

我们两人每天在起居室静静地各据一书桌，静静地读书工作。我们工作之余，就在附近各处“探险”，或在院子里来回散步。阿瑗回家，我们大家掏出一把又一把的“石子”把玩欣赏。阿瑗的石子最多。周奶奶也身安心闲，逐渐发福。

我们仨，却不止三人。每个人摇身一变，可变成好几个人。例如阿瑗小时才五六岁的时候，我三姐就说：“你们一家呀，圆圆头最大，锺书最小。”我的姐姐妹妹都认为三姐说得对。阿瑗长大了，会照顾我，像姐姐；会陪我，像妹妹；会管我，像妈妈。阿瑗常说：“我和爸爸最‘哥们’，我们是妈妈的两个顽童，爸爸还不配做我的哥哥，只配做弟弟。”我又变为最大的。锺书是我们的老师。我和阿瑗都是好学生，虽然近在咫尺，我们如有问题，问一声就能解决，可是我们绝不打扰他，我们都勤查字典，到无法自己解决才发问。他可高大了。但是他穿衣吃饭，都需我们母女把他当孩子般照顾，他又很弱小。

他们两个会联成一帮向我造反，例如我出国期间，他们连床都不铺，预知我将回来，赶忙整理。我回家后，阿瑗轻声嘀咕：“狗窠真舒服。”有时他们引经据典的淘气话，我一时拐不过弯，他们得意说：“妈妈有点笨哦！”我的确是最笨的一个。我和女儿也会联成一帮，笑爸爸是色盲，只识得红、绿、黑、白四种颜色。其实锺书的审美感远比我强，但他不会正确地说出什么颜色。我们会取笑锺书的种种笨拙。也有时我们夫妇联成一帮，说女儿是学究，是笨蛋，是傻瓜。

我们对女儿，实在很佩服。我说：“她像谁呀？”锺书说：“爱教书，像爷爷；刚正，像外公。”她在大会上发言，敢说自己的话。她刚做助教，因参与编《英汉小词典》（商务出版），当了代表，到外地开一个极“左”的全国性语言学大会。有人提出凡“女”字旁的字都不能用，大群左派都响应赞成。钱瑗是最小的小鬼，她说：“那么，毛主席词‘寂寞嫦娥舒广袖’怎么说呢？”这个会上被贬得一文不值的大学者如丁声树、郑易里等老先生都喜欢钱瑗。

钱瑗曾是教材评审委员会的审稿者。一次某校要找个认真的审稿者，校方把任务交给钱瑗。她像猎狗般嗅出这篇论文是抄袭。她两个指头，和锺书一模一样地摘着书页，稀里哗啦地翻书，也和锺书翻得一样快，一下子找出了抄袭的原文。

一九八七年师大外语系与英国文化委员会合作建立中英英语教学项目(TEFL)，钱瑗是建立这个项目的人，也是负责人。在一般学校里，外国专家往往是权威。一次师大英语系新聘的英国专家对钱瑗说，某门课他打算如此这般教。钱瑗说不行，她指示该怎么教。那位专家不服。据阿瑗形容：“他一双碧蓝的眼睛骨碌碌地看着我，像猫。”钱瑗带他到图书室去，把他该参考的书一一拿给他看。这位专家想不到师大图书馆竟有这些高深的专著。学期终了，他到我们家来，对钱瑗说：“Yuan, you worked me hard.”但是他承认“得益不浅”。师大外国专家的成绩是钱瑗评定的。

我们眼看着女儿在成长，有成就，心上得意。可是我们的“尖兵”每天超负荷地工作——据学校的评价，她的工作量是百分之二百，我觉得还不止。她为了爱护学生，无限量地加重负担。例如学生的毕业论文，她常常改了又责令重做。我常问她：“能偷点儿懒吗？能别这么认真吗？”她总摇头。我只能暗暗地在旁心疼。

阿瑗是我生平杰作，锺书认为“可造之材”，我公公心目中的“读书种子”。她上高中学背粪桶，大学下乡下厂，毕业后又下放“四清”，九蒸九焙，却始终只是一粒种子，只发了一点芽芽。做父母的，心上不能舒坦。

锺书的小说改为电视剧，他一下子变成了名人。许多人慕名从远地来，要求一睹钱锺书的风采。他不愿做动物园里的稀奇怪兽，我只好守住门为他挡客。

他每天要收到许多不相识者的信。我曾请教一位大作家对读者来信是否回复。据说他每天收到大量的信，怎能一一回复呢。但锺书每天第一事是写回信，他称“还债”。他下笔快，一会儿就把“债”还“清”。这是他对来信者一个礼貌性的答谢。但是债总还不清，今天还了，明天又欠，这些信也引起意外的麻烦。

他并不求名，却躲不了名人的烦扰和烦恼。假如他没有名，我们该多么清静！

人世间不会有小说或童话故事那样的结局：“从此，他们永远快快活活地一起过日子。”

人间没有单纯的快乐。快乐总夹带着烦恼和忧虑。

人间也没有永远。我们一生坎坷，暮年才有了一个可以安顿的居处。但老病相催，我们在人生道路上已走到尽头了。

周奶奶早已因病回家。锺书于一九九四年夏住进医院。我每天去看他，为他送饭，送菜，送汤汤水水。阿瑗于一九九五年冬住进医院，在西山脚下。我每晚和她通电话，每星期去看她。但医院相见，只能匆匆一面。三人分居三处，我还能做一个联络员，经常传递消息。

一九九七年早春，阿瑗去世。一九九八年岁末，锺书去世。我们三人就此失散了。就这么轻易地失散了。"世间好物不坚牢，彩云易散琉璃脆"。现在，只剩下了我一人。

我清醒地看到以前当作"我们家"的寓所，只是旅途上的客栈而已。家在哪里，我不知道，我还在寻觅归途。

★学习与探究★

1. 根据选文，思考并体会"我们仨"之间厚重的爱以及作者对文夫和女儿的深切思念。

2. 文中写到"我们仨，却不止三人。每个人摇身一变，可变成好几个人。"结合选文认真思考并回答，"我们仨"分别具有什么样的性格特点和人格魅力。

3. 意大利著名教育家蒙台梭利说过："唯有通过观察和分析，才能真正了解孩子的内在需求和个别差异，以决定如何协调环境，并采取应有的态度来配合幼儿成长的需要"。观察和分析是幼师在教育过程中发现问题、解决问题的重要手段。而有效的记录则能帮助幼儿教师全面分析、正确判断幼儿的发展状况，进而采取相应的教育策略。因此，观察记录是一名幼儿教师专业成长的重要素质。请根据个人兴趣，按照观察记录的完整步骤，观察一名3~6岁的学前儿童，完成一份观察记录。观察记录中必须包括以下内容：观察对象、观察时间、观察目的、观察实录、分析、措施。

★知识链接★

1. 职业准备：邀请信。
2. 职业准备：家园联系册。
3. 职业准备：观察记录。

★岗位实践★

活动一：课堂小组讨论

提示：以"应用文写作对教师职业发展的影响"为主题，开展课堂小组讨论活动。

活动二：关于幼儿教师应用文写作水平的社会调查

提示：以当前幼儿教师应用文写作的使用情况及掌握水平等为主题，在所实习的幼儿园开展一次社会调查，并以小组的形式撰写一份调查报告。

我的一位国文老师[1]

导 读

梁实秋(1903—1987年),原名梁治华,字实秋,笔名子佳、秋郎、程淑等。中国著名的现当代散文家、文学评论家、翻译家等,国内第一个研究莎士比亚的权威。

梁实秋以散文名世,一生著作丰富。他的散文文化内涵丰富,题材各异,构思精巧,语言幽默,雅洁凝练,隽永深厚,兼具中国名士风和西方绅士风的神韵,集抒情散文与学者散文的特色于一体。正是这种旁取杂糅而又融会贯通,使得他的散文雅俗共赏,老少咸宜,充分显示了梁实秋的文学功底及丰富的人生阅历,侧面反映了他的思想感情及创作风格。

《雅舍忆旧》是梁实秋晚年最为重要的作品,共分《雅舍忆事》《雅舍怀人》《槐园梦忆》三部分。其中有对童年的回忆,对校园生活的追忆,以及对亲朋师友和至爱之人的缅怀。《我的一位国文老师》选自《槐园梦忆》,把一位普通的国文老师写得生动而令人难忘,简洁、深默、洞彻的文字,充满了人生的脉脉温情。

选 文

我在十八九岁的时候,遇见一位国文先生,他给我的印象最深,使我受益也最多,我至今不能忘记他。

先生姓徐,名镜澄,我们给他取的绰号是“徐老虎”,因为他凶。他的相貌很古怪,他的脑袋的轮廓是有棱有角的,很容易成为漫画的对象。头很尖,秃秃的、亮亮的,脸形却是方方的、扁扁的,有些像《聊斋志异》绘图中的夜叉的模样。他的鼻子眼睛嘴好像是过分地集中在脸上很小的一块区域里。他戴一副墨晶眼镜,银丝小镜框,这两块黑色便成了他脸上最显著的特征。我常给他漫画,勾一个轮廓,中间点上两块椭圆形的黑块,便惟妙惟肖。他的身材高大,但是两肩总是耸得高高,鼻尖有一些红,像酒糟的,鼻孔里常川地藏着两筒清水鼻涕,不时地溜着,说一两句话就要用力地吸溜一声,有板有眼有节奏,也有时忘了吸溜,走了板眼,上唇上便亮晶晶地吊出两根玉箸,他用手背一抹。他常穿的是一件灰布长袍,好像是在给谁穿孝。袍子在整洁的阶段时我没有赶得上看见,余生也晚,我看见那袍子的时候即已油

[1] 本文选自梁实秋著《槐园梦忆》,四川人民出版社2017年出版。

渍斑斓。他经常是仰着头，迈着八字步，两眼望青天，嘴撇得瓢儿似的。我很难得看见他笑，如果笑起来，是狞笑，样子更凶。

我的学校很特殊的。上午的课全是用英语讲授，下午的课全是国语讲授。上午的课很严。三日一问，五日一考，不用功便被淘汰，下午的课稀松，成绩与毕业无关。所以每到下午上国文之类的课程，学生们便不踊跃，课堂上常是稀稀拉拉的不大上座，但教员用拿毛笔的姿势举着铅笔点名的时候，学生却个个都到了，因为一个学生不只答一声到。真到了的学生，一部分从事午睡，微发鼾声，一部分看小说如《官场现形记》《玉梨魂》之类，一部分写"父母亲大人膝下"式的家书，一部分干脆瞪着大眼发呆，神游八表。有时候逗先生开玩笑。国文先生呢，大部分都是年高有德的，不是榜眼，就是探花，再不就是举人。他们授课也不过是奉行故事，乐得敷敷衍衍。在这种糟糕的情形之下，徐老先生之所以凶，老是绷着脸，老是开口就骂人，我想大概是由于正当防卫吧。

有一天，先生大概是多喝了两盅，摇摇摆摆地进了课堂。这一堂是作文，他老先生拿起粉笔在黑板上写了两个字，题目尚未写完，当然照例要吸溜一下鼻涕，就在这吸溜之际，一位性急的同学发问了："这题目怎样讲呀？"老先生转过身来，冷笑两声，勃然大怒："题目还没有写完，写完了当然还要讲，没写完你为什么就要问？……"滔滔不绝地吼叫起来，大家都为之愕然。这时候我可按捺不住了。我一向是个上午捣乱下午安分的学生，我觉得现在受了无理的侮辱，便挺身分辩了几句。这一下我可惹了祸，老先生把他的怒火都泼在我的头上了。他在讲台上来回地踱着，吸溜一下鼻涕，骂我一句，足足骂了我一个钟头，其中警句甚多，我至今还记得这样的一句：

"×××！你是什么东西？我一眼把你望到底！"这一句颇为同学们所传诵。谁和我有点争论遇到纠缠不清的时候，都会引用这一句"你是什么东西？我把你一眼望到底"！当时我看形势不妙，也就没有再多说，让下课铃结束了先生的怒骂。但是从这一次起，徐先生算是认识我了。酒醒之后，他给我批改作文特别详尽。批改之不足，还特别地当面加以解释，我这一个"一眼望到底"的学生，居然成为一个受益最多的学生了。徐先生自己选辑教材，有古文，有白话，油印分发给大家。《林琴南致蔡孑民书》是他讲得最为眉飞色舞的一篇。此外如吴敬恒的《上下古今谈》，梁启超的《欧游心影录》，以及张东荪的时事新报社论，他也选了不少。这样新旧兼收的教材，在当时还是很难得的开通的榜样。我对于国文的兴趣因此而提高了不少。徐先生讲国文之前，先要介绍作者，而且介绍得很亲切，例如他讲张东荪的文字时，便说："张东荪这个人，我倒和他一桌吃过饭。……"这样的话是相当的可以使学生们吃惊的，吃惊的是，我们的国文先生也许不是一个平凡的人吧，否则怎样会能够和张东荪一桌上吃过饭！徐先生于介绍作者之后，朗诵全文一遍。这一遍朗诵可很有意思。他打着江北的官腔，咬牙切齿地大声读一遍，不论是古文或白话，一字不苟地吟咏一番，好像是演员在背台词，他把文字里的蕴藏着的意义好像都给宣泄出来了。他念得有腔有调，有板有眼，有情感，有气势，有抑扬顿挫，我们听了之后，好像已经理会到原文的意义的一半了。好文章掷地作金石声，那也许是过分夸张，但必须可以朗朗上口，那却是真的。

徐先生之最独到的地方是改作文。普通的批语“清通”“尚可”“气盛言宜”，他是不用的。他最擅长的是用大墨杠子大勾大抹，一行一行地抹。整页整页地勾；洋洋千余言的文章，经他勾抹之后，所余无几了。我初次经此打击，很灰心，很觉得气短，我掏心挖肝地好容易诌出来的句子，轻轻地被他几杠子就给抹了。但是他郑重地给我解释一会儿，他说：“你拿了去细细地体味，你的原文是软趴趴的，冗长，懈啦光唧的，我给你勾掉了一大半，你再读读看，原来的意思并没有失，但是笔笔都立起来了，虎虎有生气了。”我仔细一揣摩，果然。他的大墨杠子打得是地方，把虚泡囊肿的地方全削去了。剩下的全是筋骨。在这删削之间见出他的功夫。如果我以后写文章还能不多说废话，还能有一点点硬朗挺拔之气，还知道一点“割爱”的道理，就不能不归功于我这位老师的教诲。

徐先生教我许多作文的技巧。他告诉我：“作文忌用过多的虚字。”该转的地方，硬转；该接的地方，硬接。文章便显着朴拙而有力。他告诉我，文章的起笔最难，要突兀矫健，要开门见山，要一针见血。才能引人入胜，不必兜圈子，不必说套语。他又告诉我，说理说至难解难分处，来一个譬喻，则一切纠缠不清的论难都迎刃而解了，何等经济，何等手腕！诸如此类的心得，他传授我不少，我至今受用。

我离开先生已将近五十年了，未曾与先生一通音讯，不知他云游何处，听说他已早归道山了。同学们偶尔还谈起“徐老虎”，我于回忆他的音容之余，不禁地还怀着怅惘敬慕之意。

★学习与探究★

1. 结合文中对“徐先生”具体事例的描述，分析“徐先生”的性格特点及独特的教学方法。

2. 案例是有典型意义、能给读者带来一定的启示和体会的事件，是理论联系实际的桥梁，是教育理论的故乡。案例分析则是对某一典型问题或实践进行记录和再现、反思与探讨的过程，具有真实性、故事性、典型性、问题性等特点。请根据你在幼儿园观摩的一堂课，写一篇教学案例分析。

棋王(节选)[1]

导　读

阿城(1949年—),原名钟阿城,籍贯为重庆江津,中国寻根小说的重要代表作家,作品深受中国传统文化的影响。1984年,其处女作《棋王》一经发表即震惊文坛,获第三届全国优秀中篇小说奖。《棋王》之后,阿城又陆续发表了《树王》《孩子王》两作,成为"三王"小说系列。

阿城笔下著名的"棋王"王一生是当代文学中的一个极具艺术魅力的人物形象,在"二十世纪中文小说一百强"排名第20名,并获得1983到1984年全国优秀中篇小说奖。《棋王》的主要魅力来自主人公王一生,作者以独特的艺术视角精心塑造了主人公王一生这一特殊而富有深刻内涵的人物形象,在他身上体现了中国古代道家和儒家思想,是一个复杂的形象,具有非常深刻的意义。

选　文

……

到了棋场,竟有数千人围住,土扬在半空,许久落不下来。棋场的标语标志早已摘除,出来一个人,见这么多人,脸都白了。脚卵上去与他交涉,他很快地看着众人,连连点头儿,半天才明白是借场子用,急忙打开门,连说"可以可以",见众人都要进去,就急了。我们几个,马上到门口守住,放进脚卵、王一生和两个得了名誉的人。这时有一个人走出来,对我们说:"高手既然和三个人下,多我一个不怕,我也算一个。"众人又嚷动了,又有人报名。我不知怎么办好,只得进去告诉王一生。王一生咬一咬嘴说:"你们两个怎么样?"那两个人赶紧站起来,连说可以。我出去统计了,连冠军在内,对手共是十人,脚卵说:"十不吉利的,九个人好了。"于是就九个人。冠军总不见来,有人来报,既是下盲棋,冠军只在家里,命人传棋。王一生想了想,说好吧。九个人就关在场里。墙外一副明棋不够用,于是有人拿来八张整开白纸,很快地画了格儿。又有人用硬纸剪了百十个方棋子儿,用红黑颜色写了,背后粘上细绳,挂在棋格儿的钉子上,风一吹,轻轻地晃成一片,街上人也嚷成一片。

人是越来越多。后来的人拼命往前挤,挤不进去,就抓住人打听,以为是杀人的告示。

[1] 本文选自沈轩主编《文学照亮人生——中国现当代优秀文学作品选·小说卷(下)》,安徽文艺出版社2012年出版。

妇女们也抱着孩子们，远远围成一片。又有许多人支了自行车，站在后架上伸脖子看，人群一挤，连着倒，喊成一团。半大的孩子们钻来钻去，被大人们用腿拱出去。数千人闹闹嚷嚷，街上像半空响着闷雷。

王一生坐在场当中一个靠背椅上，把手放在两条腿上，眼睛虚望着，一头一脸都是土，像是被传讯的歹人。我不禁笑起来，过去给他拍一拍土。他按住我的手，我觉出他有些抖。王一生低低地说："事情闹大了。你们几个朋友看好，一有动静，一起跑。"我说："不会。只要你赢了，什么都好办。争口气。怎么样？有把握吗？九个人哪！头三名都在这里！"王一生沉吟了一下，说："怕江湖的不怕朝廷的，参加过比赛的人的棋路我都看了，就不知道其他六个人会不会冒出冤家。书包你拿着，不管怎么样，书包不能丢。书包里有……"王一生看了看我，"我妈的无字棋。"他的瘦脸上又干又脏，鼻沟也黑了，头发立着，喉咙一动一动的，两眼黑得吓人。我知道他拼了，心里有些酸，只说："保重！"就离了他。他一个人空空地在场中央，谁也不看，静静的像一块铁。

棋开始了。上千人不再出声儿。只有自愿服务的人一会儿紧一会儿慢地用话传出棋步，外边儿自愿服务的人就变动着棋子儿。风吹得八张大纸哗哗地响，棋子儿荡来荡去。太阳斜斜地照在一切上，烧得耀眼。前几十排的人都坐下了，仰起头看，后面的人也挤得紧紧的，一个个土眉土眼，头发长长短短吹得飘，再没人动一下，似乎都把命放在棋里搏。

我心里忽然有一种很古的东西涌上来，喉咙紧紧地往上走。读过的书，有的近了，有的远了，模糊了。平时十分佩服的项羽、刘邦都目瞪口呆，倒是尸横遍野的那些黑脸士兵，从地下爬起来，哑了喉咙，慢慢移动。一个樵夫，提了斧在野唱。忽然又仿佛见了呆子的母亲，用一双弱手一张一张地折书页。

我不由伸手到王一生书包里去掏摸，捏到一个小布包儿，拽出来一看，是个旧蓝斜纹布的小口袋，上面绣了一只蝙蝠，布的四边儿都用线做了圈口，针脚很是细密。取出一个棋子，确实很小，在太阳底下竟是半透明的，像是一只眼睛，正柔和地瞧着。我把它攥在手里。

太阳终于落下去，立即爽快了。人们仍在看着，但议论起来。里边儿传出一句王一生的棋步，外面的人就嚷动一下。专有几个人骑车为在家的冠军传送着棋步，大家就不太客气，笑话起来。

我又进去，看见脚卵很高兴的样子，心里就松开一些，问："怎么样？我不懂棋。"脚卵抹一抹头发，说："蛮好，蛮好。这种阵式，我从来也没有见过，你想想看，九个人与他一个人，九局连环！车轮大战！我要写信给我的父亲，把这次的棋谱都寄给他。"这时有两个人从各自的棋盘前站起来，朝着王一生鞠躬，说："甘拜下风。"就捏着手出去了。王一生点点头儿，看了他们的位置一眼。

王一生的姿势没有变，仍旧是双手扶膝，眼平视着，像是望着极远极远的远处，又像是盯着极近的近处，瘦瘦的肩挑着宽大的衣服，土没拍干净，东一块儿，西一块儿。喉结许久才动一下。我第一次承认象棋也是运动，而且是马拉松，是多一倍的马拉松！我在学校时，参加过长跑，开始后的五百米，确实极累，但过了一个限度，就像不是在用脑子跑，而像一架无人驾驶飞机，又像是一架到了高度的滑翔机只管滑翔下去。可这象棋，始终是处在一种机敏的运动之中，兜捕对手，逼向死角，不能疏忽。我忽然担心起王一生的身体来。这几天，大家因为钱紧，不敢怎么吃，晚上睡得又晚，谁也没想到会有这么一个场面。看着王一生稳稳地坐在那里，我又替他赌一口气：死顶吧！我们在山上扛木料，两个人一根，不管路不是路，沟不是沟，也得咬牙，死活不能放手。谁若是顶不住软了，自己伤了不说，另一个也得被木头震得吐血。可这回是王一生一个人过沟坎儿，我们帮不上忙。我找了点儿凉水来，悄悄走近他，在他跟前一挡，他抖了一下，眼睛刀子似的看了我一下，一会儿才认出是我，就干干地笑了一下。我指指水碗，他接过去，正要喝，一个局号报了棋步。他把碗高高地平端着，水纹丝儿不动。他看着碗边儿，回报了棋步，就把碗缓缓凑到嘴边儿。这时下一个局号又报了棋步，他把嘴定在碗边儿，半晌，回报了棋步，才咽一口水下去，“咕”的一声儿，声音大得可怕，眼里有了泪花。他把碗递过来，眼睛望望我，有一种说不出的东西在里面游动，嘴角儿缓缓流下一滴水，把下巴和脖子上的土冲开一道沟儿。我又把碗递过去，他竖起手掌止住我，回到他的世界里去了。

我出来，天已黑了。有山民打着松枝火把，有人用手电筒照着，黄乎乎的，一团明亮。大约是地区的各种单位下班了，人更多了。狗也在人前蹲着，看人挂动棋子，眼神凄凄的，像是在担忧。几个同来的队上知青，各被人围了打听。不一会儿，“王一生”“棋呆子”“是个知青”、“棋是道家的棋”，就在人们嘴上传。我有些发噱，本想到人群里说说，但又止住了，随人们传吧，我开始高兴起来。这时墙上只有三局在下了。

忽然人群发一声喊。我回头一看，原来只剩了一盘，恰是与冠军的那一盘。盘上只有不多几个子儿。王一生的黑子儿远远近近地峙在对方棋营格里，后方老帅稳稳地待着，尚有一“士”伴着，好像帝王与近侍在聊天儿，等着前方将士得胜回朝；又似乎隐隐看见有人在伺候酒宴，点起尺把长的红蜡烛，有人在悄悄地调整管弦，单等有人跪奏捷报，鼓乐齐鸣。我的肚子拖长了音儿在响，脚下觉得软了，就拣个地方坐下，仰头看最后的围猎，生怕有什么差池。

红子儿半天不动，大家不耐烦了，纷纷看骑车的人来没有，嗡嗡地响成一片。忽然人群乱起来，纷纷闪开。只见一老者，精光头皮，由旁人搀着，慢慢走出来，嘴嚼动着，上上下下看着八张定局残子。众人纷纷传着，这就是本届地区冠军，是这个山区的一个世家后人，这次“出山”玩玩儿棋，不想就夺了头把交椅，评了这次比赛的大势，直叹棋道不兴。老者看完了棋，轻轻抻一抻衣衫，跺一跺土，昂了头，由人搀进棋场。众人都一拥而起。我急忙抢进了大门，跟在后面。只见老者进了大门，立定，往前看去。

王一生孤身一人坐在大屋子中央，瞪眼看着我们，双手支在膝上，铁铸一个细树桩，似无所见，似无所闻。高高的一盏电灯，暗暗地照在他脸上，眼睛深陷进去，黑黑的似俯视大千世界，茫茫宇宙。那生命像聚在一头乱发中，久久不散，又慢慢弥漫开来，灼得人脸热。众人都呆了，都不说话。外面传了半天，眼前却是一个瘦小黑魂，静静地坐着，众人都不禁吸了一口凉气。

半晌，老者咳嗽一下，底气很足，十分洪亮，在屋里荡来荡去。王一生忽然目光短了，发觉了众人，轻轻地挣了一下，却动不了。老者推开搀的人，向前迈了几步，立定，双手合在腹前摩挲了一下，朗声叫道："后生，老朽身有不便，不能亲赴沙场。命人传棋，实出无奈。你小小年纪，就有这般棋道，我看了，汇道禅于一炉，神机妙算，先声有势，后发制人，遣龙治水，气贯阴阳，古今儒将，不过如此。老朽有幸与你接手，感触不少，中华棋道，毕竟不颓，愿与你做个忘年之交。老朽这盘棋下到这里，权做赏玩，不知你可愿意平手言和，给老朽一点面子？"

王一生再挣了一下，仍起不来。我和脚卵急忙过去，托住他的腋下，提他起来。他的腿仍是坐着的样子，直不了，半空悬着。我感到手里好像只有几斤的分量，就暗示脚卵把王一生放下，用手去揉他的双腿。大家都拥过来，老者摇头叹息着。脚卵用大手在王一生身上、脸上、脖子上缓缓地用力揉。半晌，王一生的身子软下来，靠在我们手上，喉咙嘶嘶地响着，慢慢把嘴张开，又合上，再张开，"啊啊"着。很久，才呜呜地说："和了吧。"

老者很感动的样子，说："今晚你是不是就在我那儿歇了？养息两天，我们谈谈棋？"王一生摇摇头，轻轻地说："不了，我还有朋友。大家一起来的，还是大家在一起吧。我们到、到文化馆去，那里有个朋友。"画家就在人丛里喊："走吧，到我那里去，我已经买好了吃的，你们几个一起去。真不容易啊！"大家慢慢拥了我们出来，火把一团儿照着。山民和地区的人层层团了，争睹棋王风采，又都点头儿叹息。

我搀了王一生慢慢走，光亮一直随着。进了文化馆，到了画家的屋子，虽然有人帮着劝散，窗上还是挤满了人，慌得画家急忙把一些画儿藏了。

人渐渐散了，王一生还有一些木。我忽然觉出左手还攥着那个棋子，就张了手给王一生看。王一生呆呆地盯着，似乎不认得，可喉咙里就有了响声，猛然"哇"的一声儿吐出一些黏液，呜呜地说："妈，儿今天……妈——"大家都有些酸，扫了地下，打来水，劝了。王一生哭过，滞气调理过来，有了精神，就一起吃饭。画家竟喝得大醉，也不管大家，一个人倒在木床上睡去。电工领了我们，脚卵也跟着，一齐到礼堂台上去睡。

夜黑黑的，伸手不见五指。王一生已经睡死。我却还似乎耳边人声嚷动，眼前火把通明，山民们铁了脸，肩着柴火林中走，咿咿呀呀地唱。我笑起来，想：不做俗人，哪儿会知道这般乐趣？家破人亡，平了头每日荷锄，却自有真人生在里面，识到了，即是幸，即是福。衣食是本，自有人类，就是每日在忙这个。可囿在其中，终于还不太像人。倦意渐渐上来，就拥了幕布，沉沉睡去。

★学习与探究★

1.《棋王》这篇小说以精妙的语言展现了王一生下棋的高超技能，特别是他对棋艺的追求，不含任何狭隘的世俗名利观念，体现出一种棋道，一种文化精神。《棋王》表面上写棋，实质上则具有多层次的象征意义。结合文章内容，谈谈下棋对于我们的学习与生活有什么样的启示。

2. 读完节选范文，继续读完整篇小说或者观看《棋王》电影，根据主人公"棋呆子"王一生的经历，分析王一生性格的特殊性和复杂性。

3. 下棋有棋法，同样，教学也有教法。棋法需要从一次次的对弈中不断总结；教法也需要在一次次的课堂中不断反思。苏格拉底曾说："没有反思的生活，是一种不值得过的生活。"美国心理学家波斯纳曾提出了一个教师成长的公式：成长=经验+反思。教师的成长发展是在不断地实践、反思、再实践、再反思的循环过程中实现的，这种总结和反思反过来又对教学实践起到积极的指导作用。

请根据在幼儿园观摩的一节课进行反思，写一份教学反思。

饮者（节选）[1]

肖江虹

导　读

肖江虹（1976年—），贵州修文人，毕业于贵州师范大学中文系，中国作家协会会员，贵州文学院签约作家。2007年开始文学创作，作品在《人民文学》《当代》《钟山》《中国作家》《山花》等刊物上发表，代表作品有《百鸟朝凤》《蛊镇》等。

作为土生土长的贵州作家，肖江虹的文学作品携带着浓郁的乡土气息。其作品曾获人民文学奖、小说选刊年度奖、贵州省政府文艺奖等。根据其小说改编的同名电影《百鸟朝凤》获中国电影金鸡奖评委会特别奖、中国大学生电影节评委会大奖、华表奖、"五个一工程"奖等。2018年，肖江虹凭借《傩面》获得第七届鲁迅文学奖，成为贵州首位鲁迅文学奖获得者。

《饮者》充分体现出了作者所追求的乡村诗意。正如作者曾在获奖感言中说道："记录这些消逝和即将消逝的风物，不是吟唱挽歌，而是想努力把曾经打动我们的乡村

[1] 本文选自《人民文学》2016年第11期。

诗意记录下来,让读者能看到祖先们在遥远的过去曾经拥有的伟大的想象力和诚挚的包容心。”

选　文

我们老肖家有两样东西遗传得特别彻底:一是身高,爷爷一米六八,六个儿子没一个蹿过一米七的;二是酒量,爷爷四兄弟个个是杯中神仙,四房十六个男丁,每次聚会都能喝掉一桶酒。注意,一桶,乡下挑水的木桶,靠记忆估算,该有三十斤左右。

“杯中乾坤大,壶中日月长”。是我们家饭房的春联,从我识字到上大学,从未变过。

那阵子乡下生活极其寡淡,几乎没有什么乐子可寻。所有人的精力都在如何把肚皮填饱这件事上。肩上担子再重,也要想方设法找个排遣的渠道。上了年纪的人,赶集日就是他们羽化成仙的日子。四五个老汉,揣上一两块钱,找个烙臭豆腐的摊位一坐,要上几块臭豆腐,沽来几碗本地苞谷烧,一直把日头喝得西坠,才起身回转。

于是,你会发现散集后伸向每个村落的小路上,总有一些嫌路窄的乡下人。他们仿佛一片片落叶,在落日的余晖里向着家的方向飘荡,步伐踉跄,摇摇欲坠。统一的表情是:眼神迷离,恍兮惚兮,嘴角带着莫名其妙的笑意。这种自得的笑,你在苦闷的日常是绝对看不到的,仿佛两碗黄汤下肚,就衣食无忧了,就风调雨顺了,就人寿年丰了。还有些扯着嘴自顾哈哈大笑的,不晓得是不是在酒精的世界里顺利登基了。

黄昏退去,夜色降临,乡间重新被孤寂统领。那些在集市成仙的乡下人,少数睡在自家床上,大多数睡在田埂上、土坎边,还有的睡在坟地里。鼾声伴着风声,在暗夜里格外嘹亮。不多久,羊肠小道上就能看见闪烁的火把和手电,沿路喊着爹爹、爷爷,儿孙们小心翼翼,排成一排仔细搜寻。找到了,咕哝几句,或背或抬,吵嚷着朝家的方向去了。

意外也是有的。几乎每年,都有因为喝酒死去的人。多数在冬天,过完瘾,归家的途中耗尽残力,随便找个地方一躺,任凭寒风一丝一丝抽走体内的余温,再加上躺倒的地方格外隐蔽,等家人找到时,已经去了另外一个世界。酒仙们胆肥,意外吓不倒他们,该喝喝,该醉醉。因为喝酒意外离开的,葬礼大多喜气洋洋。醉死去了,多舒服啊!无病无痛,迷离恍惚间,就轻松完成了一个轮回。

爷爷职业是铁匠,个头不高,但敦实,一身腱子肉。每次赶集卖完铁器,都要在臭豆腐摊前狂饮四海碗。好酒量加上好体格,爷爷每次都能坚持到离家一里地的山神庙。神奇之处在于,他总能准确找到庙宇,还能爬上神龛,衣服叠得整整齐齐放在一边,侧身在逼窄的香桌上,稳稳当当睡上一晚。开始家人担心,几个叔叔会去庙宇里将他抬回家,后来干脆放任了,想神龛前的香桌也不错,风吹不着雨打不进。

第二天一早，爷爷蓬头垢面走进院子，奶奶就黑着脸问：昨晚又去当供品了？

爷爷不答，跑到水缸边咕噜噜灌下一瓢清水，抹着嘴朝还在床上的几个叔叔喊：生火，打铁。

这么多年来，酒场上我阅人无数，酒量大的我见过不少，能一直喝的也见过很多，但酒量大还能一直喝且不会醉的我没见过。我三叔是个例外，曾经我以为他的极限是一斤（注：白酒，五十三度。以下同），后来见他喝了一斤半还能谈笑自若，我又以为他的酒量是两斤，再后来我见他喝了两斤还能一字不落地朗诵《将进酒》，我就开始认为这个世上真的有特异功能的人了。和其他几个粗短黝黑的兄弟不同，三叔精瘦，五官白净，十指修长，上过高中，是村里文化最高的人。别人闲暇时都在打牌喝酒，三叔却在看书。床头摆着的是《人民文学》《当代》《收获》这些文学期刊，印象中还有《大众电影》《中国画报》这种里面有美女的杂志。

三叔平时话语极少，乡间的粗言鄙语让他不屑，一肚子的学问没处排遣。没人的时候就拉着我碎碎念。给我讲《高山下的花环》，给我讲《逍遥游》，还给我讲过高尔基。我的兴头不在这上面，对抓青蛙、网蜻蜓更来劲。没等讲完我就要跑，这时候他总是一把将我抓过去，一脸严肃地跟我说：好好听我讲，不要学他们。

一个人的孤独是可怕的，三叔时不时也会降低身段，把知识分子的脸壳子抹下来揣起。这种情况大抵发生在酒桌上。开始还斯文恭让，小口小口抿，颇有古人之风。一斤下去，矜持开始退席，知识分子还原成了农民。酒杯置换成了酒碗，满上，端起来朝众人一拱手，粗声粗气地喊：来，搞了，不搞完的死全家。说完仰头，喉结上下滚动，横着袖子一拉嘴唇，四下扫扫，桌子底下哀鸿遍野。还不算完，三叔纤手一挥，朗声高喊：都听好，读一个《将进酒》，给你龟儿子洗洗耳朵。

“君不见，黄河之水天上来，奔流到海不复回，君不见，高堂明镜悲白发，朝如青丝暮成雪，人生得意须尽欢，莫使金樽空对月……”抑扬顿挫，字正腔圆。

我一直觉得被烧酒打回原形的三叔更可爱。

一九八八年春天，三叔成了村小学的代课老师，接到聘任通知那晚，他在饭桌上宣布：从此以后，滴酒不沾。几个叔叔嗤之以鼻，我也不相信，在乡村，上溯五百年，喝死的何止千万，你听说过有一个戒酒的吗？

三叔在课堂上的认真让人惊讶，四年级他教我语文，不带课本，不带教案，攥着两根粉笔就开讲，他居然可以背诵课本上的每一个字，包括标点。

一九九一年三叔结婚，本以为他会破戒，婚礼上大家端着酒敬他，他一直摆手拒绝，有些老人不高兴了，说你娃大婚哩，哪有新郎不喝酒的？三叔笑着鞠躬，说对不起对不起，明早还有两节课，怕喝高了在讲台上胡说八道。

我曾经问爷爷，最好喝的是什么酒？沉吟片刻，他说本镇应该是胡家的纯酿苞谷酒。我说更大的地方呢？他想了很久才说：全中国的话，最好的就是茅台酒了。我说你喝过吗？他摇着头说没喝过，见过。捋捋胡须，他说要给我好好喝一顿，死了都值。我注意到他的眼神，很认真的。

第一次见到茅台酒那年，我十岁。酒是我一个远房爷爷带来的，他在省城做官，春节回来看看一起穿开裆裤的伙伴。村里不通路，老人扛着大包小包走了三十多里地。在我家院子里，没等着把气息调匀，他就从脚边的袋子里拿出了两个瓶子。白瓷瓶，裹着一层毛边纸。爷爷接过来，眼睛立时睁得斗大，随即一脸惶恐说：来就来了，还带这样贵重的东西。然后抱着瓶子翻来翻去打量，还低声念叨：茅台，茅台啊！

晚饭饭桌上，爷爷把茅台拿出来，被他的老伙计按住了。说这个你自己留着，我想喝咱们本地的苞谷烧。

此后，我再没见过那两瓶茅台酒。

酒应该是让爷爷藏起来了。他实在怕家里的六个酒中饿鬼，逮谁都能一次给喝个底朝天。

那晚我那远房爷爷是喝高了，十斤装的塑料壶，酒浆子一直灌到瓶盖，被八个同姓人喝得一滴不剩。远房爷爷先是微醺，继而大醉，最后一碗喝完，人就从凳子上矮下去了。奶奶咒骂着，说怕是醉死过去了。爷爷过去翻开眼皮看了看说：死不了，这叫醉入泥了。三天后的早晨，远房爷爷醒来了，烂泥似的躺在床上动弹不得。爷爷递过去一碗酒，让他喝下，说这叫“酒醉酒解”。

果真，一碗酒下去，没等太阳当顶，他就神清气爽地对爷爷说：我该回去了。

爷爷不知道，在中国乡村源远流长的饮酒历史中，他会贡献出去两个儿子。

先是大伯，走的那年五十有三。大伯喝酒不是生猛型，讲究细水长流。优雅淡定的喝法和他满脸的络腮胡形成了强烈的反差。喝酒的理由更是千奇百怪。菜不好，他说菜太孬，喝点酒去去寡淡；菜好了，他说这样好的菜，不搞两杯浪费了。农忙时，他说累得很，喝两杯解解乏；农闲时，他说喝点酒打发打发无聊。最后你发现，他一年三百六十五天天天都在喝。五十三岁两个月又八天的那个夜晚，大伯娘给他做了几样小菜。凉拌天星米、炒土豆丝、酸菜烩豆米，还有一碗素瓜汤。他一只脚靠在椅沿上，从太阳落坡一直喝到月亮升起，消灭掉了一斤烧苞谷酒。然后他对大伯娘说要去给稻田放水。大伯娘说喝了那样多马尿，还是等明早再去吧！大伯拍了拍胸脯，说老子喝了几十年了，还会没得轻重？说完扛上锄头出门去了。

大伯的遗体是在山路尽头下面的稻田里发现的，脑袋竖直插进稻田里，全身没有一处伤痕。我想那晚他出得门来，披着银色的月光，哼着乡间的小调，放眼望去，那天灰白的小路又直又长。只是他不知道，月色把道路抻长了，然后一脚踏空，笔直栽下了悬崖。

遗体搬回来，爷爷亲自操起剃刀给大伯剃须，剃刀在大伯灰白的脸上拉得沙沙响，去掉最后一缕毛发,爷爷对身后立着的五个儿子说:酒是要喝,但要晓得轻重。

大伯走了不到三年,五叔就脚跟脚也走了。

当晚他和邻村几个酒徒拼酒,自然是完胜,志得意满回到家,才想起光顾着喝酒,忘记了吃饭。自己摸进厨房,打开两个鸡蛋炒了一碗蛋炒饭,端着蛋炒饭刨了两口,觉得寡淡,随手从床下摸出个酒瓶启开就喝,咕噜噜灌了两大口发现味道不对,把瓶子举到灯下才看真切,那是一瓶敌敌畏。

和大伯一样,五叔去得无声无息,等家人发现,人已经僵直了。桌上还留着大半碗蛋炒饭。后来医生说:敌敌畏剧毒,酒后喝毒性会被放大无数倍。

失去两个儿子的爷爷变得沉默了许多。奶奶说这浆子都收了你两个儿子了,你还喝?爷爷说不喝的话,还不如死了的好。酒照例要喝的,量也没见着减下来。只是每次喝酒之前,都会朝地上泼洒两小碗,嘴里唠叨着:给你两个的,都死在这上头,少喝点。

一九九八年秋天,爷爷喝完了他人生中的最后一次酒。

据奶奶说,他喝得其实不多,大半碗,喝完说脑袋有点晕,就自己爬上床了。一个时辰不到,奶奶听见爷爷发出剧烈的嗬嗬声。拉开灯,看见爷爷双眼圆睁,手臂四下抓挠。折腾了几下,就陷入了昏迷。

第二天,爷爷从昏迷中转醒过来,已经说不了话。他艰难地看了看围在床边的几个儿子,嘴唇动了动,三叔连忙把耳朵凑过去,爷爷喉咙呼啦啦响,嘴急切地不停开合。半天三叔抬起头对大家说:我听见了,他说茅台。

父亲弯下腰问:是不是想喝口茅台?

爷爷闭着眼微微点了点头。

父亲又问:放哪儿了?

爷爷嘴又开始抖动,三叔赶忙又把耳朵凑过去。最后三叔直起腰无奈地说:没办法,实在听不清楚。

父亲说,那就找,掘地三尺也要把它找出来。

那个秋天的上午,我们一家三十多口人,在那栋老屋子翻箱倒柜,房前屋后忙活了整整两个时辰,也没找到那两瓶茅台酒。

四叔最后说:怕是给埋在屋后了,大家操家伙,挖!

刚提起锄头准备挖,奶奶在里屋哭着喊:不用找了,找到他也喝不着了。

爷爷走了,差半个月八十岁。

头七那天,三叔进了趟城,在爷爷的坟前,他启开一瓶茅台酒。还是白瓶子,瓶口缠着红色的绶带,只是没有了那层薄薄的毛边纸。

倒上一碗,三叔说:爸,来,喝一碗,茅台。

又倒上一碗,跪在坟前双手举起说:一个人喝不来劲,我陪你。

风从山脊上掠过，酒香四溢。

……

★学习与探究★

1. 酒在我国有着深厚的文化底蕴。品酒是一种生活方式，更是一个感悟人生经验的过程。“杯中乾坤大，壶中日月长”，结合范文内容，谈谈你对这句话的理解。

2. 人生如品酒，需细细品尝、回味、感悟，才能领略苦涩中的甜美滋味。学习、生活和工作也如此，只有通过不断的感悟和总结，分析存在的问题与教训，才能归纳出经验，从而获得更大的进步。回顾本周的学习生活，根据总结的写作要求，撰写一份一周学习总结。

3. 下面是一位学生的幼儿园实习总结，找出不合理的地方并修改。

2017年幼儿园下学期实习总结

我是××师范学校15级学前教育的学生，于2017年9月来到××幼儿园实习。一个多月的实习让我感到十分辛苦和疲惫，也让我更深刻地了解到一名幼儿教师的工作，并认识到自己的不足。

我每天早上七点半就要到幼儿园做好清洁，再等孩子来吃早饭，每天总有几个孩子不愿意自己吃饭，总想让爸爸妈妈或爷爷奶奶喂。中午午睡时我还要帮助幼儿学会脱衣服、穿衣服，在幼儿午睡时也不敢有半点松懈，因为总有那么几个孩子要尿床，所以必须隔半小时要喊孩子们起来尿一次尿。

幼儿园小朋友们都非常天真可爱，我每天都很喜欢和他们玩，和他们聊天，试着让自己变成小朋友，融入他们的生活。

实习过程中，我认真学习老师们的上课方式和管理课堂纪律的方法。即使这样，我还是遇到了很多在校期间没有学过的问题，毕竟试教和正式的时候的心态是不一样的。听课了之后我开始讲课，孩子们还是如我想象中一样，乱成一团，根本不听我讲课，让我很有挫败感。

总之，这一个月的实习生活带给我很多启发性的思考。在校时总会以为当一位幼儿老师肯定很好玩，很轻松，但来到这里我改变了这个想法：想要当好一名好的幼师真的不是件容易的事！

我是一个任性的孩子[1]

顾城

导 读

顾城（1956—1993年），中国朦胧诗派的重要代表诗人，被称为当代的“唯灵浪漫主义”诗人，又被称为以一颗童心看世界的“童话诗人”。他在新诗、旧体诗和寓言故事诗上都有很高的造诣，其《一代人》中的诗句“黑夜给了我黑色的眼睛，我却用它寻找光明”成为中国新诗的经典名句。顾城生于诗人之家，父亲是著名诗人顾工。他17岁开始进入社会性作品写作阶段，给各个报社杂志投稿。1987年开始游历欧洲做文化交流，1988年便隐居新西兰激流岛，过着自给自足的生活。

在《我是一个任性的孩子》这首诗中，顾城用灵魂去感受、用心去观察这个世界，然后以其孩子般的诗思和语言建造起自己的诗王国，常以跳跃的短句、迷离的色彩、喃喃自语的独白，营造出一个远离尘世的童话世界。

选 文

——我想在大地上画满窗子，让所有习惯黑暗的眼睛，都习惯光明

也许
我是被妈妈宠坏的孩子
我任性

我希望
每一个时刻
都像彩色蜡笔那样美丽
我希望
能在心爱的白纸上画画

[1] 本文选自《顾城作品》，长江文艺出版社2014年出版。

画出笨拙的自由
画下一只永远不会
流泪的眼睛
一片天空
一片属于天空的羽毛和树叶
一个淡绿的夜晚和苹果

我想画下早晨
画下露水所能看见的微笑
画下所有最年轻的
没有痛苦的爱情
画下想象中
我的爱人
她没有见过阴云
她的眼睛是晴空的颜色
她永远看着我
永远,看着
绝不会忽然掉过头去

我想画下遥远的风景
画下清晰的地平线和水波
画下许许多多快乐的小河
画下丘陵——
长满淡淡的茸毛
我让它们挨得很近
让它们相爱
让每一个默许
每一阵静静的春天的激动
都成为
一朵小花的生日

我还想画下未来
我没见过她,也不可能

但知道她很美
我画下她秋天的风衣
画下那些燃烧的烛火和枫叶
画下许多因为爱她
而熄灭的心
画下婚礼
画下一个个早早醒来的节日——
上面贴着玻璃糖纸
和北方童话的插图

我是一个任性的孩子
我想涂去一切不幸
我想在大地上
画满窗子
让所有习惯黑暗的眼睛
都习惯光明
我想画下风
画下一架比一架更高大的山岭
画下东方民族的渴望
画下大海——
无边无际愉快的声音

最后,在纸角上
我还想画下自己
画下一只树熊
他坐在维多利亚深色的丛林里
坐在安安静静的树枝上
发愣
他没有家
没有一颗留在远处的心
他只有,很多很多
浆果一样的梦
和很大很大的眼睛

我在希望
在想
但不知为什么
我没有领到蜡笔
没有得到一个彩色的时刻
我只有我
我的手指和创痛
只有撕碎那一张张
心爱的白纸
让它们去寻找蝴蝶
让它们从今天消失

我是一个孩子
一个被幻想妈妈宠坏的孩子
我任性

1981年3月

★学习与探究★

1.这首诗在某种意义上是顾城作为“童话诗人”的代表性自白。请反复朗读诗歌，说说这首诗表达了诗人内心怎样的渴望与梦想。

2.为什么诗人再强调“我”是一个“任性”的孩子？请结合诗歌内容，谈谈你对诗歌中“任性”的理解。

3.世界上没有完全相同的两片树叶，世界上也没有完全一样的两个孩子！儿童就像百花园里的花朵，五彩缤纷，争奇斗艳。每个孩子都有自己的特点，每个孩子都有自己的长处。作为一名幼儿教师，要善于发现孩子的闪光点，多从正面去积极地认识孩子、评价孩子，并根据孩子的特点，因人施教。

评语，就是教师对学生既真实又艺术的评价。

鹏鹏是幼儿园中班一个很调皮的小男孩，上课经常捣乱，吃饭、午睡不守规矩，家长也不配合教育，但其他小朋友却很爱跟他玩。请你为他写评语。

★知识链接★

1.职业准备:案例分析。

2.职业准备:教学反思。

3.职业准备:总结。

4.职业准备:评语。

★思考与讨论★

1.作为一名幼教工作者,正确掌握应用文的写作,既是社会的需要,也是职业的要求。结合专业特点与职业特点,谈谈如何有效地将应用文写作与幼师职业发展结合起来。

2.结合应用文的特点与要求,谈一谈如何提高幼师应用文的写作水平。

3.除了我们教材中已学过的应用文类型,你还知道哪些在日常工作与生活中常用的应用文类型?

★主题实践★

1.观看张以庆导演的纪录片《幼儿园》,选择其中一个场景,撰写一份案例分析。

2.观看幼儿园小班语言活动课《彩色的梦》视频,撰写一份课堂教学反思。

PART 4

项目四

沟通技巧与家园共育

学习目标：

1. 朗读课文，疏通文句，提高借助语境推断文言实词意义的能力。
2. 分析人物形象，学会倾听、拒绝、赞美等人际沟通的技巧。
3. 能够感受作品魅力，领悟其中现实意义，提升人文素养。

孔子穷乎陈蔡之间[1]

导读

《吕氏春秋》是战国末年(公元前239年前后)秦国丞相吕不韦组织门客们集体编撰的杂家(儒、法、道等)著作,又名《吕览》。此书共分为十二纪、八览、六论,共十二卷,一百六十篇,二十余万字。

通过学习本文,我们可以知道,"沟通快三分,发作慢半拍",绝大多数问题都是由于沟通不畅造成的。我们也常常因为"亲眼所见、亲耳所闻",对他人产生了某种印象,从而为他人打上某种"标签"。连孔圣人也会对自己最信任的弟子起疑心,更何况我们呢?很多事信者恒信,不信者恒不信,要客观地跳出成见,才有机会接近真相。人面对逆境与不幸,最能体现一个人的性格与胸怀。孔子以君子自恃,不怨天尤人,即使"七日不尝粒"也并不铁青着脸,见到学生颜回"偷吃"也还能半开玩笑地质询(幽默与自嘲乃是逆境的心理良药)。而最可贵的是他在得知真相后的自责自省。

选文

孔子穷①乎陈、蔡之间,藜羹②不斟,七日不尝粒。昼寝。颜回索米,得而爨③之,几熟,孔子望见颜回攫④其甑⑤中而食之。选间食熟,谒孔子而进食。孔子佯为不见之。孔子起曰:"今者梦见先君,食洁而后馈⑥。"颜回对曰:"不可。向者煤炱⑦入甑中,弃食不祥,回攫而饮之。"孔子叹曰:"所信者目也,而目犹不可信;所恃者心也,而心犹不足恃。弟子记之,知人固不易矣。"故知非难也,孔子之所以知人难也。

注释

①穷:被困。

②藜(lí)羹(gēng):用藜菜做的羹。泛指粗劣的食物。藜:野草,这里指野菜。

③爨(cuàn):烧火做饭。

④攫:用手抓取。

[1]本文节选自《吕氏春秋》,上海古籍出版社1996年出版。

⑤甑(zèng):古代蒸食的炊具。底部有许多透蒸气的孔格,置于鬲上蒸煮,如同现代的蒸锅。有成语甑尘釜鱼。

⑥食洁而后馈:向尊长进食叫馈。这是孔子在测试颜回。他说今天梦见先君,要祭祀他,只有没被别人先吃、干净的才可以进上。

⑦煤炱(tái):黑煤灰。

译　文

孔子在陈国和蔡国之间的地方受困,饭菜全无,七天没吃上米饭了。白天睡在那,颜回去讨米,讨回来后煮饭,快要熟了。孔子看见颜回用手抓锅里的饭吃。一会儿,饭熟了,颜回请孔子吃饭,孔子假装没看见(颜回抓饭吃的事情)。孔子起来的时候说:"刚刚梦见我的先人,我自己先吃干净的饭然后才给他们吃。"颜回回答:"不是那样的,刚刚炭灰飘进了锅里(弄脏了米饭),丢掉又不好,就抓来吃了。"孔子叹息道:"(按说)应该相信看见的,但是并不一定可信;应该相信自己的心,自己的心也不可以相信。你们记住,要了解一个人不容易啊。"所以要了解真相很难,孔子认为要了解一个人更难。

★学习与探究★

1.解释下加横线字的含义。

①而且犹不可信(　　) ②知人固不易矣(　　)

2.下列断句,全都恰当的是(　　)。

A.孔子穷乎 / 陈蔡之间藜羹不斟 / 七日不尝粒 / 昼寝

B.孔子穷乎陈蔡之间 / 藜羹不斟 / 七日不尝粒 / 昼寝

C.孔子穷乎 / 陈蔡之间藜羹不斟七日 / 不尝粒昼寝

D.孔子穷乎陈蔡之间 / 藜羹不斟七日 / 不尝粒昼寝

3.从文中看,颜回是一个怎样的人?

4.阅读下文,思考并回答问题。

有一天,我抱着豆豆上楼,走到三楼,我说:"我累了,抱不动了。"

豆豆立马下来,一屁股坐在楼梯台阶上,我又累又饿,一下子就火了,这是撒泼的节奏吗?

压着火气,我问:"怎么坐下了?"

豆豆说:"妈妈,你快坐下歇会儿。"

说完还给我捶腿,那一刻,我惭愧极了,孩子的心地是那样的单纯、善良,而我没有问过他只言片语,就凭我所看到的在心里给他贴上了"撒泼"的标签!

请结合个人实际谈一谈在人际沟通中因"亲眼所见、亲耳所闻"而发生类似的"贴标签"行为的危害,以及在以后的职业生涯中如何避免这种现象的发生。

馈金珠李肃说吕布[1]

罗贯中

导 读

罗贯中(约1330—约1400年),名本,字贯中,号湖海散人,元末明初小说家,《三国志通俗演义》的作者。山西并州太原府人,其他主要作品有《隋唐两朝志传》《残唐五代史演义》《三遂平妖传》《水浒全传》。《三国志通俗演义》(简称《三国演义》)是罗贯中的力作,这部长篇小说对后世文学创作影响深远。《三国演义》是中国古典四大名著之一,是中国第一部长篇章回体历史演义小说,成书后有嘉靖壬午本等多个版本传于世,到了明末清初,毛宗岗对《三国演义》整顿回目、修正文辞、改换诗文。

本文选自第三回,董卓佣兵入洛阳掌握朝中大权后,欲废孝灵帝而立汉献帝遭到荆州刺史丁原反对,董卓欲杀丁原但惧怕丁原义子吕布而罢休。董卓见吕布英武过人,便有将其招致麾下的念头。当时李肃为虎贲中郎将,主动对董卓说他和吕布是同乡,自己愿凭三寸不烂之舌,叫吕布拱手来降。于是经董卓同意,李肃便带了赤兔名马和金银珠宝来见吕布。

选 文

且说张让、段珪劫拥少帝及陈留王,冒烟突火,连夜奔走至北邙山。约二更时分,后面喊声大举,人马赶至,当前河南中部掾吏闵贡,大呼:"逆贼休走!"张让见事急,遂投河而死。帝与陈留王未知虚实,不敢高声,伏于河边乱草之内。军马四散去赶,不知帝之所在。帝与王伏至四更,露水又下,腹中饥馁,相抱而哭;又怕人知觉,吞声草莽之中。陈留王曰:"此间不可久恋,须别寻活路。"于是二人以衣相结,爬上岸边,满地荆棘,黑暗之中,不见行路。正无奈何,忽有流萤千百成群,光芒照耀,只在帝前飞转。陈留王曰:"此天助我兄弟也!"遂随萤火而行,渐渐见路。行至五更,足痛不能行,山冈边见一草堆,帝与王卧于草堆之畔。草堆前

[1] 本文选自罗贯中著《三国演义》(第四版),人民文学出版社2019年出版。

面是一所庄院，庄主是夜梦两红日坠于庄后，惊觉，披衣出户，四下观望，见庄后草堆上红光冲天，慌忙往视，却是二人卧于草畔。庄主问曰："二少年谁家之子？"帝不敢应。陈留王指帝曰："此是当今皇帝，遭十常侍之乱，逃难到此。吾乃皇弟陈留王也。"庄主大惊，再拜曰："臣先朝司徒崔烈之弟崔毅也。因见十常侍卖官嫉贤，故隐于此。"遂扶帝入庄，跪进酒食。

却说闵贡赶上段珪，拿住问天子何在，珪言："已在半路相失，不知何往。"贡遂杀段珪，悬头于马项下，分兵四散寻觅，自己却独乘一马，随路追寻。偶至崔毅庄，毅见首级，问之，贡说详细。崔毅引贡见帝，君臣痛哭。贡曰："国不可一日无君，请陛下还都。"崔毅庄上止有瘦马一匹，备与帝乘，贡与陈留王共乘一马，离庄而行。不到三里，司徒王允，太尉杨彪、左军校尉淳于琼、右军校尉赵萌、后军校尉鲍信中军校尉袁绍，一行人众，数百人马，接着车驾，君臣皆哭。先使人将段珪首级往京师号令，另换好马与帝及陈留王骑坐，簇帝还京。先是洛阳小儿谣曰："帝非帝，王非王，千乘万骑走北邙。"至此果应其谶。

车驾行不到数里，忽见旌旗蔽日，尘土遮天，一枝人马到来。百官失色，帝亦大惊。袁绍骤马，出问何人。绣旗影里，一将飞出，厉声问："天子何在？"帝战栗不能言。陈留王勒马向前，叱曰："来者何人？"卓曰："西凉刺史董卓也。"陈留王曰："汝来保驾耶，汝来劫驾耶？"卓应曰："特来保驾。"陈留王曰："既来保驾，天子在此，何不下马？"卓大惊，慌忙下马，拜于道左。陈留王以言抚慰董卓，自初至终，并无失语。卓暗奇之，已怀废立之意。是日还宫，见何太后，俱各痛哭。检点宫中，不见了传国玉玺。董卓屯兵城外，每日带铁甲马军入城，横行街市，百姓惶惶不安。卓出入宫庭，略无忌惮。后军校尉鲍信来见袁绍，言董卓必有异心，可速除之。绍曰："朝廷新定，未可轻动。"鲍信见王允，亦言其事。允曰："且容商议。"信自引本部军兵，投泰山去了。

董卓招诱何进兄弟部下之兵，尽归掌握。私谓李儒曰："吾欲废帝立陈留王，何如？"李儒曰："今朝廷无主，不就此时行事，迟则有变矣。来日于温明园中，召集百官，谕以废立。有不从者斩之，则威权之行，正在今日。"卓喜。次日大排筵会，遍请公卿。公卿皆惧董卓，谁敢不到。卓待百官到了，然后徐徐到园门下马，带剑入席。酒行数巡，卓教停酒止乐，乃厉声曰："吾有一言，众官静听！"众皆侧耳。卓曰："天子为万民之主，无威仪不可以奉宗庙社稷。今上懦弱，不若陈留王聪明好学，可承大位。吾欲废帝，立陈留王，诸大臣以为何如？"诸官听罢，不敢出声。座上一人推案直出，立于筵前，大呼："不可！不可！汝是何人，敢发大语？天子乃先帝嫡子，初无过失，何得妄议废立！汝欲为篡逆耶？"卓视之，乃荆州刺史丁原也。卓怒叱曰："顺我者生，逆我者死！"遂掣佩剑欲斩丁原。时李儒见丁原背后一人，生得器宇轩昂，威风凛凛，手执方天画戟，怒目而视，李儒急进曰："今日饮宴之处，不可谈国政，来日向都堂公论未迟。"众人皆劝丁原上马而去。

卓问百官曰："吾所言，合公道否？"卢植曰："明公差矣。昔太甲不明，伊尹放之于桐宫；昌邑王登位方二十七日，造恶三千馀条，故霍光告太庙而废之。今上虽幼，聪明仁智，并无分毫过失。公乃外郡刺史,素未参与国政,又无伊、霍之大才,何可强主废立之事?圣人云:'有伊尹之志则可,无伊尹之志则篡也。'"卓大怒,拔剑向前欲杀植。侍中蔡邕、议郎彭伯谏曰:"卢尚书海内人望,今先害之,恐天下震怖。"卓乃止。司徒王允曰:"废立之事,不可酒后相商,另日再议。"于是百官皆散。

卓按剑立于园门,忽见一人跃马持戟,于园门外往来驰骤。卓问李儒:"此何人也?"儒曰:"此丁原义儿,姓吕名布,字奉先者也。主公且须避之。"卓乃入园潜避。次日,人报丁原引军城外搦战。卓怒,引军同李儒出迎。两阵对圆,只见吕布顶束发金冠,披百花战袍,擐唐猊铠甲,系狮蛮宝带,纵马挺戟,随丁建阳出到阵前。建阳指卓骂曰:"国家不幸,阉官弄权,以致万民涂炭。尔无尺寸之功,焉敢妄言废立,欲乱朝廷!"董卓未及回言,吕布飞马直杀过来。董卓慌走,建阳率军掩杀,卓兵大败,退三十馀里下寨,聚众商议。卓曰:"吾观吕布非常人也。吾若得此人,何虑天下哉!"帐前一人出曰:"主公勿忧。某与吕布同乡,知其勇而无谋,见利忘义。某凭三寸不烂之舌,说吕布拱手来降,可乎?"卓大喜,观其人,乃虎贲中郎将李肃也。卓曰:"汝将何以说之?"肃曰:"某闻主公有名马一匹,号曰'赤兔',日行千里。须得此马,再用金珠,以利结其心。某更进说词,吕布必反丁原,来投主公矣。"卓问李儒曰:"此言可乎?"儒曰:"主公欲取天下,何惜一马!"卓欣然与之,更与黄金一千两、明珠数十颗、玉带一条。

李肃赍了礼物,投吕布寨来。伏路军人围住,肃曰:"可速报吕将军,有故人来见。"军人报知,布命入见。肃见布曰:"贤弟别来无恙!"布揖曰:"久不相见,今居何处?"肃曰:"现任虎贲中郎将之职。闻贤弟匡扶社稷,不胜之喜。有良马一匹,日行千里,渡水登山,如履平地,名曰'赤兔',特献与贤弟,以助虎威。"布便令牵过来看。果然那马浑身上下,火炭般赤,无半根杂毛,从头至尾,长一丈,从蹄至项,高八尺,嘶喊咆哮,有腾空入海之状。后人有诗单道赤兔马曰:

奔腾千里荡尘埃,渡水登山紫雾开。

掣断丝缰摇玉辔,火龙飞下九天来。

布见了此马,大喜,谢肃曰:"兄赐此龙驹,将何以为报?"肃曰:"某为义气而来,岂望报乎!"布置酒相待。酒酣,肃曰:"肃与贤弟少得相见,令尊却常会来。"布曰:"兄醉矣!先父弃世多年,安得与兄相会?"肃大笑曰:"非也!某说今日丁刺史耳。"布惶恐曰:"某在丁建阳处,亦出于无奈。"肃曰:"贤弟有擎天驾海之才,四海孰不钦敬?功名富贵,如探囊取物,何言无奈而在人之下乎?"布曰:"恨不逢其主耳。"肃笑曰:"'良禽择木而栖,贤臣择主而事。'见机不早,悔之晚矣。"布曰:"兄在朝廷,观何人为世之英雄?"肃曰:"某遍观群臣,皆不如董卓。董卓为人敬贤礼士,赏罚分明,终成大业。"布曰:"某欲从之,恨无门路。"肃取金珠、玉带列于布前。布惊曰:"何为有此?"肃令叱退左右,告布曰:"此是董公久慕大名,特令某将此奉献,赤兔马亦董公所赠也。"布曰:"董公如此见爱,某将何以报之?"肃曰:"如某之不才,尚为虎贲中郎将，公若到彼，贵不可言。”布曰：“恨无涓埃之功，以为进见之礼。”肃曰：“功在翻手之间，公不肯为耳。”布沉吟良久曰：“吾欲杀丁原，引军归董卓，何如？”肃曰：“贤弟若能如此，真莫大之功也！但事不宜迟，在于速决。”布与肃约于明日来降，肃别去。

是夜二更时分，布提刀径入丁原帐中。原正秉烛观书，见布至，曰：“吾儿来有何事故？”布曰：“吾堂堂丈夫，安肯为汝子乎！”原曰：“奉先何故心变？”布向前，一刀砍下丁原首级，大呼左右：“丁原不仁，吾已杀之。肯从吾者在此，不从者自去！”军士散其大半。次日，布持丁原首级，往见李肃。肃遂引布见卓，卓大喜，置酒相待。卓先下拜曰：“卓今得将军，如旱苗之得甘雨也。”布纳卓坐而拜之曰：“公若不弃，布请拜为义父。”卓以金甲锦袍赐布，畅饮而散。卓自是威势越大，自领前将军事，封弟董旻为左将军、鄠侯，封吕布为骑都尉、中郎将、都亭侯。

李儒劝卓早定废立之计。卓乃于省中设宴，会集公卿，令吕布将甲士千馀，侍卫左右。是日，太傅袁隗与百官皆到。酒行数巡，卓按剑曰“今上暗弱，不可以奉宗庙，吾将依伊尹、霍光故事，废帝为弘农王，立陈留王为帝。有不从者斩！”群臣惶怖莫敢对。中军校尉袁绍挺身出曰：“今上即位未几，并无失德，汝欲废嫡立庶，非反而何？”卓怒曰：“天下事在我！我今为之，谁敢不从！汝视我之剑不利否？”袁绍亦拔剑曰：“汝剑利，吾剑未尝不利！”两个在筵上对敌。正是：丁原仗义身先丧，袁绍争锋势又危。

★学习与探究★

1.李肃作为一个游说者，从头到尾没有表现出任何拉拢吕布的意思，但是又成功说服了吕布，通读全文，总结李肃用到了哪些谈话技巧来说服吕布刺杀丁原并投靠了董卓。

2.“认识到沟通的好处，沟通是解决问题的必经之路。沟通前要做好充足的准备，包括找对沟通的主题、沟通的对象、时间、环境等。找对沟通的时机和切入点将会事半功倍。懂得倾听的人，才会赢得对方的尊敬。只有先解决别人的问题，增加对方的价值，才能提高别人的参与度，从而达到沟通的目的。用对方听得懂的语言沟通。沟通时，信心非常重要，只有充满信心，说话才会有理有力。”这是一般的沟通技巧，结合自身经验，谈一谈你生活中取得成功沟通的案例。

论辞令[1]

导　读

弗朗西斯·培根(1561—1626年),英国文艺复兴时期散文家、哲学家,是近代归纳法的创始人,又是给科学研究程序进行逻辑组织化的先驱。主要著作有《新工具》《论科学的增进》以及《学术的伟大复兴》等。《培根论说文集》初版于1597年,此后,该书多次再版,培根也经常将文集带在身边,不断地加以增删修改,使文集越加完善。1962年,《培根论说文集》的最后修正本出版,篇幅增加到58篇,原来的10篇均已经过较大程度的修改,有几篇甚至是重新写过的。该书为培根在世界文坛赢得很高的赞誉,成为他在文学领域最主要的代表作。

本文主要围绕言谈时应如何讲究谈话艺术这一问题,阐明了见解。作者认为,"真正精于谈话艺术者,是善于引导话题的人""善于言谈者心善幽默""谈话中善于提问,必能多有受益""善于保持沉默也是谈话的一种艺术""谈话的范围应当广泛,好像一片原野,每个人行走其中都能左右逢源""能掌握分寸的人,才算精通了谈话的艺术"。这些观点都表现出作者对谈话艺术的精辟见解,今天读来仍给人以思考和启示。

选　文

有些人在他们的谈论中喜欢以反复善辩见称为有才,却不甚注意以能辨真伪而见称为有识;好像知道应当说什么而不知道应当如何思想是一件可称赞的事情似的。有些人善于谈论某种平常习见的题目,可是缺乏变化;这种贫乏大半令人生厌,而一旦被人发现,则是可笑的。辞令中最可贵者是引起他人的话头的话;以及能节制自己的言语并转移到别的题目上去的那种话;如果能这样,那么这说话的人就可算是舞蹈的领袖了。在言谈之中,最好是有所变化。在当前的所谈之中参以辩驳,在叙事中夹以议论,发问中杂以发抒己见,诙谐中和以庄语,因为一个人若是总在谈论一个题目,如今语所谓"鞭策过度",则将使人厌倦也。至于诙谐的话,则有几种题目,应当避免,不可涉及者,如宗教、国事、要人,任何人目前的要务,以及任何值得怜悯的事情皆是也。然而有些人却一定要锋锐辛辣,伤人之心,以为不如此则他们的机智是迟钝了;这是一种应当制止的脾气:

[1] 本文选自培根著,水天同译《培根论说文集》,商务印书馆2017年出版。

童子，少使刺棒，多拉缰绳，即此之谓也。一般言之，人们应当辨别出来咸与苦之间的不同。那喜欢讽刺，使别人怕他的语锋的人，将不能不因此而怕那人的记忆，这是一定的。多问的人将多闻，而且多得人的欢心，尤其是如果他能使他的问题适合于被问者的长技的时候为然；因为这样他就可以使他们乐于说话，而他自己则可以继续地得到知识也。但是他的问题却不可烦琐惹厌；因为那就成了审问者的问题了。一个人还应当注意，务使他人有说话的机会。不但如此，如果有人要霸占一切说话的时间，就应当设法把这种人移开而使别的人开言，就好像乐师们看见有人跳“欢乐舞”跳得过久的时候的所为一样。假如别人认为你知道的事情而你假作不知的话，则以后你所真不知道的事情，人家也要以为你是知道的。关于自己的话应该少说，而且应当谨慎择言。我认得一个人，当他说及他所看不起的某人的时候，常说“他一定是个智者，因为他关于自己有那么多的话说”。一个人称扬自己而不显丑态的唯一的时候，就在他称扬别人的长处的时候，尤其是在所说的长处是与他自己可说是有的那种长处一类的时候。伤及他人的话应当少说，因为谈论应当像一片广田，人可以在里面东西行走；而不应当像一条大道，直达某家的门口也。我知道有两位贵族，都是英国西部的人；其中的一位喜欢菲薄他人，但是在家中宴客的时候却总是肴馔极丰的；另外的一位常常问那些曾经与宴的人：“老实告诉我，在他的席上没人受他的嘲弄或玩笑么？”对这个问题那做过客的人就答道：“有某事某事在席上发生了。”于是这位贵族就说：“我早就料到他一定会把一桌好筵席弄坏的。”慎言胜于雄辩，用适当的话向我们与之交涉的人谈话是比我们言辞优美，条理井然还要紧的。一个人若会说一篇滔滔不绝的言辞，而不善于问答，则显得他的说话迟滞；若善于应答而不能作持久而有始终的言辞，则显得其人的言语之浅薄无力。这就如我们在动物界所见的一样，最不善走者却最敏于转身，如猎犬与野兔间之分别是也。在说到正题以前叙述许许多多的枝节话是可厌的；若全然不顾枝节，则又太率直了。

★学习与探究★

1. 作者认为与人交谈应注意避免哪些错误？这对我们在以后的工作中与家长沟通有何借鉴意义？

2. 本文没有洋洋洒洒的长篇大论，寥寥数语即能将道理阐述得明白透彻，请你结合文章说说下列言谈之所以成功的原因。

一个黑人出租车司机载了一对白人母子。

孩子问妈妈：“为什么司机伯伯的皮肤和我们不一样？”

母亲微笑着回答：“上帝为了让世界缤纷，创造了不同颜色的人。”

到了目的地，黑人司机坚决不收钱。

他说：“小时候，我也曾经问过同样的问题，但是母亲说我们是黑人，注定低人一等。如果她换成您的回答,今天的我可能是另外一个我。”

3. 本文的语言简洁凝练,概括力极强,其中有许多耐人寻味的警句,如“多问的人将多闻,而且多得人底欢心”“至于诙谐的话,则有几种题目,应当避免,不可涉及者”等。请你选择几个句子,在小组内分享并谈谈你的理解。

林黛玉进贾府[1]

导　读

曹雪芹(约1715—约1763年),名霑,字梦阮,号雪芹,又号芹溪、芹圃,中国古典名著《红楼梦》的作者,出生于南京。曹雪芹出身清代内务府正白旗包衣世家,他是江宁织造曹寅之孙,曹頫之子。曹雪芹早年在南京江宁织造府亲历了一段锦衣纨绔、富贵风流的生活。雍正六年(1728年),曹家因亏空获罪被抄家,曹雪芹随家人迁回北京老宅,后又移居北京西郊,靠卖字画和朋友救济为生,曹家从此日渐式微。经历了生活中的重大转折,曹雪芹深感世态炎凉,对封建社会有了更清醒、更深刻的认识。他蔑视权贵,远离官场,过着贫困如洗的艰难日子。曹雪芹素性放达,爱好广泛,对金石、诗书、绘画、园林、中医、织补、工艺、饮食等均有所研究。他以坚韧不拔的毅力,历经多年艰辛,终于创作出极具思想性、艺术性的伟大作品——《红楼梦》。

本文描写林黛玉第一次离开母家进入贾府的情景,借黛玉之眼来描写贾家的一干人等与贾府的建筑结构、房屋摆设、人们之间的关系,是全书进一步展开故事的精华之笔。黛玉进府按照封建贵族家庭的礼规,必定要去拜望自己的长辈,同辈姊妹也都要见见面。作者选择这个机会使作品中的主要人物出场亮相,是行文的必需,也是事理的必然。

选　文

且说黛玉自那日弃舟登岸时,便有荣国府打发了轿子并拉行李的车辆久候了。这林黛玉常听得母亲说过,他外祖母家与别家不同。他近日所见的这几个三等仆妇,吃穿用度,已是不凡了,何况今至其家。因此步步留心,时时在意,不肯轻易多说一句话,多行一步路,惟恐被人耻笑了他去。

---

[1]本文节选自曹雪芹著《红楼梦》第三回,人民文学出版社2008年出版。第三回题为《贾雨村夤(yín)缘复旧职　林黛玉抛父进京都》。

自上了轿，进入城中，从纱窗向外瞧了一瞧，其街市之繁华，人烟之阜盛，自与别处不同。又行了半日，忽见街北蹲着两个大石狮子，三间兽头大门，门前列坐着十来个华冠丽服之人。正门却不开，只有东西两角门有人出入。正门之上有一匾，匾上大书“敕造宁国府”五个大字。黛玉想道：“这必是外祖之长房了。”想着，又往西行，不多远，照样也是三间大门，方是荣国府了。却不进正门，只进了西边角门。那轿夫抬进去，走了一射之地，将转弯时，便歇下退出去了。后面的婆子们已都下了轿，赶上前来。另换了三四个衣帽周全十七八岁的小厮上来，复抬起轿子。众婆子步下围随至一垂花门前落下。众小厮退出，众婆子上来打起轿帘，扶黛玉下轿。林黛玉扶着婆子的手，进了垂花门[1]，两边是抄手游廊[2]，当中是穿堂[3]，当地放着一个紫檀架子大理石的大插屏[4]。转过插屏，小小的三间厅，厅后就是后面的正房大院。正面五间上房，皆雕梁画栋，两边穿山游廊[5]厢房，挂着各色鹦鹉、画眉等鸟雀。台矶之上，坐着几个穿红着绿的丫头，一见他们来了，便忙都笑迎上来，说：“刚才老太太还念呢，可巧就来了。”于是三四人争着打起帘笼，一面听得人回话：“林姑娘到了。”

黛玉方进入房时，只见两个人搀着一位鬓发如银的老母迎上来，黛玉便知是他外祖母。方欲拜见时，早被他外祖母一把搂入怀中，心肝儿肉叫着大哭起来。当下地下侍立之人，无不掩面涕泣，黛玉也哭个不住。一时众人慢慢解劝住了，黛玉方拜见了外祖母。——此即冷子兴所云之史氏太君，贾赦贾政之母也。当下贾母一一指与黛玉：“这是你大舅母；这是你二舅母；这是你先珠大哥的媳妇珠大嫂子。”黛玉一一拜见过。贾母又说：“请姑娘们来。今日远客才来，可以不必上学去了。”众人答应了一声，便去了两个。

不一时，只见三个奶嬷嬷并五六个丫鬟，簇拥着三个姊妹来了。第一个肌肤微丰，合中身材，腮凝新荔，鼻腻鹅脂，温柔沉默，观之可亲。第二个削肩细腰，长挑身材，鸭蛋脸面，俊眼修眉，顾盼神飞，文彩精华，见之忘俗。第三个身量未足，形容[6]尚小。其钗环裙袄，三人皆是一样的妆饰。黛玉忙起身迎上来见礼，互相厮认过，大家归了坐。丫鬟们斟上茶来。不过说些黛玉之母如何得病，如何请医服药，如何送死发丧。不免贾母又伤感起来，因说：“我这些儿女，所疼者独有你母，今日一旦先舍我而去，连面也不能一见，今见了你，我怎不伤心！”说着，搂了黛玉在怀，又呜咽起来。众人忙都宽慰解释，方略略止住。

众人见黛玉年貌虽小，其举止言谈不俗，身体面庞虽怯弱不胜，却有一段自然的风流态

[1]垂花门：旧式住宅在二门的上头修建像房屋顶样的盖，四角有下垂的短柱，柱端雕花彩绘，这种门叫垂花门。

[2]抄手游廊：院门内两侧环抱的走廊。

[3]穿堂：宅院中，坐落在前后两个院落之间可以穿行的厅堂。

[4]大插屏：放在穿堂中的大屏风，除做装饰外，还可以遮蔽视线，以免进入穿堂就直见正房。

[5]穿山游廊：从山墙开门接起的游廊。山，指房子两侧的墙，形状如山，俗称山墙。

[6]形容：形体容貌。

度，便知他有不足之症[1]。因问：“常服何药，如何不急为疗治？”黛玉道：“我自来是如此，从会吃饮食时便吃药，到今日未断，请了多少名医修方配药，皆不见效。那一年我三岁时，听得说来了一个癞头和尚，说要化我去出家，我父母固是不从。他又说：‘既舍不得他，只怕他的病一生也不能好的了。若要好时，除非从此以后总不许见哭声；除了父母之外，凡有外姓亲友之人，一概不见，方可平安了此一世。’疯疯癫癫，说了这些不经之谈，也没人理他。如今还是吃人参养荣丸。”贾母道：“正好，我这里正配丸药呢。叫他们多配一料就是了。”

一语未了，只听后院中有人笑声，说：“我来迟了，不曾迎接远客！”黛玉纳罕道：“这些人个个皆敛声屏气，恭肃严整如此，这来者系谁，这样放诞无礼？”心下想时，只见一群媳妇丫鬟围拥着一个人从后房门进来。这个人打扮与众姑娘不同：彩绣辉煌，恍若神妃仙子。头上戴着金丝八宝攒珠珮，绾着朝阳五凤挂珠钗；项上带着赤金盘螭（chī）璎珞圈；裙边系着豆绿宫绦双衡比目玫瑰佩；身上穿着缕金百蝶穿花大红洋缎窄褃（kèn）袄，外罩五彩刻丝石青银鼠褂；下着翡翠撒花洋绉裙。一双丹凤三角眼，两弯柳叶吊梢眉，身量苗条，体格风骚。粉面含春威不露，丹唇未启笑先闻。黛玉连忙起身接见。贾母笑道：“你不认得他，他是我们这里有名的一个泼皮破落户儿，南省俗谓作‘辣子’，你只叫他‘凤辣子’就是了。”

黛玉正不知以何称呼，只见众姊妹都忙告诉他道：“这是琏嫂子。”黛玉虽不识，也曾听见母亲说过，大舅贾赦之子贾琏，娶的就是二舅母王氏之内侄女，自幼假充男儿教养的，学名王熙凤。黛玉忙陪笑见礼，以“嫂”呼之。

这熙凤携着黛玉的手，上下细细打谅了一回，仍送至贾母身边坐下，因笑道：“天下真有这样标致的人物，我今儿才算见了！况且这通身的气派，竟不像老祖宗的外孙女儿，竟是个嫡亲的孙女，怨不得老祖宗天天口头心头一时不忘。只可怜我这妹妹这样命苦，怎么姑妈偏就去世了！”说着，便用帕拭泪。贾母笑道：“我才好了，你倒来招我。你妹妹远路才来，身子又弱，也才劝住了，快再休提前话。”这熙凤听了，忙转悲为喜道：“正是呢！我一见了妹妹，一心都在他身上了，又是喜欢，又是伤心，竟忘记了老祖宗。该打，该打！”又忙携黛玉之手，问：“妹妹几岁了？可也上过学？现吃什么药？在这里不要想家，想要什么吃的、什么玩的，只管告诉我；丫头老婆们不好了，也只管告诉我。”一面又问婆子们：“林姑娘的行李东西可搬进来了？带了几个人来？你们赶早打扫两间下房，让他们去歇歇。”

说话时，已摆了茶果上来。熙凤亲为捧茶捧果。又见二舅母问他：“月钱放过了不曾？”熙凤道：“月钱已放完了。才刚带着人到后楼上找缎子，找了这半日，也并没有见昨日太太说的那样的，想是太太记错了？”王夫人道：“有没有，什么要紧。”因又说道：“该随手拿出两个来给你这妹妹去裁衣裳的，等晚上想着叫人再去拿罢，可别忘了。”熙凤道：“这倒是我先料着了，知道妹妹不过这两日到的，我已预备下了，等太太回去过了目好送来。”王夫人一笑，点头不语。

[1]不足之症：中医指由身体虚弱引起的病症，如脾胃虚弱，叫中气不足；气血虚弱，叫正气不足。

当下茶果已撤，贾母命两个老嬷嬷带了黛玉去见两个母舅。时贾赦之妻邢氏忙亦起身，笑回道："我带了外甥女过去，倒也便(biàn)宜[1]。"贾母笑道："正是呢，你也去罢，不必过来了。"邢夫人答头了一声"是"字，遂带了黛玉与王夫人作辞。大家送至穿堂前。

出了垂花门，早有众小厮们拉过一辆翠幄(wò)青绸车，邢夫人携了黛玉，坐在上面，众婆子们放下车帘，方命小厮们抬起，拉至宽处，方驾上驯骡，亦出了西角门，往东过荣府正门，便入一黑油大门中，至仪门前方下来。众小厮退出，方打起车帘，邢夫人搀着黛玉的手，进入院中。黛玉度其房屋院宇，必是荣府中花园隔断过来的。进入三层仪门，果见正房厢庑(wǔ)游廊，悉皆小巧别致，不似方才那边轩峻壮丽；且院中随处之树木山石皆在。一时进入正室，早有许多盛妆丽服之姬妾丫鬟迎着，邢夫人让黛玉坐了，一面命人到外面书房去请贾赦。一时人来回话说："老爷说了：'连日身上不好，见了姑娘彼此倒伤心，暂且不忍相见。劝姑娘不要伤心想家，跟着老太太和舅母，即同家里一样。姊妹们虽拙，大家一处伴着，亦可以解些烦闷。或有委屈之处，只管说得，不要外道才是。'"黛玉忙站起来，一一听了。再坐一刻，便告辞。

邢夫人苦留吃过晚饭去，黛玉笑回道："舅母爱惜赐饭，原不应辞，只是还要过去拜见二舅舅，恐领了赐迟去不恭，异日再领，未为不可。望舅母容谅。"邢夫人听说，笑道："这倒是了。"遂令两三个嬷嬷用方才的车好生送了姑娘过去。于是黛玉告辞。邢夫人送至仪门前，又嘱咐了众人几句，眼看着车去了方回来。

一时黛玉进了荣府，下了车。众嬷嬷引着，便往东转弯，穿过一个东西的穿堂，向南大厅之后，仪门内大院落，上面五间大正房，两边厢房鹿顶耳房钻山，四通八达，轩昂壮丽，比贾母处不同。黛玉便知这方是正经正内室，一条大甬路，直接出大门的。进入堂屋中，抬头迎面先看见一个赤金九龙青地大匾，匾上写着斗大的三个大字，是"荣禧堂"，后有一行小字："某年月日，书赐荣国公贾源"，又有"万几宸(chén)翰之宝"。大紫檀雕螭案上，设着三尺来高青绿古铜鼎，悬着待漏随朝墨龙大画，一边是金蜼(wěi)彝，一边是玻璃盒(hǎi)。地下两溜十六张楠木交椅，又有一副对联，乃乌木联牌，镶着錾(zàn)银的字迹，道是：

座上珠玑昭日月，堂前黼黻(fǔfú)焕烟霞。

下面一行小字，道是："同乡世教弟勋袭东安郡王穆莳拜手书。"

原来王夫人时常居坐宴息，亦不在这正室，只在这正室东边的三间耳房内。于是老嬷嬷引黛玉进东房门来。临窗大炕上铺着猩红洋罽(jì)，正面设着大红金钱蟒靠背，石青金钱蟒引枕，秋香色金钱蟒大条褥。两边设一对梅花式洋漆小几。左边几上文王鼎匙箸香盒；右边几上汝窑美人觚(gū)——觚内插着时鲜花卉，并茗碗痰盒等物。地下面西一溜四张椅上，都搭着银红撒花椅搭，底下四副脚踏。椅之两边，也有一对高几，几上茗碗瓶花俱备。其馀陈设，

[1]便宜：这里是方便的意思。

自不必细说。

老嬷嬷们让黛玉炕上坐，炕沿上却有两个锦褥对设，黛玉度其位次，便不上炕，只向东边椅子上坐了。本房内的丫鬟忙捧上茶来。黛玉一面吃茶，一面打谅这些丫鬟们，妆饰衣裙，举止行动，果亦与别家不同。茶未吃了，只见一个穿红绫袄青缎掐牙背心的丫鬟走来笑说道："太太说，请林姑娘到那边坐罢。"老嬷嬷听了，于是又引黛玉出来，到了东廊三间小正房内。

正面炕上横设一张炕桌，桌上磊着书籍茶具，靠东壁面西设着半旧的青缎靠背引枕。王夫人却坐在西边下首，亦是半旧的青缎靠背坐褥。见黛玉来了，便往东让。黛玉心中料定这是贾政之位。因见挨炕一溜三张椅子上，也搭着半旧的弹墨椅袱，黛玉便向椅上坐了。王夫人再四携他上炕，他方挨王夫人坐了。王夫人因说："你舅舅今日斋戒去了，再见罢。只是有一句话嘱咐你：你三个姊妹倒都极好，以后一处念书认字学针线，或是偶一顽笑，都有尽让的。但我不放心的最是一件：我有一个孽根祸胎，是家里的'混世魔王'，今日因庙里还愿去了，尚未回来，晚间你看见便知了。你只以后不要睬他，你这些姊妹都不敢沾惹他的。"

黛玉亦常听得母亲说过，二舅母生的有个表兄，乃衔玉而诞，顽劣异常，极恶读书，最喜在内帏[1]厮混；外祖母又极溺爱，无人敢管。今见王夫人如此说，便知说的是这表兄了。因陪笑道："舅母说的，可是衔玉所生的这位哥哥？在家时亦曾听见母亲常说，这位哥哥比我大一岁，小名就唤宝玉，虽极憨顽，说在姊妹情中极好的。况我来了，自然只和姊妹同处，兄弟们自是别院另室的，岂得去沾惹之理？"王夫人笑道："你不知道原故：他与别人不同，自幼因老太太疼爱，原系同姊妹们一处娇养惯了的。若姊妹们有日不理他，他倒还安静些，纵然他没趣，不过出了二门，背地里拿着他两个小幺（yāo）儿出气，咕唧一会子就完了。若这一日姊妹们和他多说一句话，他心里一乐，便生出多少事来。所以嘱咐你别睬他。他嘴里一时甜言蜜语，一时有天无日，一时又疯疯傻傻，只休信他。"

黛玉一一的都答应着。只见一个丫鬟来回："老太太那里传晚饭了。"王夫人忙携黛玉从后房门由后廊往西，出了角门，是一条南北宽夹道。南边是倒座三间小小的抱厦厅，北边立着一个粉油大影壁，后有一半大门，小小一所房室。王夫人笑指向黛玉道："这是你凤姐姐的屋子，回来你好往这里找他来，少什么东西，你只管和他说就是了。"这院门上也有四五个才总角[2]的小厮，都垂手侍立。王夫人遂携黛玉穿过一个东西穿堂，便是贾母的后院了。

于是，进入后房门，已有多人在此伺候，见王夫人来了，方安设桌椅。贾珠之妻李氏捧饭，熙凤安箸，王夫人进羹。贾母正面榻上独坐，两边四张空椅，熙凤忙拉了黛玉在左边第一张椅上坐了，黛玉十分推让。贾母笑道："你舅母你嫂子们不在这里吃饭。你是客，原应如此坐的。"黛玉方告了座，坐了。贾母命王夫人坐了。迎春姊妹三个告了座方上来。迎春便坐

[1]内帏：内室，女子的居处。帏，幕帐。

[2]总角：把头发扎成髻。

右手第一，探春坐左第二，惜春坐右第二。旁边丫鬟执着拂尘[1]、漱盂、巾帕。李、凤二人立于案旁布让[2]。外间伺候之媳妇丫鬟虽多，却连一声咳嗽不闻。

寂然饭毕，各有丫鬟用小茶盘捧上茶来。当日林如海教女以惜福养身，云饭后务待饭粒咽尽，过一时再吃茶，方不伤脾胃。今黛玉见了这里许多事情不合家中之式，不得不随的，少不得一一改过来，因而接了茶。早见人又捧过漱盂来，黛玉也照样漱了口。盥手毕，又捧上茶来，这方是吃的茶。贾母便说："你们去罢，让我们自在说话儿。"王夫人听了，忙起身，又说了两句闲话，方引凤、李二人去了。贾母因问黛玉念何书。黛玉道："只刚念了《四书》。"黛玉又问姊妹们读何书。贾母道："读的是什么书，不过是认得两个字，不是睁眼的瞎子罢了！"

一语未了，只听外面一阵脚步响，丫鬟进来笑道："宝玉来了！"黛玉心中正疑惑着："这个宝玉，不知是怎生个惫(bèi)懒人物，懵懂顽童？——倒不见那蠢物也罢了。"心中想着，忽见丫鬟话未报完，已进来了一位年轻的公子：

头上戴着束发嵌宝紫金冠，齐眉勒着二龙抢珠金抹额；穿一件二色金百蝶穿花大红箭袖，束着五彩丝攒花结长穗宫绦(tāo)，外罩石青起花八团倭缎排穗褂；登着青缎粉底小朝靴。面若中秋之月，色如春晓之花，鬓若刀裁，眉如墨画，面如桃瓣，目若秋波。虽怒时而若笑，即瞋视而有情。项上金螭璎珞，又有一根五色丝绦，系着一块美玉。

黛玉一见，便吃一大惊，心下想道："好生奇怪，倒像在那里见过一般，何等眼熟到如此！"只见这宝玉向贾母请了安，贾母便命："去见你娘来。"宝玉即转身去了。一时回来，再看，已换了冠带：头上周围一转的短发，都结成小辫，红丝结束，共攒至顶中胎发，总编一根大辫，黑亮如漆，从顶至梢，一串四颗大珠，用金八宝坠角；身上穿着银红撒花半旧大袄，仍旧带着项圈、宝玉、寄名锁、护身符等物；下面半露松花撒花绫裤腿，锦边弹墨袜，厚底大红鞋。越显得面如敷粉，唇若施脂；转盼多情，语言常笑。天然一段风骚，全在眉梢；平生万种情思，悉堆眼角。看其外貌最是极好，却难知其底细。后人有《西江月》二词，批宝玉极恰，其词曰：

无故寻愁觅恨，有时似傻如狂。纵然生得好皮囊，腹内原来草莽。潦倒不通世务，愚顽怕读文章。行为偏僻性乖张[3]，那管世人诽谤！

富贵不知乐业，贫穷难耐凄凉。可怜辜负好韶(sháo)光[4]，于国于家无望。天下无能第一，古今不肖无双。寄言纨袴与膏粱：莫效此儿形状！

贾母因笑道："外客未见，就脱了衣裳，还不去见你妹妹！"宝玉早已看见多了一个姊妹，便料定是林姑妈之女，忙来作揖。厮见毕归坐，细看形容，与众各别：

两弯似蹙非蹙罥烟眉，一双似泣非泣含露目。态生两靥(yè)之愁，娇袭一身之病。泪光

[1]拂尘：一种拂拭尘土或者驱赶蝇蚊的用具，形如马尾，后有持柄，俗称"蝇甩子"。

[2]布让：宴席间向客人敬菜，劝餐。

[3]偏僻：偏激，不端正。乖张：偏执，不驯顺，与众不同。

[4]可怜辜负好韶光：可惜白白浪费了大好时光。可怜，这里是可惜的意思。辜负，本意是违背，对不起，这里有浪费的意思。

点点，娇喘微微。闲静时如姣花照水，行动处似弱柳扶风。心较比干多一窍，病如西子胜三分。

宝玉看罢，因笑道："这个妹妹我曾见过的。"贾母笑道："可又是胡说，你又何曾见过他？"宝玉笑道："虽然未曾见过他，然我看着面善，心里就算是旧相识，今日只作远别重逢，亦未为不可。"贾母笑道："更好，更好，若如此，更相和睦了。"宝玉便走近黛玉身边坐下，又细细打量一番，因问："妹妹可曾读书？"黛玉道："不曾读，只上了一年学，些须认得几个字。"宝玉又道："妹妹尊名是那两个字？"黛玉便说了名。宝玉又问表字。黛玉道："无字。"宝玉笑道："我送妹妹一妙字，莫若'颦颦'二字极妙。"探春便问何出。宝玉道："《古今人物通考》上说：'西方有石名黛，可代画眉之墨。'况这林妹妹眉尖若蹙，用取这两个字，岂不两妙！"探春笑道："只恐又是你的杜撰。"宝玉笑道："除《四书》外，杜撰的太多，偏只我是杜撰不成？"又问黛玉："可也有玉没有？"众人不解其语，黛玉便忖度着因他有玉，故问我有也无，因答道："我没有那个。想来那玉是一件罕物，岂能人人有的。"

宝玉听了，登时发作起痴狂病来，摘下那玉，就狠命摔去，骂道："什么罕物，连人之高低不择，还说'通灵'不'通灵'呢！我也不要这劳什子了！"吓的众人一拥争去拾玉。贾母急的搂了宝玉道："孽障！你生气，要打骂人容易，何苦摔那命根子！"宝玉满面泪痕泣道："家里姐姐妹妹都没有，单我有，我说没趣；如今来了这们一个神仙似的妹妹也没有，可知这不是个好东西。"贾母忙哄他道："你这妹妹原有这个来的，因你姑妈去世时，舍不得你妹妹，无法处，遂将他的玉带了去了：一则全殉葬之礼，尽你妹妹之孝心；二则你姑妈之灵，亦可权作见了女儿之意。因此他只说没有这个，不便自己夸张之意。你如今怎比得他？还不好生慎重带上，仔细你娘知道了。"说着，便向丫鬟手中接来，亲与他带上。宝玉听如此说，想一想大有情理，也就不生别论了。

当下，奶娘来请问黛玉之房舍。贾母说："今将宝玉挪出来，同我在套间暖阁儿里，把你林姑娘暂安置碧纱橱里。等过了残冬，春天再与他们收拾房屋，另作一番安置罢。"宝玉道："好祖宗，我就在碧纱橱外的床上很妥当，何必又出来闹的老祖宗不得安静。"贾母想了一想说："也罢哩。"每人一个奶娘并一个丫头照管，馀者在外间上夜听唤。一面早有熙凤命人送了一顶藕合色花帐，并几件锦被缎褥之类。

黛玉只带了两个人来：一个是自幼奶娘王嬷嬷，一个是十岁的小丫头，亦是自幼随身的，名唤作雪雁。贾母见雪雁甚小，一团孩气，王嬷嬷又极老，料黛玉皆不遂心省力的，便将自己身边的一个二等丫头，名唤鹦哥者与了黛玉。外亦如迎春等例，每人除自幼乳母外，另有四个教引嬷嬷，除贴身掌管钗钏盥沐两个丫鬟外，另有五六个洒扫房屋来往使役的小丫鬟。当下，王嬷嬷与鹦哥陪侍黛玉在碧纱橱内。宝玉之乳母李嬷嬷，并大丫鬟名唤袭人者，陪侍在外面大床上。

★学习与探究★

1.跳读识黛玉，并为黛玉建档案。

昵称		名号		祖籍	
爱好		最喜欢读的书			
家世					
生平					
今日行程					
人物形象					

2.谁是沟通高手？

①学会倾听、拒绝、赞美是非常重要的人际沟通技巧，请分组探究：

A.林黛玉倾听与应答的关键句子及其技巧

B.林黛玉拒绝的关键句子及其技巧

C.王熙凤赞美的句子及其技巧

②尝试运用以上技巧来解决具体问题：

A.孩子都三岁了，在家不会自己上厕所，不会自己穿衣服，真的是自理能力太差了！

B.家长：“老师，你的新房需要装修，我正好是开装修公司的，你们家装修的事就交给我吧！”

C.班上新来孩子的家长：“老师，小明今天在幼儿园表现如何？”

★拓展阅读★

幼师必知的四个家访攻略。

★岗位实践★

活动：

阅读下面两个例子，回答问题。

例1：

家长：老师，我可以进来和您谈谈吗？

老师:欢迎!请坐到这儿吧。(微笑着用手势示意家长坐下)

家长:你们老师真是辛苦,每天要带那么多孩子,真是不简单啊!

老师:(一边给家长倒茶)是呀。孩子小,自控能力差,而家长的期望值又那么高,我们的压力真是不小!

家长:(接过茶杯)谢谢!是啊,现在的孩子都是独生子女,每个家庭都对孩子宠爱有加。

老师:是的。独生子女存在的问题确实比较多,孩子不仅生活自理能力差,各种习惯也差。家长一边宠爱孩子,一边又对孩子寄予高期望。哎,可怜天下父母心哪!(摇头,很无奈的样子)哦,我忘了,您是不是有什么话要对我讲?(笑)

家长:(微笑着)是的。我家馨馨最近对跳舞的兴趣特别浓厚,每天嚷着要跳舞给我和她爸爸看,她爸爸看她这么感兴趣就特地给她买了一面大镜子,她对着镜子跳舞可开心了。

老师:哦?可是,在幼儿园我问她是不是不想跳舞,她告诉我说"是"。

家长:会不会馨馨在幼儿园跳舞跟不上同伴,不够自信?

老师:说实在的,馨馨对舞蹈的感受力和表现力确实一般。考虑到她最近腿脚不方便,我就让她坐在旁边看。

家长:谢谢您为馨馨想得那么多。我和她爸爸看她在家里那么喜欢跳舞,实在不忍心让她只看着小朋友跳舞了。我们猜想她内心还是喜欢跳舞的,您说是不是?

老师:看来是的。

家长:我想,馨馨可能因为腿不好怕在老师和同伴面前丢脸才说不想跳舞的,她说的可能并不是心里话。

老师:可能是吧。馨馨在幼儿园表现欲得不到满足,就想在家里得到满足,有这种"补偿"心理是很正常的。是我太大意了,我应该考虑到这一点的。对不起,馨馨妈妈,从明天起我就让馨馨"归队"。

家长:(起身)谢谢了!再见!

例2:

家长:老师,我可以进来和你谈谈吗?

老师:欢迎!请坐到这儿吧。(微笑着用手势示意家长坐下)

家长:很忙是吗?

老师:(一边给家长倒茶)还可以,有什么话您尽管说好了。

家长:(责问)你们班每个孩子是不是都参加了舞蹈排练?

老师:是的。

家长:那你怎么就不让我家馨馨跳舞?她回家说,每次跳舞老师都让她坐着。

老师:那是因为最近馨馨的腿脚不方便,我问她是不是不想跳,她说"是的",我这才让她坐在旁边看的。

家长：你知不知道她每天回家就嚷着要跳舞给我和她爸爸看，她爸爸看她这么感兴趣还特地买了一面大镜子。这样喜欢跳舞的孩子你说她在幼儿园不想跳舞谁相信？（情绪有些激动）

老师：我体谅动作不便的孩子，我尊重孩子的意愿有什么错？（语气加重）

家长：馨馨在家那么喜欢跳舞，你这怎么叫尊重孩子的意愿？（站了起来）

老师：馨馨在家的情况你可以向我反映，完全用不着这种态度呀？

家长：你这样的态度就好了吗？什么老师？！我这就去找园长，如果可以，馨馨最好换个班级。（气冲冲地走出教师办公室）

思考：馨馨妈妈是想告诉教师，馨馨尽管腿不好，舞跳得不好，但还是想参加班级的舞蹈排练。我们从中可以看出，不同的交谈方式，沟通效果截然不同。请你利用所学知识分析两种情况发生的原因。

我的童年[1]

冰心

导　读

冰心(1900—1999年)享年99岁,福建长乐人,原名谢婉莹,笔名冰心。现代著名女作家、儿童文学作家,诗人深受人民的敬仰。1900年10月5日出生于福州一个具有爱国、维新思想的海军军官家庭,她父亲谢葆璋参加了甲午战争,抗击过日本侵略军,后在烟台创办海军学校并出任校长。

作者自序:这篇文章是我四十年前在重庆写的。那时我的学生李曼瑰正在编一种妇女刊物,她给我出了这个题目。因为当时常有人要我"做些不愿意做的事,说些不愿意说的话,见些不愿意见的人",而我却很难勉强我自己那样做,我就借这机会发挥了我的意见。写过以后我就把这篇《我的童年》忘得干干净净!这次卓如同志替《新文学史料丛书》编我的《记事珠》,又从重庆的刊物上抄了出来,我读了如见故人。因为这篇短文里的末一句有:"我不但常常感念我的父母,我也常常警惕我们应当怎样做父母。"当《父母必读》的编辑来向我索稿的时候,我只好拿这篇旧作来塞责。不知对四十年后的父母,有没有参考的价值?

选　文

提到童年,总使人有些向往,不论童年生活是快乐,是悲哀,人们总觉得都是生命中最深刻的一段;有许多印象,许多习惯,深固的刻画在他的人格及气质上,而影响他的一生。

我的童年生活,在许多零碎的文字里,不自觉的已经描写了许多,当曼瑰对我提出这个题目的时候,我还觉得有兴味,而欣然执笔。

中年的人,不愿意再说些情感的话,虽然在回忆中充满了含泪的微笑,我只约略的画出我童年的环境和训练,以及遗留在我的嗜好或习惯上的一切,也许有些父母们愿意用来作参考。

先说到我的遗传:我的父亲是个海军将领,身体很好,我从不记得他在病榻上躺着过。

[1] 本文选自《冰心七十年文选》,上海文艺出版社1996年出版。

我的祖父身体也很好,八十六岁无疾而终。我的母亲却很瘦弱;常常头痛,吐血——这吐血的症候,我也得到,不是肺结核,而是肺气枝涨大,过劳或操心,都会发作——因此我童年时代记忆所及的母亲,是个极温柔,极安静的女人,不是作活计,就是看书,她的生活是非常恬淡的。

虽然母亲说过,我在会吐奶的时候,就吐过血,而在我的童年时代,并不曾发作过,我也不记得我那时生过什么大病,身体也好,精神也活泼,于是那七八年山陬海隅的生活,我多半是父亲的孩子,而少半是母亲的女儿!

在我以先,母亲生过两个哥哥,都是一生下就夭折了,我的底下,还死去一个妹妹。我的大弟弟,比我小六岁。在大弟弟未生之前,我在家里是个独子。

环境把童年的我,造成一个“野孩子”,丝毫没有少女的气息。我们的家,总是住近海军兵营,或海军学校。四围没有和我同年龄的女伴,我没有玩过“娃娃”,没有学过针线,没有搽过脂粉,没有穿过鲜艳的衣服,没有戴过花。

反过来说,因着母亲的病弱,和家里的冷静,使得我整天跟在父亲的身边,参加了他的种种工作与活动,得到了连一般男子都得不到的经验。为一切方便起见,我总是男装,常着军服。父母叫我“阿哥”,弟弟们称呼我“哥哥”,弄得后来我自己也忘其所以了。

父亲办公的时候,也常常有人带我出去,我的游踪所及,是旗台,炮台,海军码头,火药库,龙王庙。我的谈伴是修理枪炮的工人,看守火药库的残废兵士,水手,军官,他们多半是山东人,和蔼而质朴,他们告诉我以许多海上新奇悲壮的故事。有时也遇见农夫和渔人,谈些山中海上的家常。那时除了我的母亲和父亲同事的太太们外,几乎轻易见不到一个女性。

四岁以后,开始认字。六七岁就和我的堂兄表兄们同在家里读书。他们比我大了四五岁,仍旧是玩不到一处,我常常一个人走到山上海边去。那是极其熟识的环境,一草一石,一沙一沫,我都有无限的亲切。我常常独步在沙岸上,看潮来的时候,仿佛天地都飘浮了起来!潮退的时候,仿佛海岸和我都被吸卷了去!童稚的心,对着这亲切的“伟大”,常常感到怔忡。黄昏时,休息的军号吹起,四山回响,声音凄壮而悠长,那熟识的调子,也使我莫名其妙的要下泪,我不觉得自己的“闷”,只觉得自己的“小”。

因着没有游伴,我很小就学习看书,得了个“好读书,不求甚解”的习惯。我的老师很爱我,常常教我背些诗句,我似懂似不懂的有时很能欣赏。比如那“前不见古人,后不见来者,念天地之悠悠,独怆然而涕下。”我独立山头的时候,就常常默诵它。

离我们最近的城市,就是烟台,父亲有时带我下去,赴宴会,逛天后宫,或是听戏。父亲并不喜听戏,只因那时我正看《三国》,父亲就到戏园里点戏给我听,如《草船借箭》,《群英会》,《华容道》等。看见书上的人物,走上舞台,虽然不懂得戏词,我也觉得很高兴。所以我至今还不讨厌京戏,而且我喜听须生,花脸,黑头的戏。

再大一点，学会了些精致的淘气，我的玩具已从铲子和沙桶，进步到蟋蟀罐同风筝，我收集美丽的小石子，在瓷缸里养着，我学作诗，写章回小说，但都不能终篇，因为我的兴趣，仍在户外，低头伏案的时候很少。

父亲喜欢种花养狗，公余之暇，这是他唯一的消遣。因此我从小不怕动物，对于花木，更有普遍的爱好。母亲不喜欢狗，却也爱花，夏夜我们常常在豆棚花架下，饮啤酒，汽水，乘凉。母亲很早就进去休息，父亲便带我到旗台上去看星，他指点给我各个星座的名称和位置。他常常说："你看星星不是很多很小，而且离我们很远么？但是我们海上的人一时都离不了它。在海上迷路的时候看见星星就如同看见家人一样。"因此我至今爱星甚于爱月。

父亲又常常带我去参观军舰，指点给我军舰上的一切，我只觉得处处都是整齐，清洁，光亮，雪白；心里总有说不出的赞叹同羡慕。我也常得亲近父亲的许多好友，如萨镇冰先生，黄赞侯先生——民国第一任海军部长黄钟瑛上将——他们都是极严肃，同时又极慈蔼，生活是那样纪律，那样恬淡，他们也作诗，同父亲常常唱和，他们这一班人是当时文人所称为的"裘带歌壶，翩翩儒将"。我当时的理想，是想学父亲，学父亲的这些好友，并不曾想到我的"性"阻止了我作他们的追随者。

这种生活一直连续到了十一岁，此后我们回到故乡——福州——去，生活起了很大的转变。我也不能不感谢这个转变！十岁以前的训练，若再继续下去，我就很容易变成一个男性的女人，心理也许就不会健全。因着这个转变，我才渐渐的从父亲身边走到母亲的怀里，而开始我的少女时期了。

童年的印象和事实，遗留在我的性格上的。第一是我对于人生态度的严肃，我喜欢整齐，纪律，清洁的生活，我怕看怕听放诞，散漫，松懈的一切。

第二是我喜欢空阔高远的环境，我不怕寂寞，不怕静独，我愿意常将自己消失在空旷辽阔之中。因此一到了野外，就如同回到了故乡，我不喜城居，怕应酬，我没有城市的嗜好。

第三是我不喜欢穿鲜艳颜色的衣服，我喜欢的是黑色，蓝色，灰色，白色。有时母亲也勉强我穿过一两次稍为鲜艳的衣服，我总觉得很忸怩，很不自然，穿上立刻就要脱去，关于这一点，我觉得完全是习惯的关系，其实在美好的品味之下，少女爱好天然，是应该"打扮"的！

第四是我喜欢爽快，坦白，自然的交往。我很难勉强我自己做些不愿意做的事，见些不愿意见的人，吃些不愿意吃的饭！母亲常说这是"任性"之一种，不能成为"伟大"的人格。

第五是我一生对于军人普遍的尊敬，军人在我心中是高尚，勇敢，纪律的结晶。关系军队的一切，我也都感兴趣。

说到童年，我常常感谢我的好父母，他们养成我一种恬淡，"返乎自然"的习惯，他们给我一个快乐清洁的环境，因此，在任何环境里都能自足，知足。我尊敬生命，宝爱生命，我对于人类没有怨恨，我觉得许多缺憾是可以改进的，只要人们有决心，肯努力。

这不是一件容易事，因为生命是一张白纸，他的本质无所谓痛苦，也无所谓快乐。我们的人生观，都是环境形成的。相信人生是向上的人，自己有了勇气，别人也因而快乐。

我不但常常感念我的父母，我也常常警惕我们应当怎样做父母。

一九四二年三月二十七日，歌乐山。

★学习与探究★

1. 对“我不觉得自己的‘闷’，只觉得自己的‘小’”的理解，不正确的一项是(　　)。

A.“闷”在这里含有孤独、寂寞、无聊的意思

B. 不觉得闷是因为有山上、水边等玩耍的地方

C.“小”是指年龄太小，还没有长大

D. 与潮涨潮退的大自然的伟大力量对比，感到自己的渺小

2.“再大一点，学会了些精致的淘气”，这“精致的淘气”是什么意思?

3. 纵观全文，我们会发现童年生活对人一生的影响是巨大的。请结合你的生活思考，说说你的童年对你有着怎样的影响。谈谈你对文末中“我不但常常感念我的父母，我也常常警惕我们应当怎样做父母。”这句话的理解。

你是人间的四月天[1]

——一句爱的赞颂

林徽因

导　读

林徽因(1904—1955年)，汉族，祖籍福建闽县(今福建福州)，出生于浙江杭州。原名林徽音，其名出自《诗经·大雅·思齐》：“大姒嗣徽音，则百斯男”。后因常被人误认为当时一男作家“林微音”，故改名为“徽因”。林徽因是中国近现代杰出的建筑师、诗人和作家，人民英雄纪念碑和中华人民共和国国徽深化方案的设计者之一、建筑学家梁思成的第一任妻子。林徽因在20世纪30年代初，同梁思成一起用现代科学方法研究中国古代建筑，成为这个学术领域的开拓者，后来在这方面获得了巨大的学术成就，为中国古代建筑研究奠定了坚实的科学基础。在文学上，著有散文、诗歌、小说、剧本、译文和书信等，

[1] 本文选自林徽因著《你是那人间四月天》，译林出版社2015年出版。

代表作品有《你是人间的四月天》《莲灯》《九十九度中》等。其中,《你是人间的四月天》最为大众熟知,广为大众传诵。

此诗首先是写出"四月天"这一意象,以春风轻灵、春光明媚、春色多变等四月天的季候特征为主;第二节至第四节则分别以四月天中各种不同的具象来比喻生活中的各种画面;最后诗人直抒情意,概言"你"就是"爱",就是"暖",就是"希望"。全诗以诸多意象为喻,书写细腻柔丽的情愫,表现出轻盈优雅之美,同时其内容与形式完美地结合,将中国诗歌传统中的音乐感、绘画感与英国古典商籁体诗歌对韵律的追求完美结合,是一首可以不断吟诵、不断生长出新意的天籁之作。

选 文

我说你是人间的四月天;
笑响点亮了四面风;轻灵
在春的光艳中交舞着变。

你是四月早天里的云烟,
黄昏吹着风的软,星子在
无意中闪,细雨点洒在花前。

那轻,那娉婷,你是,鲜妍
百花的冠冕你戴着,你是
天真,庄严,你是夜夜的月圆。

雪化后那片鹅黄,你像;新鲜
初放芽的绿,你是;柔嫩喜悦
水光浮动着你梦期待中白莲。

你是一树一树的花开,是燕
在梁间呢喃,——你是爱,是暖,
是希望,你是人间的四月天!

★学习与探究★

1.朗诵全诗,感悟诗歌的美。

2.这首诗于1934年4月发表在《学文》1卷1期上。关于这首诗有两种说法:一是为悼念徐志摩而作;二是为儿子的出生而作,以表达心中对儿子梁从诚的希望和儿子出生带来的喜悦。林徽因作为一个母亲,有着对孩子强烈的母爱,为孩子创作了一首这样轻快灵动的诗,从这个角度来赏析全诗,说出你对诗歌的理解。

我愿意哄着你长大[1]

曹文轩

导　读

曹文轩,1954年1月生于江苏盐城,儿童文学作家。曾经荣获国际安徒生奖提名、中国安徒生奖、"五个一"工程优秀作品奖、中国图书奖、全国优秀儿童文学奖、宋庆龄儿童文学金奖、冰心文学奖大奖等40余种海内外重要奖项。他的作品创造了最美好的童心世界和最纯正的文学世界,享誉世界文坛,被译为英、法、德、日、韩、俄、瑞典等国文字,为很多国家和地区的读者所熟知和喜爱。代表作《草房子》《青铜葵花》等已经印刷百余次,累计印数达数百万册。

作为一位儿童文学作家,曹文轩教授的作品影响了千千万万的青少年。可是,在自己的儿子处于青春期时,渐露锋芒的儿子总不小心刺到父亲,这让父子的相处一度变得无所适从:他和普通家长一样,经历过崩溃,经历过自责。还好,父爱可以消解一切不快,父爱也让他反思父子相处之道。当他带着发掘美好的心态对待儿子,儿子也报以让他欣慰的成熟。

选　文

蒙蒙,我的儿子:

爸爸在给你写信。也许爸爸会突然改变主意而将它压下,也许过一些日子我又会将它交到你手上,也许永远尘封直到它风化成纸的碎末。

[1] 本文选自《当代教育家》2016年第5期,编者有删减。

……

一次，我与一个出版社的朋友聊到了你，没想到那个朋友听完后长长叹息了一声，说：“曹老师，没有什么，与你儿子相比，我儿子以前的情况实在是有过之而无不及。”他向我说起他儿子的种种“倒行逆施”。他对我说：“曹老师，说了你不要笑话我，一次我与我儿子干了起来，我出门坐在马路牙子上哭了半天。”他安慰我：“别急，一切都会过去的。”他讲起现在他儿子的情况：“读大学了，在外地，寒假回家，居然将身上所有的零用钱花光，给我买了一件棉袄。”

后来，我又偶然遇到一位“道行”很深的心理学家，与他谈起你，并求教于他。他说：“不必焦虑，他只是一个正常的孩子，只不过他的逆反有点儿超出正常值。他的那些在你看来简直是恶的行为，并非是他的内心流露，不必担忧。”这位心理学家最后对我说：“这样的孩子，你也就只有哄着他长大了。”

这两次谈话很重要。我开始教导自己：这世界上实际没有什么太严重的事情，只是事情的性质被我们放大了；我在告诫儿子学会克制时，先要自己学会克制。我开始细心反思以往你的所作所为的原因，我发现，你的那些突然爆发的情绪与不理智的行为，其责任并不应该都由你承担——这不公平。教育制度、老师的境界与教育方式，还有我们通常流行的道德观、价值观，都要承担责任，并且要在很大程度上承担责任。

我发现，你的问题只是在你的性格上缺少弹性，缺少退让，缺少自我保护意识，你对一些事情的感觉和看法并没有错。比如，你以很极端的方式生气地毁掉了你的校服。难道那个苛刻地让你整天穿着质量低下的校服的制度是合理的吗？我开始学会从另一个角度去思量问题。这时，我开始理解和体谅你的这种曾经让我感到生气、恼火甚至绝望的想法和行为。

我开始发现你身上的美好——那种美好甚至比其他孩子还要多。

……

当然，你自己也在改变。你已经知道克制自己的脾气，已经知道在某些时候做出必要的退让。爸爸已经可以与你对话了，尽管这样的对话并不多，也不够推心置腹。但我们毕竟开始了对话。爸爸也学会了克制自己的脾气，做出必要的退让。当我们之间无时无刻不在的紧张得到缓解，当你一天天地变得快乐并在不断成长时，爸爸觉得带你来到这个世界上，真是一件非常好的事情。爸爸写过很多得意的作品，也许，你才是我最得意的作品。

……

儿子，鲜亮的青春才刚刚开始光顾你。从今以后，你生命的光彩会迷倒无数人。长大吧，不住地长大，爸爸愿意哄着你。

★学习与探究★

1.作者通过与友人的两次谈话,有了怎样的变化?

2.你是如何理解文末“爸爸愿意哄着你”中的“哄”字的?这样的教育方式在亲子关系上有着怎样的启示呢?

3.情景练习:

两位家长在学校门口相遇,孩子尚未放学出来,于是他们便聊上了。在一番寒暄之后,一位家长说:“唉,还是你家小孩聪明,将来一定有出息,不像我家那个,将来不知会变成什么样。”另一位家长说:“哪里的话,你家孩子也不错,我家孩子只不过是暂时好一些,以后怎样便不知道了。”

如果你是幼儿园老师,听到这样的对话,你将如何与他们交谈?

人子与猫的孩子[1]

吴晓乐

导　读

吴晓乐,台湾地区台中人,1989年生。在台湾大学法律系毕业后,她花了七年时间,打开一扇又一扇的大门,走进不同的家庭。在门的背后,她见证了各色光怪陆离的景象:“一个每日给儿子准备鸡精、维他命的母亲,在收到儿子成绩单的当下,却也毫不犹豫地甩出一记耳光。”“为了安抚双亲,躲在衣柜里欺骗别人也伤害自己的儿子;也或许,她看见一种用钞票堆叠起来的亲情……她以为她是家教,只需带给学生知识,没想到学生及他们的家庭带给她更多的冲击。”

本文选自她所著的《你的孩子不是你的孩子》第一篇,全书没有给家长教条式的叮咛与建议,只有一个个震撼人心的故事。这些故事之所以存在,是期待我们去凝视一个初衷,静下来,好好想想,把小孩带到这世界上的初衷。

选　文

我很少想起眼镜仔。他是我的第三个学生,家住台北荣星花园附近。

[1] 本文选自吴晓乐著《你的孩子不是你的孩子》,中国友谊出版公司2019年出版。

说到眼镜仔，他整个人干干瘦瘦，捏不出几两肉，倒是戴了一副很笨重的眼镜。眼镜仔说，他近视已经七八百度了，医生曾恐吓他，再不控制一下，他长大后可能就要失明了。可是，眼镜仔控制不了，他每天都用眼过度。

随着年纪渐长，或许是出于对往事的怀恋，我常常想起最初的几个学生。

除了眼镜仔，对，就除了他。

这么多年过去，在回忆的长廊上，一一唱名我教过的学生时，我总忽略眼镜仔。想起他总是不愉快，甚至连“荣星花园”四个字，在记忆上也成了一种负担。

令我不愉快的，并非眼镜仔这孩子，相反我很喜欢他，但想起他，就无可避免地，必须同时面对在他背后，那些我无力处理的人事。

眼镜仔的妈妈，不妨称她小圆妈好了。她给人的印象就是圆滚滚的，脸圆手圆，身材也圆。初次见面，我就见识到她强势的作风。她语速很快，连珠炮似的朝我射来，说话时手腕的摆动幅度也非常大：“老师，我跟你说，我这孩子就是笨，做什么事情就是慢，怎么教都教不会，之前的老师都放弃了。”她一抬眼，扳指一算，“你是他第十个还是第十一个家教。我跟他说，这次再没效，我就一个老师也不给他请了，放他自生自灭！”

我尚未接腔，她又急着开口：“老师，我儿子如果不乖，或者题目写错，你就用力给他打下去，孩子有错，就是要教育，我不是那种小孩子被打就反应过度的妈妈。”

闻言，我知道不能再保持沉默了：“但是，阿姨，我不打学生的。”

小圆妈的动作慢了下来，她从上到下，仔细打量我：“我看你的资料，你才大学一年级，十八九岁对吧？你们这一代年轻人，听到体罚就皱眉，好像体罚是多残忍的一件事！”小圆妈哼了一声，嘴角扯出一抹冷笑，“会这样想，是因为你们欠缺教小孩的经验，以为轻声细语，爱的鼓励，小孩子就能乖乖向学，顺利进步了。事情绝对没有你们所想的这么简单，我提醒在先，你教过我儿子之后，我们再来讨论打不打小孩的问题。”

在小圆妈唇片翻动、口沫横飞的时候，我注意到一个诡异的景象——

从头到尾，眼镜仔只是静静地坐在一旁，弯腰驼背，近乎无声地呼吸着。他的四肢不长，又佝偻着身躯，整个人看起来更小了。他直盯着自家木桌上的纹理，始终没有抬起头来看我们一眼。

他的反应，仿佛这场对话与他无关，他是局外人。

结束与小圆妈的初步接触，我跟眼镜仔来到他的房间。

在我们打开试题本五分钟之后，他走入我内心最柔软的角落：我指出一个错误，那只是个非常细小、无关紧要的小瑕疵，他的反应却非常剧烈，肩膀很快地拱起来，背部连动地微弯成弓形，脸侧向与我相反的方向。

整个动作一气呵成，近乎条件反射。

我紧张地问：“怎么了？”

“我以为你会打我。”

“我为什么要打你?”他的问题令我震惊不已。

“妈妈不是允许你了吗?”

“但我不也告诉过你妈妈,我不会打你吗?”

眼镜仔不置可否地抿了抿嘴,低头,右手捏着试题本,指甲陷了进去。

“妈妈跟之前的每一个家教建议,只要我犯错,就打下去;我再犯错,就再打下去。多打几次,我就会记得不要再犯相同的错了。”好像在说给自己听似的,他的声音越来越小,“不过……我好像真的很笨,被打这么多次,还是常犯一样的错。上一个家教是男的,打人很用力,我很怕他。他最后还是辞职了,他跟我妈抱怨:‘我打你儿子打得都累了。’”

眼镜仔似乎想到什么,抖了一下,又说下去:“那个家教走了之后,妈妈对我发飙很久,她说我很笨、很没用,没人愿意教我,害她必须一直找老师。”

他没再说话,把手放在膝盖上,上半身小小的。

“我不会打你,不管你错再多题。”

“真的吗?”他很淡漠,不怎么相信的样子,“之前有个女家教,好像跟你一样大,要么就比你大一点点,她也跟我说‘我不会打你’,但是到最后……她还是气到忍不住了。她说:‘你真的很笨,我没遇过像你这么不受教的学生。’老师,我跟你说,我妈是对的,我真的很笨,又迟缓。有一天,你也会受不了,想要打我的。”

他的头仍旧低垂着,我听见他的呼吸有些乱了。

我迟疑了一会儿,决定重申立场:“我是真的、真的不会打你。”

“为什么?”

“我也是接受体罚长大的学生。”

眼镜仔微微抬起头来,看了我一眼,视线又急忙转向桌上的橡皮擦。

“我初中念重点班,理化老师是个一天到晚嚷嚷着要退休的老头,他基本上不教书了,只立下一个规矩,八十分,少一分就打一下。我有个单元真的搞不懂,考了六十一分,被打得死去活来。之后,我狂写、狂算题目,基测[1]时理化一题也没错。”

“你好强。”

“不,一点也不。上了高中之后,我的理化很烂。我很困惑,想了一段时间才明白,在过去,我读书是怕被老头打,自己本身其实没有读理化的乐趣,等到升上高中,没人打我了,我反而不晓得怎么读书。又因为老头的关系,我很讨厌理化这一科,一点也不想碰。”

看眼镜仔似懂非懂的模样,我补充道:“用成绩来决定体罚,我觉得这是最不负责任的方法,当下或许呈现出不错的成果,但之后可能会制造出更多问题。”

他默默地听着,没有应声。

[1] 基测是中国台湾地区初中升高中的考试,类似于中国大陆地区的中考。

“所以，假设你考差了，我们就换个方法；你如果再考差了，我们就再换个方法。我不想打学生，打学生也代表我没有解决问题的诚意跟耐心。我想解决问题。”

“真的吗？”他看着我，我们的眼神有了交会。

我终于看清楚，他藏在厚厚镜片后面的眼睛其实又圆又亮。

*

在没有体罚的前提下，我得正视一个事实：眼镜仔教起来确实令人有些情绪。

一模一样的题型，也许前一分钟才耐心讲解完，他仍无法正确作答。更多时候，我已经极尽暗示之能事，只差没直接伸手指出答案了，他的思路却像是被谁猝然设了个路障，没办法再前进了。我又观察一阵，发现他对于“写下答案”这动作特别有心魔。

每一次，握着笔，就要写下答案了，他的眼睛开始骨碌碌地转，在空调恒温二十五摄氏度的室内，汗水大肆奔流。见他这么难过，我也跟着屏息，空气稀薄了起来，不由得抬手扇一扇。

也有几次，他的笔尖抵在纸面上，紧张不安的眼神频频向我送来。那眼神，像是在默读我心底的念头，也像是在预防我下一秒钟的动作。

经过几次心理的攻防，我忍不住开口了，请眼镜仔放过自己，也放过我。我告诉他：“你不用紧张，你写错了，大不了我重新讲一次，我不会打你。”

他吞了吞口水：“之前的老师都会盯着我看，一题一题跟，只要我写错了，他就马上拍我头，好几次，我的眼镜都被拍掉在桌子上。”

“是你先前提过的打你打得都累了的那个老师吗？”我在脑海里搜寻可疑人物。

“嗯。”眼镜仔维持平时的淡然，点了点头，“他是妈妈请的家教里面最贵的，补习班名师。他跟妈妈保证，没有他救不起来的学生，妈妈于是给他很高的时薪。一小时，好像是一千二百块吧，还常常加课，一个星期，可以上六小时。可是，我的成绩还是时好时坏，妈妈有时候受不了，会怪老师，老师跟着急起来，就一题一题地盯我，如果我写错，他会马上拍我头，或者拿热熔棒打我手心。”

“每一题？”

“对，那个老师坐得很近，这么近啊——”眼镜仔用手比画出距离，“他的视线会黏在我的考卷上，等我作答，只要我写错，完了，死定了。有一次，段考[1]前一天，他拿一张自己出的试卷给我做，我错的题超过一半，他非常、非常生气，铆起来打，拼命用热熔棒打我小腿，我很痛，可我不敢哭。”

“你妈妈知道那个老师打你打得这么凶吗？”

眼镜仔摇摇头。

[1] 中国台湾地区的学校会在一个学期内进行几次阶段性测试，称为段考。

“为什么不告诉你妈？那个老师叫你不能说吗？”

“不是。”

“那到底是为什么？”

“因为，”眼镜仔有点不自在，“老师打我，是我的错，我没有把题目做好。我跟妈妈说，妈妈只会更生气，搞不好也会打我一顿。”

我不禁怀疑：眼镜仔不是笨，也不是迟钝。

他不过是个吓坏的孩子。

平常讲解题目时，顺着题意一步一步进行拆解、推导，这过程他可以跟得很稳很好，此时进行口头提问，他也能答得很理想。然而，一旦面临把答案用铅笔誊上去的瞬间，他就像中了石化术，从头到脚僵硬起来。

过往的经验告诉他，一旦犯错，拳脚就会伸过来。所以，他在答题时，眼前仿佛有个看不见的关卡，他无法跨越这道关卡，反复质疑，踟蹰再三。一场四十五分钟的考试，他可能浪费了三十分钟，只为了跨过一道“我可能会写错”的关卡。

真要给眼镜仔下一个结论，我会说，这孩子最大的问题在于缺乏信心。

他不相信犯错是件很寻常、没什么大不了的事情。

因为，过去的几任老师不给他犯错的空间。

他一点也不迟钝，只是被套上了重重枷锁，是以走得较常人忐忑，较常人戒慎，最终不免给人一种笨拙、迟钝的印象。但他并没有外界所料想的蠢笨。

*

模拟考成绩下来那天，台北细雨斜织。我站在门外，还来不及收好雨伞，就听到一阵急遽的脚步声，由远及近，小圆妈三步并作两步下楼，门被打开，她脸色有些古怪。我一进屋，她便紧紧跟在后头，一开口就是抱怨：“唉，老师，我跟你说，这孩子真是没救了。我真想不通，我给他的读书环境这么好，为什么他就是没办法争气点？”

“考得很不理想吗？”

小圆妈说：“我跟他父亲给他估计的理想PR值是九十三，他只考了八十三，PR值只有八十三。老师，你告诉我，在台北市，这样的成绩，哪一所明星高中要他？”

眼镜仔的PR值为八十三，简单说来，他的分数高于参与该次测验的约83%的学生。照理说，是很亮眼的成绩。但是，台北市的竞争确实很激烈，一个细微的差错，能上的学校就会下跌一到两个名次。

“老师你看，我都给他请名校的家教了，他还给我考成这样。”小圆妈的话中多少有怪罪我的意思。我习以为常了，这份职业，领的是他人眼红的时薪，雇主自然有一套“教学质量检测”的标准，最典型的，莫过于定期举行的段考、模拟考。若学生考不出亮眼的成绩，家长最直白的心态莫过于：那我砸大钱请你来做什么？

一步一步爬上楼梯。客厅里,眼镜仔站着。更精准的说法是,罚站着。

走进客厅,小圆妈不忘先给我倒杯茶水,同时也给自己的茶杯注入新茶。稍事休息之后,她把眼镜仔的成绩单取来,开始一科接着一科质问。

“数学为什么错了六道题?上次你才错三道。”

“你不是告诉我,这次社会[1]比较简单,却错了快十题?你真的努力了吗?”

“还有英文,从幼儿园就给你补英文,没办法拼一次满分?”

眼镜仔支支吾吾,涨红了脸,不知从何辩解。

小圆妈越说越激动,一个箭步上前,扫了眼镜仔两个耳光,清脆的巴掌声回响在客厅之中,伴随着高八度的谩骂:“你怎么可以这么不成材啊!你爸的同事都在问你准备得怎么样,我哪好意思说,我的儿子在台北市可能找不到好学校念。”

两个巴掌,我和眼镜仔都吓坏了。

他抬起头来,朝我的方向看了一眼,眼神中有惊讶与屈辱。但他很快就恢复到习惯的处理方式:垂下眼,拳头紧握,把视线交给地面,一动也不动。

小圆妈的嘶吼一拨接着一拨,她将许多陈年往事一一掏出来,内容俨然是眼镜仔截至十四岁的失败史,包括幼儿园老师对眼镜仔不怎么样的评价、失常的小学入学考以及不上不下的小学毕业成绩……完全不顾我这个外人在场,她径自开展清算式的数落。她忘了叫我坐下,也可能是故意的,总之我形同被罚站,跟眼镜仔一起站着听,感觉像是听了一辈子那么久。结束时,偷瞄一眼时钟,才不过半小时。

小圆妈困倦地坐回沙发上,朝我们挥了挥手,说:“老师,你可以上课了。”

我不想上课,倒是非常想逃,脑海中闪过一百个逃离现场的借口,但又一一删除那些选项。我心明眼亮,假若我此时开溜,眼镜仔的处境将变得更为艰难。

一同经历暴风雨的洗礼,我与眼镜仔之间,不免萌发出一种近似革命情感的牵绊。我非常、非常想离开,但我不能离开。

我走了就是背叛。

我几乎是硬着头皮,踏进眼镜仔的房间。他拖着脚步,跟在我身后。

桌上,课本摊开了一半。

我们分别坐了下来,彼此面色尴尬、动作生硬,仿佛这是我们第一次上课。

泪水在他的眼眶里打转,没有掉下来。他撑得很勉强。不在我的面前掉泪,似乎是他仅存的用以维护自己尊严的手段了。

为了填补我们之间的空白,我开始动起嘴巴。不过,我的声音有气无力,在同一页转了

[1] 社会是中国台湾地区基测的考试科目之一,考试内容涵盖地理、历史、公民与社会三个领域。

十分钟有余,好像鬼打墙,怎么也走不出去。眼镜仔很细心,察觉到我的失落,他突然转过身,面向我:“对不起,老师,我让你失望了,我真是太笨了。”

眼镜后的双眼,涨得红通通的。

我只能避重就轻地告诉他:“你不笨,PR八十三,你已经做得很好了。”

我拍拍他的肩膀,沮丧得再也说不出话来。

那堂课结束得很苦涩。我们气色委顿,像是一起打了败仗的士兵。

临走时,小圆妈已经睡下了,眼镜仔的父亲去大陆出差,家里没有其他人,眼镜仔亲自送我到大门口。我出了门,转身回头,见他怯怯地躲在铁门后,声音细如蚊蚋:“老师,对不起,请你别生气,也不要辞职。下一次,我会考好一点。”

*

下回授课,出乎意料,眼镜仔的家里多了一篮幼猫。五只眼睛欲睁未睁的小猫在篮子里钻动,像是迎着光源,又像是躲着光源,发出细小的呜咽声。眼镜仔和小圆妈守在篮子旁,密切注意它们的一举一动。

“这些猫咪怎么来的啊?”我好奇地问。

小圆妈说:“社区不知道哪个缺德鬼,不给猫结扎,让母猫生出一窝小猫。这也就算了,好歹这些猫才出生没多久,竟把这些猫仔随便用个破纸箱装着,扔在路边。这几天,幸亏附近养猫的人家接力喂食,小猫都活下来了。不过,昨天下大雨,纸箱淋湿了,又皱又烂,我接儿子回家,路过时,看见它们缩成一团,冷得喵喵叫,觉得很可怜,干脆全部捡回家照顾了。”

我心底一暖,这与我平素对她的印象出入不小。

门铃响起,她下楼应门,是邻居太太。

邻居太太拿个塑料袋,走了进来:“这是我家咪咪之前吃剩的猫奶粉,我检查过,还没过期,应该够这些小猫撑个几餐。明天一早,我再去买一包。”

“谢谢,感激。不然我真不知道去哪里找这些。”

邻居太太蹲下来,细看那篮小猫:“真夭寿,瘦成这样。”

小圆妈也一起蹲了下来:“对啊,不知道最后能活几只。”

邻居太太简单讲解了一下喂食小猫的技巧,小圆妈听得非常专注,不时询问详情。

邻居太太赶着回去炒菜,待了一下就表示要离开。她走之后,小圆妈喂食幼猫的大业旋即开展。我看得出来,她非常紧张,屏气凝神、小心翼翼地把小家伙们一一捧在掌心。那些猫还很幼嫩,毛发又细又带点湿气。小圆妈以食指隔着棉巾,一点一点地微微按压,拭去小猫身上的水汽,过程中她的手指轻微地颤抖。

之后,她把小猫放在桌子上,两指轻轻撑住小猫的上半身,让小猫保持坐姿。奶嘴一就位,小猫的前肢就本能地扶上奶瓶,大口大口地喝,蓝绿色的眼珠散发出慵懒的柔光。在小圆妈温温的掌中,幼猫们吸食着温温的奶水,待小猫全数喂食完毕,小圆妈温柔地擦干它们的嘴角，轻手轻脚地放回她精心布置的窝，窝底下铺了电热毯，温度调整至三十摄氏度。

幼猫大部分时间都在睡觉，吃饱睡暖，五双眼睛一一合上。眼镜仔和小圆妈歪着头，兴致高昂地注视着小猫，指指点点，有说有笑。

我退后一步，注视着小圆妈与眼镜仔，在这一刻，他们比任何时候都像一对母子。

猫的孩子不用读书，只需要好好地吃、安稳地睡。猫咪长大了，也没有人举办考试，给每一只猫测量PR值，检验它们的学习程度。所以，小圆妈可以这么温柔地疼爱一群和她没有血缘、不曾怀胎十月生下的小家伙。

*

教了三个月，虽然我跟眼镜仔的父亲不过打了几次照面，却也足够拼凑出这位父亲的轮廓。他在一家中型规模的传产公司[1]上班，从小职员做起，历经二十年的苦干实干，好不容易坐到总经理的位子。他习惯晚归，无论有没有加班、有没有应酬，最早也是九点到家。有一次他七点回到家，拿起一包鼓鼓的牛皮纸袋又匆匆出门，小圆妈注视着他的背影，眼中是深深的失落。

至于平常，一听到钥匙插入转动的声音，小圆妈就会像支火箭般从客厅冲出去，笑脸盈盈地站在玄关，给丈夫脱下外套，接过他手上的公文包，柔声问："吃饱了没？""要不要给你放洗澡水？"

很可惜的是，伉俪情深的光景时效并不长，等到夫妻俩前后进入主卧室，氛围将大不相同。起初，只能偶尔捕捉到几缕窸窸窣窣、刻意压低的谈话声。不久，声音越来越大，即使隔着一堵墙壁，我和眼镜仔都听得清楚分明。

"你到底是怎么教小孩的，一个月跟我拿那么多钱，却连个儿子都搞不定？你知不知道，魏经理的女儿去年考上北一女，陈董的儿子今年也推甄[2]上清华大学[3]了，每次开会，谈到自己的儿子我就头痛，模拟考的PR值没一次过九十，在台北市区，能有什么好高中可以读？我跟你郑重警告，我不会让他去读那些没听过名字的学校。他没考好，干脆送他到美国。"

没隔几秒，小圆妈的尖叫传过来："送到美国？一个儿子养到十五岁，只因为高中没考好，你就要把他送去美国？你有没有想过，这样我就得一个人在家了？"

"你可不可以不要这么情绪化，看清楚一点好不好？台湾现在的竞争很激烈，未来会更激烈，你儿子的资质又不比人强，不早一点送出去培养一些外语能力，培养一些国际观，你再这样盲目地宠下去，非得等到我们的独生子日后在职场上被别人狠狠比下去，你这做妈的才甘心吗？只怕到那时，你放手也来不及了。"

[1] 指包括工业、农业、第三产业在内的传统产业公司。

[2] 中国台湾地区的高中生考普通大学，必须先参加大学学科能力测验，之后可利用此成绩报名推荐甄选（简称推甄）申请入学，类似大陆的自主招生。

[3] 指位于中国台湾地区新竹的"台湾清华大学"，前身是北京的清华学堂。

讲课的音量终究无法盖过夫妻激昂的龃龉，我看着眼镜仔，想从他脸上瞧出一点端倪。

他看着课本，语气轻缓镇定："没关系，我早已习惯了。"

我没有多问，只是很难过，捏着他的肩膀，良久说不出话来。

"老师，我真的不介意啦，赶快来做下一题吧。"

*

大考的日子一步步逼近，经过几次模拟考，小圆妈的标准不是没有做过调整，PR九十，PR八十八，最终降到PR八十五，眼镜仔没有一次达标。小圆妈怒气冲冲，她说："我都降低标准了，为什么你还是做不到？"

她在我面前"算账"的情景越来越常上演。呼巴掌，拧手臂，用脚踢踹，情况越演越烈。有一次，我们课上到一半，小圆妈冲进房间对着眼镜仔破口大骂，只因她打了个电话给老师，关心眼镜仔近日的上学情况，老师诚实答以"容易分心"四个大字。

每一次，我只能站在那里，眼睁睁地看着眼镜仔挨揍。有时候，事情很快就结束了，一记拍头，小圆妈就把他交给我了。有时候，伤害的过程会久一点，他会被拧耳朵，拧到他的脸涨成猪肝色，小圆妈才甘愿放手，饶过他。

每一次，我鼓起勇气，几乎要站出去护着眼镜仔，到最后，仍是选择却步与退缩。

我混淆了自己的身份。说到底，我只是个一周提供两次教育服务的家教，还是说，我有更大的责任，必须积极阻止这一切？更糟糕的想法是，我怀疑小圆妈是故意打给我看的，谁叫我拒绝体罚。她故意挑在上课前，声嘶力竭地呼喊，动手动脚地演给我看，暗示我："看啊，你也没有多会教嘛。"

小圆妈是家庭主妇，又不喜外出，也不热衷社交，她能说心事的伙伴就那么两三个。她的存在价值，是肯定，还是否定，主要交由丈夫来决定。然而丈夫给的期望太沉重，她一个人难以承受，只得分流给眼镜仔，分流给我这个一周不过出现五小时的外人。每周时间一到，我无可回避地必须出现在这个家，她看到我，明白自己满涨的情绪将得到出口。

我、眼镜仔、小圆妈，我们三人不知不觉地掉进一条食物链，吊诡的是，位居食物链最上端的眼镜仔的父亲，一个星期拨给眼镜仔的时间，可能没有几小时。

*

有一天，小圆妈不打了。

她掩着脸，哭倒在沙发上："你不认真念书，你爸爸都不想回家了。他说，你是扶不起的阿斗，让他很失望，看到你就心烦。怎么办？爸爸不想回家了。"

眼镜仔不吭一声，走了过去，坐在母亲身边。

母子俩哭成一团。笼子内的小猫，被送走了三只，剩下两只，轻轻地喵喵叫。

我旁观着，心底清楚这一切的荒谬，这样温馨的光景没有太长的寿命，小圆妈会再度对眼镜仔动粗的，时间早晚而已。只要眼镜仔的父亲执着于儿子的成就，只要小圆妈持续把丈夫放在人生的第一顺位。她今天只是累了，明天会重振士气来鞭策眼镜仔的。

我辞职了。简言之,我背弃了与眼镜仔的诺言。

我再也忍受不了了。有多少个夜晚,我走过荣星花园,来到眼镜仔的家,心中布满灰色悲观的想法。按下门铃的那一刻,我的心又惶恐又颤抖,迎在前方的,又会是怎样的景象?

我无疑是以一种夹着尾巴的狼狈姿态,落荒而逃。

这也是我极少想起眼镜仔的原因。一想起就感到刺痛,想起他厚重镜框下那怯生生的眼神,想起他曾经给予的信赖,想起他挨揍后,反过来安慰我的敦厚。在我离开之后,小圆妈是否打得更凶了?她是否对儿子更绝望了?她能明白我辞职的理由吗?

最后,我很怕去想象的是,眼镜仔还在台湾吗?他是否已被送去一个全然陌生的国度?

*

眼镜仔住在透天厝[1]里,含顶楼共四层,他的书房和卧房是分开的,以住在台北市的小孩而言,他拥有很奢侈的生活空间。他上下学由小圆妈开名车接送,用很好的手机,书包是那种有伸缩把手的昂贵款式。他很难找到一套衣物、一双鞋子不是从百货公司买来的。

眼镜仔的父亲拥有良好的社会地位和经济条件,善于社交辞令,熟知商场进退的规矩,穿着要价不菲的手工西装和定制皮鞋。他只有眼镜仔这一个儿子,只要对眼镜仔的未来有助益,任何名目他都愿意投资。小圆妈外表雍容优雅,在外人面前说话轻声细语,她花很多时间栽培眼镜仔,定期通过电话和老师交流儿子近况,老师曾夸小圆妈是个十分尽责的好母亲。

眼镜仔每天的早餐必定有一瓶鸡精[2]和一只鸡蛋,吃完早餐后,小圆妈会递给他维生素、鱼油和钙片等,待他吃下了,她才安心带他去上课。

任何人见了,都会说眼镜仔的命很好,生活在很幸福的环境中。

他的父母好爱他,而他们的爱很正常。

★学习与探究★

1. 通读全文后,用自己的语言简述《人子与猫的孩子》所要表达的意义。当代社会存在文中所描述的这种家庭教育观是什么原因导致的?

2. 家庭教育一直是教育的基石,你认为在幼儿教育过程中,家园共育过程中,作为幼儿教师的你如何让家长提升教育理念和家庭教育质量?

3. 再次朗读项目一中纪伯伦诗歌《论孩子》,感受纪伯伦的家庭教育观给我们的思考。

[1] 通常指层数在两层以上、门户独立、产权独立、内部楼层可互通的独院住宅。

[2] 以台湾传统工艺熬制,萃取整只鸡的营养精华的滋补品。

★拓展阅读★

1. 入园焦虑期——如何听到孩子真实的想法(云香)。
2. 如何在家里培养幼儿的规则意识——父母沙龙活动。

★思考与讨论★

《幼儿园教育指导纲要》中指出:“幼儿园应与家庭、社区密切合作,与小学相互衔接,综合利用各种教育资源,共同为幼儿的发展创造良好的条件。”幼儿园作为家长最常接触到并且是获得幼儿教育知识、解决育儿问题的主要教育场所,它对幼儿家长的教育指导负有义务和责任。

幼儿园对家庭进行教育指导可以通过哪些途径来实现?

★主题实践★

阅读案例,说说你的教育方案。

小康文是小班年级出了名的捣蛋王,每天都有关于他的一些新闻。当他看到其他孩子吃东西、做游戏、玩玩具时,他总悄悄地靠近他们伸手去抢玩具,甚至把拳头伸向同伴。总之,受伤的总是别人。由于他爱打人,同伴们都不愿与他一起玩,还不断地向我告状,告状声越多,他越孤单,拳头也就越多地伸向别人。

通过观察想到,康文的行为一定与家庭环境和教育有关。通过沟通,了解到他是爷爷奶奶带大的。康文的奶奶对他百依百顺,从不对他提出任何要求。而爸爸妈妈我们不了解。久而久之,在这种教育下,康文形成了以自我为中心,主观意愿独断,不管是谁都得听他的指挥。

PART 5

项目五

心理健康与爱岗敬业

学习目标：

1. 能够树立正确的价值观，调适心态，保持心理健康；领悟爱岗敬业的深刻内涵，形成爱岗敬业的行为自觉。

2. 能够欣赏品味作品中的情感价值；就文中富有哲理的语句，联系实际阐述自己的理解。

3. 能够感受作品魅力，提升人文素养；养成自主赏读文学作品的习惯。

幻灭（节选）[1]

茅盾

导　读

茅盾（1896—1981年），原名沈德鸿，笔名茅盾、郎损、玄珠、方璧、止敬、蒲牢、微明、沈仲方、沈明甫等，字雁冰，浙江省嘉兴市桐乡市人。中国现代著名作家、文学评论家、文化活动家以及社会活动家。茅盾出生在一个思想观念颇为新颖的家庭里，从小接受新式的教育。后考入北京大学预科，毕业后入商务印书馆工作，从此走上了改革中国文艺的道路，他是新文化运动的先驱者、中国革命文艺的奠基人之一。他的代表作有小说《子夜》《春蚕》和文学评论《夜读偶记》。1981年3月14日，茅盾自知病将不起，将稿费25万元人民币捐出设立茅盾文学奖，以鼓励当代优秀长篇小说的创作。

1930年，《幻灭》《动摇》和《追求》这三部带有连续性的中篇小说结集成《蚀》，被看作茅盾的第一部长篇小说。《蚀》一经出版，立即引起广泛反响。而茅盾作为小说家的地位，从此被肯定。《幻灭》是茅盾创作的第一部小说。着力讲述一个心怀美好幻想的小资产阶级女性静女士，在大革命的时代浪潮中，每一个梦想和憧憬都被残酷的现实一一击碎，她的人生和梦想幻灭。慧女士这一人物形象，性格与静女士形成对比，这两个人一动一静，一个泼辣老练，另一个多愁善感。这一对比，使静女士的形象更加丰满。作品也获得了一种动静结合的特殊效果。

选　文

一夜的大风直到天明方才收煞，接着又下起牛毛雨来，景象很是阴森。静女士拉开蚊帐向西窗看时，只见晒台上二房东太太隔夜晾着的衣服在细雨中飘荡，软弱无力，也像是夜来失眠。天空是一片灰色。街上货车木轮的辘辘的重声，从湿空气中传来，分外滞涩。

静不自觉地叹了口气，支起半个身体，惘然朝晒台看。这里晾着的衣服中有一件是淡红色的女人衬衫；已经半旧了，但从它的裁制上还可看出这不过是去年的新装，并且暗示衫的主人的身份。

[1] 本文选自茅盾著《幻灭：茅盾小说经典》，二十一世纪出版社2014年出版。

静的思想忽然集中在这件女衫上了。她知道这衫的主人就是二房东家称为新少奶奶的少妇。她想：这件旧红衫如果能够说话，它一定会告诉你整篇的秘密——它的女主人生活史上最神圣，也许就是最丑恶的一页；这少妇的欢乐、失望、悲哀，总之，在她出嫁的第一年中的经验，这件旧红衫一定是目击的罢？处女的甜蜜的梦做完时，那不可避免的平凡就从你头顶罩下来，直把你压成粉碎。你不得不舍弃一切的理想，停止一切的幻想，让步到不承认有你自己的存在。你无助地暴露在男性的本能的压迫下，只好取消了你的庄严圣洁。处女的理想，和少妇的现实，总是矛盾的；二房东家的少妇，虽然静未尝与之接谈，但也是这么一个温柔、怯弱、幽悒的人儿，该不是例外罢？

静忽然掉下眼泪来。是同情于这个不相识的少妇呢，还是照例的女性的多愁善感，连她自己也不明白。

但这些可厌的思想，很无赖地把她缠缚定了，却是事实。她憎恨这些恶毒思想的无端袭来。她颇自讶：为什么自己失了常态，会想到这些事上。她又归咎于夜来失眠，以致精神烦闷。最后，她又自己宽慰道：这多半是前天慧女士那番古怪闪烁的话引起来的。实在不假，自从慧来访问那天起，静女士心上常若有件事难以解决，她几次拿起书来看，但茫茫地看了几页，便又把书抛开。她本来就不多说话，现在更少说。周围的人们的举动，也在她眼中显出异样来。昨日她在课堂上和抱素说了一句"天气真是烦闷"，猛听得身后一阵笑声，而抱素也怪样地对她微笑。她觉得这都是不怀好意的，是侮辱。

"男子都是坏人！他们接近我们，都不是存了好心！"

慧的话又在耳边响起来。她叹了一口气，无力地让身体滑了下去。正在那时，她仿佛见有一个人头在晒台上一伸，对她房内窥视。她像见了鬼似的，猛将身上的夹被向头面一蒙，同时下意识地想道："西窗的上半截一定也得赶快用白布遮起来！"

但是这陡然的虚惊却把静从灰色的思潮里拉出来，而多时的兴奋也发生了疲乏，竟意外地又睡着了。

这一天，静没有到学校去。

下午，静接到慧写来的一封信。

静妹：

昨日和你谈的计划，全失败了；三方面都已拒绝！咳！我想不到找事如此困难。我的大哥对我说："多少西洋留学生——学士、硕士、博士，回国后也找不到事呢。像你那样只吃过两年外国饭的，虽然懂得几句外国话，只好到洋行里做个跑楼；然而洋行里也不用女跑楼！"

我不怪大哥的话没理，我只怪他为什么我找不到事他反倒自喜幸而料着似的。嫂嫂的话尤其难受，她劝大哥说："慧妹本来何必定要找事做，有你哥哥在，还怕少吃一口苦粥饭么。"我听了这话，比尖刀刺心还痛呢！

静妹，不是我使性，其实哥哥家里不容易住；母亲要我回乡去是要急急为我“择配”；“嫁了个好丈夫，有吃有用，这是正经，”她常常这么说的。所以我现在也不愿回乡去。我现在想和你同住，一面还是继续找事。明天下午我来和你面谈一切，希望你不拒绝我这要求。

慧 5月21日夜

静捏着信沉吟。她和慧性格相反，然而慧的爽快、刚毅、有担当，却又常使静钦佩，两人有一点相同，就是娇养惯的高傲脾气。所以在中学时代，静和慧最称莫逆，但也最会怄气吵嘴。现在读了这来信，使静想起三年前同宿舍时的情形，宛然有一个噘起小嘴、微皱眉尖的生气的“娇小姐”——这是慧在中学里的绰号——再现在眼前。

回忆温馨了旧情，静对于慧怜爱起来。她将自己和慧比较，觉得自己幸福得多了：没有生活的恐慌，也没有哥哥来给她气受，母亲也不在耳边絮聒。自己也是高傲的“娇小姐”，想着慧忍受哥哥的申斥，嫂嫂的冷嘲，觉得这样的生活，一天也是难过的。

静决定留慧同住几时，为了友谊，也为了“对于被压迫者的同情”。况且，今晨晒台上人头的一伸，在静犹有余惊，那么，多一个慧在这里壮壮胆，何尝不好呢。

下面二房东客堂里的挂钟，打了三下，照例的骨牌声，就要来了。静皱着眉尖，坐到书桌前补记昨日的日记。

牌声时而缓一阵，时而紧一阵，又夹着爆发的哗笑，很清晰地传到静的世界里。往常这种喧声，对于静毫无影响，她总是照常地看书做事。但是今天，她补记一页半的日记，就停了三次笔，她自己也惊讶为什么如此心神不宁，最后她自慰地想着：“是因为等待慧来。她信里说今天下午要来，为什么还不见来呢？”

牛毛雨从早晨下起，总没有停过，但亦不加大；软而无力的湿风时止时作。在静的小室里，黑暗已经从壁角爬出来，二房东还没将总电门开放。静躺在藤榻上默想。慧还是没有来。

忽然门上有轻轻的弹指声。这轻微的击浪压倒了下面来的高出数倍的牌声笑声，刺入静的耳朵。她立刻站起，走到门边。

“我等候你半天了！”她一面开门，一面微笑地说。

“密司章，生了病吗？”进来的却是男同学抱素。“哦，你约了谁来谈罢？”他又加一句，露着牙齿嘻嘻地笑。

静有些窘了，觉得他的笑颇含疑义，忙说道：“没……有。不过是一个女朋友罢了。”同时她又联想到昨天在课堂上对他说了句“天气真是烦闷”后他的怪样的笑；她现在看出这种笑都有若干于己不利的议论做背景的。她很有几分生气了。

抱素在书桌前的椅子上坐了，一双眼闪烁地向四下里瞧。静仍旧回到她的藤榻上。

“今天学生会又发通告，从明天起为‘废除不平等条约的宣传周’，每日下午停课出发演讲。”抱素向着静，慢慢地说。“学校当局已经同意了。本来不同意也没有办法。周先生孙先生本已请了假，所以明后天上午也没有课。今天你没到校，我疑惑你是病着，所以特来报告这消息。借此你可以静养几天。”

静点了点头，表示谢意，没有回答。

“放假太多了，一学期快完，简直没有读什么书！”抱素慨叹似的做了他的结论，这结论，显然是想投静之所好。

“读书何必一定上课呢！”静冷冷地说。“况且，如果正经读书，我们的贵同学怕一大半要落伍罢。”

“骂得痛快！”抱素笑了一笑，“可惜不能让他们听得。但是，密司章，你知道他们是怎样批评你来？”

“小姐，博士太太候补者，虚荣心，思想落伍，哦，还有，小资产阶级。是不是？左右不过是这几句话，我早听厌了！我诚然是小姐，是名副其实的小资产阶级！虚荣心吗？哼！他们那些跑腿大家才是虚荣心十足！他们这班主义的迷信者才是思想落伍呢！”

“不是，实在不是！”

“意志薄弱！哦，一定有许多人说我意志薄弱呵！”静自认似的说。

“也不是！”颇有卖弄秘密的神气。

“那么，我也不愿意知道了。”静冷冷地回答。

“他们都说你，为恋爱而烦闷！”

我们的“小姐”愕然了。旋又微笑说：“这真所谓己之所欲，必施于人了。恋爱？我不曾梦见恋爱，我也不曾见过世上有真正的恋爱！”

抱素倒茶来喝了一口，又讪讪地加一句道：“他们很造了些谣言，你和我的。你看，这不是无聊吗？”

“哦？”声音里带着几分不快。静女士方始恍然她的同学们的种种鬼态——特别是在她和抱素谈话时——不是无因的。

向后靠在椅背上，凝视着静的面孔，抱素继续着轻轻儿说道：“本来你在同班中，和我谈话的时候多些。我们的意见又常一致。也难怪那些轻薄鬼造谣言，但是，密司章是明白的，我对你只是正当的友谊——咳，同学之谊。你是很孤僻的，不喜欢他们那么胡闹；我呢，和他们也格格不相入，这又是他们造谣言的根据。他们看我们是另一种人。他们看自己是一伙，看我们又是一伙；因而生出许多无聊的猜度来。我素来反对恋爱自由，虽然我崇拜克鲁泡特金。至于五分钟热度速成的恋爱，我更加反对！”

静双眼低垂，不作回答。半晌，她抬眼看抱素，见他的一双骨碌碌的眼还在看着自己，不禁脸上一红，随即很快地说道：“谣言是谣言，事实是事实；我是不睬，并且和我不相干！”她站起身来向窗外一看，半自语道：“已经黑了，怎么还不来？”

“只要你明白，就好了。我是怕你听着生气，所以特地向你表白。”抱素用手掠过披下来的长发，分辩着说，颇有些窘了。

静微笑，没有回答。

虽然谈话换了方向，静还是神情不属地随口敷衍；抱素在探得静确是在等候一位新从国外回来的女朋友以后，终于满意地走了。

突然一亮，电灯放光了。左近工厂呜呜地放起汽笛来。牛毛雨似乎早已停止，风声转又尖劲。天空是一片乌黑。慧小姐终于没有来。

抱素在归途中遇见一位姓李的同学，那短小的人儿叫道：

“抱，从密司章那里来罢？”

“何消问得！”抱素卖弄似的回答。

“哈哈！恭贺你成功不远！”

抱素不回答，大踏步径自走去，得意把他的瘦长身体长胖了。

★学习与探究★

1.“《幻灭》主人公静女士讨厌上海及上海人的浮躁与拜金，同时她也厌倦乡下的孤陋与呆笨，在之前女校风潮的幻想破灭之后，她对所有事都感到失望，只想静静地读一些书，然而仅这一点希望最终也未能实现。她在爱情上也遭受到了幻灭的打击，起初对抱素的冷淡，到慧女士出现后的烦闷，再到后来‘失掉了处女的清白’，前一夜她还沉浸在甜蜜的幻想中，而下一个黎明这份希望也如‘镜中花’‘水中月’一般虚浮幻灭了，她憎恨那个恶魔一般的人，对自己的轻信感到羞耻与悔恨。但她的失望与灰心只是暂时的，之后又寂寞得耐不住想追求光明，于是她在周围人的鼓动下投身于革命，却又在不满同事的作为中幻灭。直至后来又与强猛相恋，在庐山的山水间她坚信自己找寻到她这一生最快活的时光，她对未来又重新燃起了无限的希望与渴求，但随着强猛再次奔赴战场一切终又陷入幻想的破灭中。静女士就这样在幻灭的轮回中生活着，从希望到幻灭，再从幻灭到希望，然后是下一次更大的幻灭，周而复始。”阅读全文，分析文中主人公“静”的心理特点及人生追求。

2. 衡量大学生心理健康的标准通常包括“智力正常、情绪乐观并能自控、意志健全、反应适度、自我意识明确、人际关系和谐、适应社会生活”七个方面，结合自身的情况，说说你在学习、生活中是如何保持心理健康稳步发展的。

“慢慢走，欣赏啊！”
——人生的艺术化[1]

朱光潜

导　读

朱光潜（1897—1986年），字孟实，安徽桐城人，中国现当代美学家、教育家、翻译家。1925年到英国留学，后在法国斯特拉斯堡大学获哲学博士学位。1933年回国后，历任北京大学、四川大学、武汉大学教授。1946年重返北京大学任教授。代表作有《文艺心理学》《悲剧心理学》《谈美》《西方美学史》等，并翻译了《歌德谈话录》、柏拉图的《文艺对话集》、黑格尔的《美学》等。

《谈美》是朱光潜以书信形式为青年所写的一本美学入门书，被视为“科学性、普及性的经典之作”。本文为该书的末篇，用散文化的说理方式阐述了自己对艺术与人生关系的深刻感悟。全文可分为五个部分：第一部分（第1～4自然段），艺术和人生关系的总述；第二部分（第5～11自然段），具体论述，对比生活和艺术，于生活中印证艺术的特点；第三部分（第12～16自然段），从哲学的角度看艺术；第四部分（第17、18自然段），提出理论，人生的艺术化就是人生的情趣化；第五部分（第19、20、21自然段），敬告读者，人生路上要懂得慢慢欣赏路过的风景。

选　文

一直到现在，我们都是讨论艺术的创造与欣赏。在收尾这一节中，我提议约略说明艺术和人生的关系。

我在开章明义时就着重美感态度和实用态度的分别，以及艺术和实际人生之中所应有的距离，如果话说到这里为止，你也许误解我把艺术和人生看成漠不相关的两件事。我的意思并不如此。

人生是多方面而却相互和谐的整体，把它分析开来看，我们说某部分是实用的活动，某部分是科学的活动，某部分是美感的活动，为正名析理起见，原应有此分别；但是我们不要忘

[1] 本文选自《朱光潜全集·第二卷》，安徽教育出版社1987年出版。

记，完满的人生见于这三种活动的平均发展，它们虽是可分别的而却不是互相冲突的。“实际人生”比整个人生的意义较为窄狭。一般人的错误在把它们认为相等，以为艺术对于“实际人生”既是隔着一层，它在整个人生中也就没有什么价值。有些人为维护艺术的地位，又想把它硬纳到“实际人生”的小范围里去。这般人不但是误解艺术，而且也没有认识人生。我们把实际生活看作整个人生之中的一片段，所以在肯定艺术与实际人生的距离时，并非肯定艺术与整个人生的隔阂。严格地说，离开人生便无所谓艺术，因为艺术是情趣的表现，而情趣的根源就在人生；反之，离开艺术也便无所谓人生，因为凡是创造和欣赏都是艺术的活动，无创造、无欣赏的人生是一个自相矛盾的名词。

人生本来就是一种较广义的艺术。每个人的生命史就是他自己的作品。这种作品可以是艺术的，也可以不是艺术的，正犹如同是一种顽石，这个人能把它雕成一座伟大的雕像，而另一个人却不能使它“成器”，分别全在性分与修养。知道生活的人就是艺术家，他的生活就是艺术作品。

过一世生活好比做一篇文章。完美的生活都有上品文章所应有的美点。

第一，一篇好文章一定是一个完整的有机体，其中全体与部分都息息相关，不能稍有移动或增减。一字一句之中都可以见出全篇精神的贯注。比如陶渊明的《饮酒》诗本来是“采菊东篱下，悠然见南山”，后人把“见”字误印为“望”字，原文的自然与物相遇相得的神情便完全丧失。这种艺术的完整性在生活中叫作“人格”。凡是完美的生活都是人格的表现。大而进退取与，小而声音笑貌，都没有一件和全人格相冲突。不肯为五斗米折腰向乡里小儿，是陶渊明的生命史中所应有的一段文章，如果他错过这一个小节，便失其为陶渊明。下狱不肯脱逃，临刑时还叮咛嘱咐还邻人一只鸡的债，是苏格拉底的生命史中所应有的一段文章，否则他便失其为苏格拉底。这种生命史才可以使人把它当作一幅图画去惊赞，它就是一种艺术的杰作。

其次，“修辞立其诚”是文章的要诀，一首诗或是一篇美文一定是至性深情的流露，存于中然后形于外，不容有丝毫假借。情趣本来是物我交感共鸣的结果。景物变动不居，情趣亦自生生不息。我有我的个性，物也有物的个性，这种个性又随时地变迁而生长发展。每人在某一时会所见到的景物，和每种景物在某一时会所引起的情趣，都有它的特殊性，断不容与另一人在另一时会所见到的景物，和另一景物在另一时会所引起的情趣完全相同。毫厘之差，微妙所在。在这种生生不息的情趣中我们可以见出生命的造化。把这种生命流露于语言文字，就是好文章；把它流露于言行风采，就是美满的生命史。

文章忌俗滥，生活也忌俗滥。俗滥就是自己没有本色而蹈袭别人的成规旧矩。西施患心病，常捧心颦眉，这是自然地流露，所以愈增其美。东施没有心病，强学捧心颦眉的姿态，只能引人嫌恶。在西施是创作，在东施便是滥调。滥调起于生命的干枯，也就是虚伪的表现。“虚伪的表现”就是“丑”，克罗齐已经说过。“风行水上，自然成纹”，文章的妙处如此，生活的妙处也是如此。在什么地位，是怎样的人，感到怎样情趣，便现出怎样言行风采，叫人一见就觉其谐和完整，这才是艺术的生活。

俗语说得好："唯大英雄能本色"，所谓艺术的生活就是本色的生活。世间有两种人的生活最不艺术，一种是俗人，一种是伪君子。"俗人"根本就缺乏本色，"伪君子"则竭力遮盖本色。朱晦庵有一首诗说："半亩方塘一鉴开，天光云影共徘徊，问渠那得清如许？为有源头活水来。"艺术的生活就是有"源头活水"的生活。俗人迷于名利，与世浮沉，心里没有"天光云影"，就因为没有源头活水。他们的大病是生命的干枯。"伪君子"则于这种"俗人"的资格之上，又加上"沐猴而冠"的伎俩。他们的特点不仅见于道德上的虚伪，一言一笑、一举一动，都叫人起不美之感。谁知道风流名士的架子之中掩藏了几多行尸走肉？无论是"俗人"或是"伪君子"，他们都是生活上的"苟且者"，都缺乏艺术家在创造时所应有的良心。像柏格森所说的，他们都是"生命的机械化"，只能作喜剧中的角色。生活落到喜剧里去的人大半都是不艺术的。

艺术的创造之中都必寓有欣赏，生活也是如此。一般人对于一种言行常欢喜说它"好看""不好看"，这已有几分是拿艺术欣赏的标准去估量它。但是一般人大半不能彻底，不能拿一言一笑、一举一动纳在全部生命史里去看，他们的"人格"观念太淡薄，所谓"好看""不好看"往往只是"敷衍面子"。善于生活者则彻底认真，不让一尘一芥妨碍整个生命的和谐。一般人常以为艺术家是一班最随便的人，其实在艺术范围之内，艺术家是最严肃不过的。在锻炼作品时常呕心呕肝，一笔一画也不肯苟且。王荆公作"春风又绿江南岸"一句诗时，原来"绿"字是"到"字，后来由"到"字改为"过"字，由"过"字改为"入"字，由"入"字改为"满"字，改了十几次之后才定为"绿"字。即此一端可以想见艺术家的严肃了。善于生活者对于生活也是这样认真。曾子临死时记得床上的席子是季路的，一定叫门人把它换过才瞑目。吴季札心里已经暗许赠剑给徐君，没有实行徐君就已死去，他很郑重地把剑挂在徐君墓旁树上，以见"中心契合、死生不渝"的风谊。像这一类的言行看来虽似小节，而善于生活者却不肯轻易放过，正犹如诗人不肯轻易放过一字一句一样。小节如此，大节更不消说。董狐宁愿断头不肯掩盖史实，夷齐饿死不愿降周，这种风度是道德的也是艺术的。我们主张人生的艺术化，就是主张对于人生的严肃主义。

艺术家估定事物的价值，全以它能否纳入和谐的整体为标准，往往出于一般人意料之外。他能看重一般人所看轻的，也能看轻一般人所看重的。在看重一件事物时，他知道执着；在看轻一件事物时，他也知道摆脱。艺术的能事不仅见于知所取，尤其见于知所舍。苏东坡论文，谓如水行山谷中，行于其所不得不行，止于其所不得不止。这就是取舍恰到好处，艺术化的人生也是如此。善于生活者对于世间一切，也拿艺术的口味去评判它，合于艺术口味者毫毛可以变成泰山，不合于艺术口味者泰山也可以变成毫毛。他不但能认真，而且能摆脱。在认真时现出他的严肃，在摆脱时现出他的豁达。孟敏堕甑，不顾而去，郭林宗见到以为奇怪。他说："甑已碎，顾之何益？"哲学家斯宾诺莎宁愿靠磨镜过活，不愿当大学教授，怕妨碍他的自由。王徽之居山阴，有一天夜雪初霁，月色清朗，忽然想起他的朋友戴逵，便乘小舟到剡溪去访他，刚到门口便把船划回去。他说："乘兴而来，兴尽而返。"这几件事彼此相差很远，却都可以见出艺术家的豁达。伟大的人生和伟大的艺术都要同时并有严肃与豁达之胜。晋代清流大半只知道豁达而不知道严肃，宋朝理学又大半只知道严肃而不知道豁达。陶渊明和杜子美庶几算得恰到好处。

一篇生命史就是一种作品，从伦理的观点看，它有善恶的分别；从艺术的观点看，它有美丑的分别。善恶与美丑的关系究竟如何呢？

就狭义说，伦理的价值是实用的，美感的价值是超实用的；伦理的活动都是有所为而为，美感的活动则是无所为而为。比如仁义忠信等等都是善，问它们何以为善，我们不能不着眼到人群的幸福。美之所以为美，则全在美的形象本身，不在它对于人群的效用（这并不是说它对于人群没有效用）。假如世界上只有一个人，他就不能有道德的活动，因为有父子才有慈孝可言，有朋友才有信义可言。但是这个想象的孤零零的人还可以有艺术的活动，他还可以欣赏他所居的世界，他还可以创造作品。善有所赖而美无所赖，善的价值是"外在的"，而美的价值是"内在的"。

不过这种分别究竟是狭义的。就广义说，善就是一种美，恶就是一种丑。因为伦理的活动也可以引起美感上的欣赏与嫌恶。希腊大哲学家柏拉图和亚里士多德讨论伦理问题时都以为善有等级，一般的善虽只有外在的价值，而"至高的善"则有内在的价值。这所谓"至高的善"究竟是什么呢？柏拉图和亚里士多德本来是一走理想主义的极端，一走经验主义的极端，但是对于这个问题，意见却一致。他们都以为"至高的善"在"无所为而为的玩索"(disinterested contemplation)。这种见解在西方哲学思潮上影响极大，斯宾诺莎、黑格尔、叔本华的学说都可以参证。从此可知西方哲人心目中的"至高的善"还是一种美，最高的伦理的活动还是一种艺术的活动了。

"无所为而为的玩索"何以看成"至高的善"呢？这个问题涉及西方哲人对于神的观念。从耶稣教盛行之后，神才是一个大慈大悲的道德家。在希腊哲人以及近代莱布尼兹、尼采、叔本华诸人的心目中，神却是一个大艺术家，他创造这个宇宙出来，全是为着自己要创造，要欣赏。其实这种见解也并不减低神的身份。耶稣教的神只是一班穷叫花子中的一个肯施舍的财主佬，而一般哲人心中的神，则是以宇宙为乐曲而要在这种乐曲之中现出和谐的音乐家。这两种观念究竟是哪一个伟大呢？在西方哲人想，神只是一片精灵，他的活动绝对自由而不受限制，至于人则为肉体的需要所限制而不能绝对自由。人愈能脱肉体需求的限制而做自由活动，则离神亦愈近。"无所为而为的玩索"是唯一的自由活动，所以成为最上的理想。

这番话似乎有些玄渺，在这里本来不应说及。不过无论你相不相信，有许多思想却值得当作一个意象悬在心眼前来玩味玩味。我自己在闲暇时也欢喜看看哲学书籍。老实说，我对于许多哲学家的话都很怀疑，但是我觉得他们有趣。我以为穷到究竟，一切哲学系统也都只能当作艺术作品去看。哲学和科学穷到极境，都是要满足求知的欲望。每个哲学家和科学家对于他自己所见到的一点真理（无论它究竟是不是真理）都觉得有趣味，都用一股热忱去欣赏它。真理在离开实用而成为情趣中心时就已经是美感的对象了。“地球绕日运行”“勾方加股方等于弦方”一类的科学事实，和《密罗斯爱神》或《第九交响曲》一样可以摄魂震魄。科学家去寻求这一类的事实，穷到究竟，也正因为它们可以摄魂震魄。所以科学的活动也还是一种艺术的活动，不但善与美是一体，真与美也并没有隔阂。

艺术是情趣的活动，艺术的生活也就是情趣丰富的生活。人可以分为两种，一种是情趣丰富的，对于许多事物都觉得有趣味，而且到处寻求享受这种趣味；一种是情趣干枯的，对于许多事物都觉得没有趣味，也不去寻求趣味，只终日拼命和蝇蛆在一块争温饱。后者是俗人，前者就是艺术家。情趣愈丰富，生活也愈美满，所谓人生的艺术化就是人生的情趣化。

“觉得有趣味”就是欣赏。你是否知道生活，就看你对于许多事物能否欣赏。欣赏也就是“无所为而为的玩索”。在欣赏时人和神仙一样自由，一样有福。

阿尔卑斯山谷中有一条大汽车路，两旁景物极美，路上插着一个标语牌劝告游人说：“慢慢走，欣赏啊！”许多人在这车如流水马如龙的世界过活，恰如在阿尔卑斯山谷中乘汽车兜风，匆匆忙忙地急驰而过，无暇一回首流连风景，于是这丰富华丽的世界便成为一个了无生趣的囚牢。这是一件多么可惋惜的事啊！

朋友，在告别之前，我采用阿尔卑斯山路上的标语，在中国人告别习用语之下加上三个字奉赠：

“慢慢走，欣赏啊！”

光　潜

1932年夏，莱茵河畔。

★学习与探究★

1. 你是否为作者有理有据的讲述所折服？想想看作者运用了哪些方法来阐述自己的观点。

2. “人可以分为两种，一种是情趣丰富的，对于许多事物都觉得有趣味，而且到处寻求享受这种趣味；一种是情趣干枯的，对于许多事物都觉得没有趣味，也不去寻求趣味，只终日拼命和蝇蛆在一块争温饱。后者是俗人，前者就是艺术家。情趣愈丰富，生活也愈美满，所谓人生的艺术化就是人生的情趣化。”读了这段话，若有人说：“有趣味的生活就是看遍天下美景，尝遍天下美食。工作是最无趣的事情。”你同意吗？你认为“慢慢走，欣赏啊！”这句话的深刻内涵是什么？

命若琴弦[1]

史铁生

导 读

史铁生(1951—2010年),中国作家、散文家。1951年出生于北京市。1967年毕业于清华大学附属中学。1969年去延安一带插队,因双腿瘫痪于1972年回到北京。当过工人,后从事写作,又患肾病,并发展到尿毒症,靠着每周3次透析维持生命。自称职业是生病,业余在写作。曾任中国作家协会全国委员会委员,北京市作家协会副主席,中国残疾人联合会副主席。代表作品有《我与地坛》《务虚笔记》《病隙碎笔》等。

《命若琴弦》是史铁生小说风格转折的一个标志。以前存在于作品中的坚定信念开始转变为深邃的思考。《山顶上的传说》《来到人间》中的忧伤、悲壮色调已被冲淡,作者以一种更达观、平和的心态探求人生的意义。带着三弦琴,四海为家,说书为生的一老一少两个瞎子追求眼睛复明的故事,让我们陷入沉思:失去了目的的人生该如何面对?目的与过程哪个重要?

选 文

莽莽苍苍的群山之中走着两个瞎子,一老一少,一前一后,两顶发了黑的草帽起伏攒动,匆匆忙忙,像是随着一条不安静的河水在漂流。无所谓从哪儿来,也无所谓到哪儿去,每人带一把三弦琴,说书为生。

方圆几百上千里的这片大山中,层峦叠嶂,沟壑纵横,人烟稀疏,走一天才能见一片开阔地,有几个村落。荒草丛中随时会飞起一对山鸡,跳出一只野兔、狐狸或者其他小野兽。山谷中常有鹞鹰盘旋。

寂静的群山没有一点阴影,太阳正热得凶。

"把三弦子抓在手里,"老瞎子喊,在山间震起回声。

"抓在手里呢。"小瞎子回答。

"操心身上的汗把三弦子弄湿了。弄湿了晚上弹你的肋条?"

[1] 本文选自《史铁生小说选》,人民文学出版社2009年出版。

“抓在手里呢。”

老少二人都赤着上身，各自拎了一条木棍探路，缠在腰间的粗布小褂已经被汗水洇湿了一大片。蹚起来的黄土干得呛人。这正是说书的旺季。天长，村子里的人吃罢晚饭都不待在家里；有的人晚饭也不在家里吃，捧上碗到路边去，或者到场院里。老瞎子想赶着多说书，整个热季领着小瞎子一个村子一个村子紧走，一晚上一晚上紧说。老瞎子一天比一天紧张、激动，心里算定：弹断一千根琴弦的日子就在这个夏天了，说不定就在前面的野羊坳。

暴躁了一整天的太阳这会儿正平静下来，光线开始变得深沉。远远近近的蝉鸣也舒缓了许多。

“小子！你不能走快点吗？”老瞎子在前面喊，不回头也不放慢脚步。

小瞎子紧跑几步，吊在屁股上的一只大挎包叮啷哐啷地响，离老瞎子仍有几丈远。

“野鸽子都往窝里飞啦。”

“什么？”小瞎子又紧走几步。

“我说野鸽子都回窝了，你还不快走！”

“噢。”

“你又鼓捣我那电匣子呢。”

“噫——鬼动来。”

“那耳机子快让你鼓捣坏了。”

“鬼动来！”

老瞎子暗笑：你小子才活了几天？“蚂蚁打架我也听得着。”老瞎子说。

小瞎子不争辩了，悄悄把耳机子塞到挎包里去，跟在师父身后闷闷地走路。无尽无休的无聊的路。

走了一阵子，小瞎子听见有只獾在地里啃庄稼，就使劲学狗叫，那只獾连滚带爬地逃走了，他觉得有点开心，轻声哼了几句小调儿，哥哥呀妹妹的。师父不让他养狗，怕受村子里的狗欺负，也怕欺负了别人家的狗，误了生意。又走了一会儿，小瞎子又听见不远处有条蛇在游动，弯腰摸了块石头砍过去，“哗啦啦”一阵高粱叶子响。老瞎子有点可怜他了，停下来等他。

“除了獾就是蛇。”小瞎子赶忙说，担心师父骂他。

“有了庄稼地了，不远了。”老瞎子把一个水壶递给徒弟。

“干咱们这营生的，一辈子就是走。”老瞎子又说，“累不？”

小瞎子不回答，知道师父最讨厌他说累。

“我师父才冤呢。就是你师爷，才冤呢，东奔西走一辈子，到了没弹够一千根琴弦。”

小瞎子听出师父这会儿心绪好，就问：“师父，什么是绿色的长乙(椅)？”

“什么？噢，八成是一把椅子吧。”

“曲折的油狼(游廊)呢?”

“油狼?什么油狼?”

“曲折的油狼。”

“不知道。”

“匣子里说的。”

“你就爱瞎听那些玩意儿。听那些玩意儿有什么用?天底下的好东西多啦,跟咱们有什么关系?”

“我就没听您说过,什么跟咱们有关系。”小瞎子把“有”字说得重。

“琴!三弦子!你爹让你跟了我来,是为让你弹好三弦子,学会说书。”

小瞎子故意把水喝得咕噜噜响。

再上路时小瞎子走在前头。

大山的阴影在沟谷里铺开来。地势也渐渐的平缓,开阔。

接近村子的时候,老瞎子喊住小瞎子,在背阴的山脚下找到一个小泉眼。细细的泉水从石缝里往外冒,淌下来,积成脸盆大的小洼,周围的野草长得茂盛,水流出去几十米便被干渴的土地吸干。

“过来洗洗吧,洗洗你那身臭汗味。”

小瞎子拨开野草在水洼边蹲下,心里还在猜想着“曲折的油狼”。

“把浑身都洗洗。你那样儿准像个小叫花子。”

“那您不就是个老叫花子了?”小瞎子把手按在水里,嘻嘻地笑。

老瞎子也笑,双手掬起水往脸上泼。“可咱们不是叫花子,咱们有手艺。”

“这地方咱们好像来过。”小瞎子侧耳听着四周的动静。

“可你的心思总不在学艺上。你这小子心太野。老人的话你从来不着耳朵听。”

“咱们准是来过这儿。”

“别打岔!你那三弦子弹得还差着远呢。咱这命就在这儿根琴弦上,我师父当年就这么跟我说。”

泉水清凉凉的。小瞎子又哥哥呀妹妹的哼起来。

老瞎子挺来气:“我说什么你听见了吗?”

“咱这命就在这儿根琴弦上,您师父我师爷说的。我都听过八百遍了。您师父还给您留下一张药方,您得弹断一千根琴弦才能去抓那副药,吃了药您就能看见东西了。我听您说过一千遍了。”

“你不信?”

小瞎子不正面回答,说:“干吗非得弹断一千根琴弦才能去抓那副药呢?”

“那是药引子。机灵鬼儿,吃药得有药引子!”

“一千根断了的琴弦还不好弄？”小瞎子忍不住哧哧地笑。

“笑什么笑！你以为你懂得多少事？得真正是一根一根弹断了的才成。”

小瞎子不敢吱声了，听出师父又要动气。每回都是这样，师父容不得对这件事有怀疑。

老瞎子也没再作声，显得有些激动，双手搭在膝盖上，两颗骨头一样的眼珠对着苍天，像是一根一根地回忆着那些弹断的琴弦。盼了多少年了呀，老瞎子想，盼了五十年了！五十年中翻了多少架山，走了多少里路哇，挨了多少回晒，挨了多少回冻，心里受了多少委屈呀。一晚上一晚上地弹，心里总记着，得真正是一根一根尽心尽力地弹断的才成。现在快盼到了，绝出不了这个夏天了。老瞎子知道自己又没什么能要命的病，活过这个夏天一点不成问题。“我比我师父可运气多了，”他说，“我师父到了儿没能睁开眼睛看一回。”

“咳！我知道这地方是哪儿了！”小瞎子忽然喊起来。

老瞎子这才动了动，抓起自己的琴来摇了摇，叠好的纸片碰在蛇皮上发出细微的响声，那张药方就在琴槽里。

“师父，这儿不是野羊岭吗？”小瞎子问。

老瞎子没搭理他，听出这小子又不安稳了。

“前头就是野羊坳，是不是，师父？”

“小子，过来给我擦擦背。”老瞎子说，把弓一样的脊背弯给他。

“是不是野羊坳，师父？”

“是！干什么？你别又闹猫似的。”

小瞎子的心扑通扑通跳，老老实实地给师父擦背。老瞎子觉出他擦得很有劲。

“野羊坳怎么了？你别又叫驴似的会闻味儿。”

小瞎子心虚，不吭声，不让自己显出兴奋。

“又想什么呢？别当我不知道你那点心思。”

“又怎么了，我？”

“怎么了你？上回你在这儿疯得不够？那妮子是什么好货！”老瞎子心想，也许不该再带他到野羊坳来。可是野羊坳是个大村子，年年在这儿生意都好，能说上半个多月。老瞎子恨不能立刻弹断最后几根琴弦。

小瞎子嘴上嘟嘟囔囔的，心却飘飘的，想着野羊坳里那个尖声细气的小妮子。

“听我一句话，不害你。”老瞎子说，“那号事靠不住。”

“什么事？”

“少跟我贫嘴。你明白我说的什么事。”

“我就没听您说过，什么事靠得住。”小瞎子又偷偷地笑。

老瞎子没理他，骨头一样的眼珠又对着苍天。那儿，太阳正变成一汪血。

两面脊背和山是一样的黄褐色。一座已经老了，嶙峋瘦骨像是山根下裸露的基石。另一座正年轻。老瞎子七十岁,小瞎子才十七。

小瞎子十四岁上父亲把他送到老瞎子这儿来,为的是让他学说书,这辈子好有个本事,将来可以独自在世上活下去。

老瞎子说书已经说了五十多年。这一片偏僻荒凉的大山里的人们都知道他:头发一天天变白,背一天天变驼,年年月月背一把三弦琴满世界走,逢上有愿意出钱的地方就拨动琴弦唱一晚上,给寂寞的山村带来欢乐。开头常是这么几句:“自从盘古分天地,三皇五帝到如今,有道君王安天下,无道君王害黎民。轻轻弹响三弦琴,慢慢稍停把歌论,歌有三千七百本,不知哪本动人心。”于是听书的众人喊起来,老的要听董永卖身葬父,小的要听武二郎夜走蜈蚣岭,女人们想听秦香莲。这是老瞎子最知足的一刻,身上的疲劳和心里的孤寂全忘却,不慌不忙地喝几口水,待众人的吵嚷声鼎沸,便把琴弦一阵紧拨,唱道:“今日不把别人唱,单表公子小罗成。”或者:“茶也喝来烟也吸,唱一回哭倒长城的孟姜女。”满场立刻鸦雀无声,老瞎子也全心沉到自己所说的书中去。

他会的老书数不尽。他还有一个电匣子,据说是花了大价钱从一个山外人手里买来,为的是学些新词儿,编些新曲儿。其实山里人倒不太在乎他说什么唱什么。人人都称赞他那三弦子弹得讲究,轻轻漫漫的,飘飘洒洒的,疯癫狂放的,那里头有天上的日月,有地上的生灵。老瞎子的嗓子能学出世上所有的声音,男人、女人、刮风下雨,兽啼禽鸣。不知道他脑子里能呈现出什么景象,他一落生就瞎了眼睛,从没见过这个世界。

小瞎子可以算见过世界,但只有三年,那时还不懂事。他对说书和弹琴并无多少兴趣,父亲把他送来的时候费尽了唇舌,好说歹说连哄带骗,最后不如说是那个电匣子把他留住。他抱着电匣子听得入神,甚至没发觉父亲什么时候离去。

这只神奇的匣子永远令他着迷,遥远的地方和稀奇古怪的事物使他幻想不绝,凭着三年朦胧的记忆,补充着万物的色彩和形象,譬如海,匣子里说蓝天就像大海,他记得蓝天,于是想象出海;匣子里说海是无边无际的水,他记得锅里的水,于是想象出满天排开的水锅。再譬如漂亮的姑娘,匣子里说就像盛开的花朵,他实在不相信会是那样,母亲的灵柩被抬到远山上去的时候,路上正开遍着野花,他永远记得却永远不愿意去想。但他愿意想姑娘,越来越愿意想;尤其是野羊坳的那个尖声细气的小妮子,总让他心里荡起波澜。直到有一回匣子里唱道,“姑娘的眼睛就像太阳”,这下他才找到了一个贴切的形象,想起母亲在红透的夕阳中向他走来的样子,其实人人都是根据自己的所知猜测着无穷的未知,以自己的感情勾画出世界。每个人的世界就都不同。

也总有一些东西小瞎子无从想象,譬如“曲折的油狼”。

这天晚上,小瞎子跟着师父在野羊坳说书,又听见那小妮子站在离他不远处尖声细气地说笑。书正说到紧要处——“罗成回马再交战,大胆苏烈又兴兵。苏烈大刀如流水,罗成长枪似腾云,好似海中龙吊宝,犹如深山虎争林。又战七日并七夜,罗成清茶无点唇……”老瞎子把琴弹得如雨骤风疾,字字句句唱得铿锵。小瞎子却心猿意马,手底下早乱了套数……

野羊岭上有一座小庙,离野羊坳村二里地,师徒二人就在这里住下。石头砌的院墙已经残断不全,几间小殿堂也歪斜欲倾百孔千疮,唯正中一间尚可遮蔽风雨,大约是因为这一间中毕竟还供奉着神灵。三尊泥像早脱尽了尘世的彩饰,还一身黄土本色返璞归真了,认不出是佛是道。院里院外、房顶墙头都长满荒藤野草,蓊蓊郁郁倒有生气。老瞎子每回到野羊坳说书都住这儿,不出房钱又不惹是非。小瞎子是第二次住在这儿。

散了书已经不早,老瞎子在正殿里安顿行李,小瞎子在侧殿的檐下生火烧水。去年砌下的灶稍加修整就可以用。小瞎子撅着屁股吹火,柴草不干,呛得他满院里转着圈咳嗽。

老瞎子在正殿里数叨他:"我看你能干好什么。"

"柴湿嘛。"

"我没说这事。我说的是你的琴,今儿晚上的琴你弹成了什么。"

小瞎子不敢接这话茬,吸足了几口气又跪到灶火前去,鼓着腮帮子一通猛吹。"你要是不想干这行,就趁早给你爹捎信把你领回去。老这么闹猫闹狗的可不行,要闹回家闹去。"

小瞎子咳嗽着从灶火边跳开,几步蹿到院子另一头,呼哧呼哧大喘气,嘴里一边骂。

"说什么呢?"

"我骂这火。"

"有你那么吹火的?"

"那怎么吹?"

"怎么吹?哼,"老瞎子顿了顿,又说,"你就当这灶火是那妮子的脸!"

小瞎子又不敢搭腔了,跪到灶火前去再吹,心想:真的,不知道兰秀儿的脸什么样。那个尖声细气的小妮子叫兰秀儿。

"那要是妮子的脸,我看你不用教也会吹。"老瞎子说。

小瞎子笑起来,越笑越咳嗽。

"笑什么笑!"

"您吹过妮子脸?"

老瞎子一时语塞。小瞎子笑得坐在地上。"日他妈。"老瞎子骂道,笑笑,然后变了脸色,再不言语。

灶膛里腾的一声,火旺起来。小瞎子再去添柴,一心想着兰秀儿。才散了书的那会儿,兰秀儿挤到他跟前来小声说:"哎,上回你答应我什么来?"师父就在旁边,他没敢吭声。人群挤来挤去,一会儿又把兰秀儿挤到他身边。"噫,上回吃了人家的煮鸡蛋倒白吃了?"兰秀儿说,声音比上回大。这时候师父正忙着跟几个老汉拉话,他赶紧说:"嘘——我记着呢。"兰秀儿又把声音压低:"你答应给我听电匣子,你还没给我听。""嘘——我记着呢。"幸亏那会儿人声嘈杂。

正殿里好半天没有动静。之后，琴声响了，老瞎子又上好了一根新弦。他本来应该高兴的，来野羊坳头一晚上就又弹断了一根琴弦。可是那琴声却低沉、零乱。

小瞎子渐渐听出琴声不对，在院里喊："水开了，师父。"

没有回答。琴声一阵紧似一阵了。

小瞎子端了一盆热水进来，放在师父跟前，故意嘻嘻笑着说："您今儿晚还想弹断一根是怎么着？"

老瞎子没听见，这会儿他自己的往事都在心中，琴声烦躁不安，像是年年旷野里的风雨，像是日夜山谷中的流溪，像是奔奔忙忙不知所归的脚步声。小瞎子有点害怕了：师父很久不这样了，师父一这样就要犯病，头疼、心口疼、浑身疼，会几个月爬不起炕来。

"师父，您先洗脚吧。"

琴声不停。

"师父，您该洗脚了。"小瞎子的声音发抖。

琴声不停。

"师父！"

琴声戛然而止，老瞎子叹了口气。小瞎子松了口气。

老瞎子洗脚，小瞎子乖乖地坐在他身边。

"睡去吧，"老瞎子说，"今儿格够累的了。"

"您呢？"

"你先睡，我得好好泡泡脚。人上了岁数毛病多。"老瞎子故意说得轻松。

"我等您一块儿睡。"

山深夜静。有了一点风，墙头的草叶子响。夜猫子在远处哀哀地叫。听得见野羊坳里偶尔有几声狗吠，又引得孩子哭。月亮升起来，白光透过残损的窗棂进了殿堂，照见两个瞎子和三尊神像。

"等我干吗，时候不早了。"

"你甭担心我，我怎么也不怎么。"老瞎子又说。

"听见没有，小子？"

小瞎子到底年轻，已经睡着。老瞎子推推他让他躺好，他嘴里咕哝了几句倒头睡去。老瞎子给他盖被时，从那身日渐发育的筋肉上觉出，这孩子到了要想那些事的年龄，非得有一段苦日子过不可了。唉，这事谁也替不了谁。

老瞎子再把琴抱在怀里，摩挲着根根绷紧的琴弦，心里使劲念叨：又断了一根了，又断了一根了。再摇摇琴槽，有轻微的纸和蛇皮的摩擦声。唯独这事能为他排忧解烦。一辈子的愿望。

小瞎子做了一个好梦，醒来吓了一跳，鸡已经叫了。他一骨碌爬起来听听，师父正睡得香,心说还好。他摸到那个大挎包,悄悄地掏出电匣子,蹑手蹑脚出了门。

往野羊坳方向走了一会儿,他才觉出不对头,鸡叫声渐渐停歇,野羊坳里还是静静的没有人声。他愣了一会儿,鸡才叫头遍吗?灵机一动扭开电匣子。电匣子里也是静悄悄。现在是半夜。他半夜里听过匣子,什么都没有。这匣子对他来说还是个表,只要扭开一听,便知道是几点钟,什么时候有什么节目都是一定的。

小瞎子回到庙里,老瞎子正翻身。

"干吗呀?"

"撒尿去了。"小瞎子说。

一上午,师父逼着他练琴。直到晌午饭后,小瞎子才瞅机会溜出庙来,溜进野羊坳。鸡也在树荫下打盹,猪也在墙根下说着梦话,太阳又热得凶,村子里很安静。

小瞎子踩着磨盘,扒着兰秀儿家的墙头轻声喊:"兰秀儿——兰秀儿——"

屋里传出雷似的鼾声。

他犹豫了片刻,把声音稍稍抬高:"兰秀儿!兰秀儿——"

狗叫起来。屋里的鼾声停了,一个闷声闷气的声音问:"谁呀?"

小瞎了不敢回答,把脑袋从墙头上缩下来。

屋里吧唧了一阵嘴,又响起鼾声。

他叹口气,从磨盘上下来,快快地往回走。忽听见身后嘎吱一声院门响,随即一阵细碎的脚步声向他跑来。

"猜是谁?"尖声细气。小瞎子的眼睛被一双柔软的小手捂上了。——这才多余呢。兰秀儿不到十五岁,认真说还是个孩子。

"兰秀儿!"

"电匣子拿来没?"

小瞎子掀开衣襟,匣子挂在腰上。"嘘——别在这儿,找个没人的地方听去。"

"咋啦?"

"回头招好些人。"

"咋啦?"

"那么多人听,费电。"

两个人东拐西弯,来到山背后那眼小泉边。小瞎子忽然想起件事,问兰秀儿:"你见过曲折的油狼吗?"

"啥?"

"曲折的油狼。"

"曲折的油狼?"

“知道吗?”

“你知道?”

“当然。还有绿色的长椅。就是一把椅子。”

“椅子谁不知道。”

“那曲折的油狼呢?”

兰秀儿摇摇头,有点崇拜小瞎子了。小瞎子这才郑重其事地扭开电匣子,一支欢快的乐曲在山沟里飘荡。

这地方又凉快又没有人来打扰。

“这是《步步高》。”小瞎子说,跟着哼。

一会儿又换了支曲子,叫《旱天雷》,小瞎子还能跟着哼。兰秀儿觉得很惭愧。

“这曲子也叫《和尚思妻》。”

兰秀儿笑起来:“瞎骗人!”

“你不信?”

“不信。”

“爱信不信。这匣子里说的古怪事多啦。”小瞎子玩着凉凉的泉水,想了一会儿。“你知道什么叫接吻吗?”

“你说什么?”

这回轮到小瞎子笑,光笑不答。兰秀儿明白准不是好话,红着脸不再问。

音乐播完了,一个女人说,“现在是讲卫生节目。”

“啥?”兰秀儿没听清。

“讲卫生。”

“是什么?”

“嗯——你头发上有虱子吗?”

“去——别动!”

小瞎子赶忙缩回手来,赶忙解释:“要有就是不讲卫生。”

“我才没有。”兰秀儿抓抓头,觉得有些刺痒。“噫——瞧你自个儿吧!”兰秀儿一把搬过小瞎子的头。“看我捉几个大的。”

这时候听见老瞎子在半山上喊:“小子,还不给我回来!该做饭了,吃罢饭还得去说书!”他已经站在那儿听了好一会儿了。

野羊坳里已经昏暗,羊叫、驴叫、狗叫、孩子们叫,处处起了炊烟。野羊岭上还有一线残阳,小庙正在那淡薄的光中,没有声响。

小瞎子又撅着屁股烧火。老瞎子坐在一旁淘米,凭着听觉他能把米中的沙子拣出来。

“今天的柴挺干。”小瞎子说。

“嗯。”

“还是焖饭?”

“嗯。”

小瞎子这会儿精神百倍,很想找些话说,但是知道师父的气还没消,心说还是少找骂。

两个人默默地干着自己的事,又默默地一块儿把饭做熟。岭上也没了阳光。

小瞎子盛了一碗小米饭,先给师父:“您吃吧。”声音怯怯的,无比驯顺。

老瞎子终于开了腔:“小子,你听我一句行不?”

“嗯。”小瞎子往嘴里扒拉饭,回答得含糊。

“你要是不愿意听,我就不说。”

“谁说不愿意听了? 我说‘嗯’!”

“我是过来人,总比你知道得多。”

小瞎子闷头扒拉饭。

“我经过那号事。”

“什么事?”

“又跟我贫嘴!”老瞎子把筷子往灶台上一摔。

“兰秀儿光是想听听电匣子。我们光是一块儿听电匣子来。”

“还有呢?”

“没有了。”

“没有了?”

“我还问她见没见过曲折的油狼。”

“我没问你这个!”

“后来,后来,”小瞎子不那么气壮了,“不知怎么一下就说起了虱子……”

“还有呢?”

“没了。真没了!”

两个人又默默地吃饭。老瞎子带了这徒弟好几年,知道这孩子不会撒谎,这孩子最让人放心的地方就是诚实,厚道。

“听我一句话,保准对你没坏处。以后离那妮子远点儿。”

“兰秀儿人不坏。”

“我知道她不坏,可你离她远点儿好。早年你师爷这么跟我说,我也不信……”

“师爷? 说兰秀儿?”

“什么兰秀儿,那会儿还没她呢。那会儿还没有你们呢……”老瞎子阴郁的脸又转向暮色浓重的天际,骨头一样白色的眼珠不住地转动,不知道在那儿他能“看”见什么。

许久,小瞎子说:“今儿晚上您多半又能弹断一根琴弦。”想让师父高兴些。

这天晚上师徒俩又在野羊坳说书。“上回唱到罗成死,三魂七魄赴幽冥,听歌君子莫嘈嚷,列位听我道下文。罗成阴魂出地府,一阵旋风就起身,旋风一阵来得快,长安不远面前存……”老瞎子的琴声也乱,小瞎子的琴声也乱。小瞎子回忆着那双柔软的小手捂在自己脸上的感觉,还有自己的头被兰秀儿搬过去时的滋味。老瞎子想起的事情更多……

夜里老瞎子翻来覆去睡不安稳,多少往事在他耳边喧嚣,在他心头动荡,身体里仿佛有什么东西要爆炸。坏了,要犯病,他想。头昏,胸口憋闷,浑身紧巴巴的难受。他坐起来,对自己叨咕:“可别犯病,一犯病今年就甭想弹够那些琴弦了。”他又摸到琴。要能叮叮当当随心所欲地疯弹一阵,心头的忧伤或许就能平息,耳边的往事或许就会消散。可是小瞎子正睡得香甜。

他只好再全力去想那张药方和琴弦:还剩下几根,还只剩最后几根了。那时就可以去抓药了,然后就能看见这个世界——他无数次爬过的山,无数次走过的路,无数次感到过她的温暖和炽热的太阳,无数次梦想着的蓝天、月亮和星星……还有呢?突然间心里一阵空,空得深重。就只为了这些?还有什么?他朦胧中所盼望的东西似乎比这要多得多……

夜风在山里游荡。

猫头鹰又在凄哀地叫。

不过现在他老了,无论如何没几年活头了,失去的已经永远失去了,他像是刚刚意识到这一点。七十年中所受的全部辛苦就为了最后能看一眼世界,这值得吗?他问自己。

小瞎子在梦里笑,在梦里说:“那是一把椅子,兰秀儿……”

老瞎子静静地坐着。静静地坐着的还有那三尊分不清是佛是道的泥像。

鸡叫头遍的时候老瞎子决定,天一亮就带这孩子离开野羊坳。否则这孩子受不了,他自己也受不了。兰秀儿人不坏,可这事会怎么结局,老瞎子比谁都“看”得清楚。鸡叫二遍,老瞎子开始收拾行李。

可是一早起来小瞎子病了,肚子疼,随即又发烧。老瞎子只好把行期推迟。

一连好几天,老瞎子无论是烧火、淘米、捡柴,还是给小瞎子挖药、煎药,心里总在说:“值得,当然值得。”要是不这么反反复复对自己说,身上的力气似乎就全要垮掉。“我非要最后看一眼不可。”“要不怎么着?就这么死了去?”“再说就只剩下最后几根了。”后面三句都是理由。老瞎子又冷静下来,天天晚上还到野羊坳去说书。

这一下小瞎子倒来了福气。每天晚上师父到岭下去了,兰秀儿就猫似的轻轻跳进庙里来听匣子。兰秀儿还带来煮熟的鸡蛋,条件是得让她亲手去扭那匣子的开关。“往哪边扭?”“往右。”“扭不动。”“往右,笨货,不知道哪边是右哇?”“咔嗒”一下,无论是什么便响起来,无论是什么俩人都爱听。

又过了几天,老瞎子又弹断了三根琴弦。

这一晚,老瞎子在野羊坳里自弹自唱:“不表罗成投胎事,又唱秦王李世民。秦王一听双泪流,可怜爱卿丧残身,你死一身不打紧,缺少扶朝上将军……”

野羊岭上的小庙里这时更热闹。电匣子的音量开得挺大,又是孩子哭,又是大人喊,轰隆隆地又响炮,滴滴嗒嗒地又吹号。月光照进正殿,小瞎子躺着啃鸡蛋,兰秀儿坐在他旁边。两个人都听得兴奋,时而大笑,时而稀里糊涂莫名其妙。

“这匣子你师父哪儿买来的?”

“从一个山外头的人手里。”

“你们到山外头去过?”兰秀儿问。

“没。我早晚要去一回就是,坐坐火车。”

“火车?”

“火车你也不知道?笨货。”

“噢,知道知道,冒烟哩是不是?”

过了一会儿兰秀儿又说:“保不准我就得到山外头去。”语调有些恓惶。

“是吗?”小瞎子一挺坐起来:“那你到底瞧瞧曲折的油狼是什么。”

“你说是不是山外头的人都有电匣子?”

“谁知道。我说你听清楚没有?曲、折、的、油、狼,这东西就在山外头。”

“那我得跟他们要一个电匣子。”兰秀儿自言自语地想心事。

“要一个?”小瞎子笑了两声,然后屏住气,然后大笑:“你干吗不要俩?你可真本事大。你知道这匣子几千块钱一个?把你卖了吧,怕也换不来。”

兰秀儿心里正委屈,一把揪住小瞎子的耳朵使劲拧,骂道:“好你个死瞎子。”

两个人在殿堂里扭打起来。三尊泥像袖手旁观帮不上忙。两个年轻的正在发育的身体碰撞在一起,纠缠在一起,一个把一个压在身下,一会儿又颠倒过来,骂声变成笑声。匣子在一边唱。

打了好一阵子,两个人都累得住了手,心怦怦跳,面对面躺着喘气,不言声儿,谁却也不愿意再拉开距离。

兰秀儿呼出的气吹在小瞎子脸上,小瞎子感到了诱惑,并且想起那天吹火时师父说的话,就往兰秀儿脸上吹气。兰秀儿并不躲。

“嘿,”小瞎子小声说,“你知道接吻是什么了吗?”

“是什么?”兰秀儿的声音也小。

小瞎子对着兰秀儿的耳朵告诉她。兰秀儿不说话。老瞎子回来之前,他们试着亲了嘴儿,滋味真不坏……

就是这天晚上,老瞎子弹断了最后两根琴弦。两根弦一齐断了。他没料到。他几乎是连跑带爬地上了野羊岭,回到小庙里。

小瞎子吓了一跳:“怎么了,师父?”

老瞎子喘吁吁地坐在那儿,说不出话。

小瞎子有些犯嘀咕:莫非是他和兰秀儿干的事让师父知道了?

老瞎子这才相信:一切都是值得的。一辈子的辛苦都是值得的。能看一回,好好看一回,怎么都是值得的。

“小子,明天我就去抓药。”

“明天?”

“明天。”

“又断了一根了?”

“两根。两根都断了。”

老瞎子把那两根弦卸下来,放在手里揉搓了一会儿,然后把它们并到另外的九百九十八根中去,绑成一捆。

“明天就走?”

“天一亮就动身。”

小瞎子心里一阵发凉。老瞎子开始剥琴槽上的蛇皮。

“可我的病还没好利索。”小瞎子小声叨咕。

“噢,我想过了,你就先留在这儿,我用不了十天就回来。”

小瞎子喜出望外。

“你一个人行不?”

“行!”小瞎子紧忙说。

老瞎子早忘了兰秀儿的事。“吃的、喝的、烧的全有。你要是病好利索了,也该学着自个儿去说回书。行吗?”

“行。”小瞎子觉得有点对不住师父。

蛇皮剥开了,老瞎子从琴槽中取出一张叠得方方正正的纸条。他想起这药方放进琴槽时,自己才二十岁,便觉得浑身上下都好像冷。

小瞎子也把那药方放在手里摸了一会儿,也有了几分肃穆。

“你师爷一辈子才冤呢。”

“他弹断了多少根?”

“他本来能弹够一千根,可他记成了八百。要不然他能弹断一千根。”

天不亮老瞎子就上路了。他说最多十天就回来,谁也没想到他竟去了那么久。

老瞎子回到野羊坳时已经是冬天。

漫天大雪,灰暗的天空连接着白色的群山。没有声息,处处也没有生气,空旷而沉寂。

所以老瞎子那顶发了黑的草帽就尤其攒动得显著。他蹒蹒跚跚地爬上野羊岭。庙院中衰草瑟瑟,蹿出一只狐狸,仓皇逃远。

村里人告诉他,小瞎子已经走了些日子。

“我告诉他我回来。”

“不知道他干吗就走了。”

“他没说去哪儿？留下什么话没?”

“他说让您甭找他。”

“什么时候走的?”

人们想了好久,都说是在兰秀儿嫁到山外去的那天。

老瞎子心里便一切全都明白。

众人劝老瞎子留下来,这么冰天雪地的上哪儿去？不如在野羊坳说一冬书。老瞎子指指他的琴,人们见琴柄上空荡荡已经没了琴弦。老瞎子面容也憔悴,呼吸也孱弱,嗓音也沙哑了,完全变了个人。他说得去找他的徒弟。

若不是还想着他的徒弟,老瞎子就回不到野羊坳。那张他保存了五十年的药方原来是一张无字的白纸。他不信,请了多少个识字而又诚实的人帮他看,人人都说那果真就是一张无字的白纸。老瞎子在药铺前的台阶上坐了一会儿,他以为是一会儿,其实已经几天几夜,骨头一样的眼珠在询问苍天,脸色也变成骨头一样的苍白。有人以为他是疯了,安慰他,劝他。老瞎子苦笑:七十岁了再疯还有什么意思？他只是再不想动弹,吸引着他活下去、走下去、唱下去的东西骤然间消失干净。就像一根不能拉紧的琴弦,再难弹出赏心悦耳的曲子。老瞎子的心弦断了。现在发现那目的原来是空的。老瞎子在一个小客店里住了很久,觉得身体里的一切都在熄灭。他整天躺在炕上,不弹也不唱,一天天迅速地衰老。直到花光了身上所有的钱,直到忽然想起了他的徒弟,他知道自己的死期将至,可那孩子在等他回去。

茫茫雪野,皑皑群山,天地之间攒动着一个黑点。走近时,老瞎子的身影弯得如一座桥。他去找他的徒弟。他知道那孩子目前的心情、处境。

他想自己先得振作起来,但是不行,前面明明没有了目标。

他一路走,便怀恋起过去的日子,才知道以往那些奔奔忙忙兴致勃勃的翻山、赶路、弹琴,乃至心焦、忧虑都是多么欢乐！那时有个东西把心弦扯紧,虽然那东西原是虚设。老瞎子想起他师父临终时的情景。他师父把那张自己没用上的药方封进他的琴槽。“您别死,再活几年,您就能睁眼看一回了。”说这话时他还是个孩子。他师父久久不言语,最后说:“记住,人的命就像这琴弦,拉紧了才能弹好,弹好了就够了。”……不错,那意思就是说:目的本来没有。老瞎子知道怎么对自己的徒弟说了。可是他又想:能把一切都告诉小瞎子吗？老瞎子又试着振作起来,可还是不行,总摆脱不掉那张无字的白纸……

在深山里,老瞎子找到了小瞎子。

小瞎子正跌倒在雪地里，一动不动，想那么等死。老瞎子懂得那绝不是装出来的悲哀。老瞎子把他拖进一个山洞，他已无力反抗。

老瞎子捡了些柴，点起一堆火。

小瞎子渐渐有了哭声。老瞎子放了心，任他尽情尽意地哭。只要还能哭就还有救，只要还能哭就有哭够的时候。

小瞎子哭了几天几夜，老瞎子就那么一声不吭地守候着。火头和哭声惊动了野兔子、山鸡、野羊、狐狸和鹞鹰……

终于小瞎子说话了："干吗咱们是瞎子！"

"就因为咱们是瞎子。"老瞎子回答。

终于小瞎子又说："我想睁开眼看看，师父，我想睁开眼看看！哪怕就看一回。"

"你真那么想吗？"

"真想，真想——"

老瞎子把篝火拨得更旺些。

雪停了。铅灰色的天空中，太阳像一面闪光的小镜子。鹞鹰在平稳地滑翔。

"那就弹你的琴弦，"老瞎子说，"一根一根尽力地弹吧。"

"师父，您的药抓来了？"小瞎子如梦方醒。

"记住，得真正是弹断的才成。"

"您已经看见了吗？师父，您现在看得见了？"

小瞎子挣扎着起来，伸手去摸师父的眼窝。老瞎子把他的手抓住。

"记住，得弹断一千二百根。"

"一千二？"

"把你的琴给我，我把这药方给你封在琴槽里。"老瞎子现在才弄懂了他师父当年对他说的话——咱的命就在这琴弦上。

目的虽是虚设的，可非得有不行，不然琴弦怎么拉紧？拉不紧就弹不响。

"怎么是一千二，师父？"

"是一千二，我没弹够，我记成了一千。"老瞎子想：这孩子再怎么弹吧，还能弹断一千二百根？永远扯紧欢跳的琴弦，不必去看那张无字的白纸……

这地方偏僻荒凉，群山不断。荒草丛中随时会飞起一对山鸡，跳出一只野兔、狐狸，或者其他小野兽。山谷中鹞鹰在盘旋。

现在让我们回到开始：

莽莽苍苍的群山之中走着两个瞎子，一老一少，一前一后，两顶发了黑的草帽起伏蹿动，匆匆忙忙，像是随着一条不安静的河水在漂流。无所谓从哪儿来、到哪儿去，也无所谓谁是谁……

1985年4月20日

★学习与探究★

1. 如果小瞎子发现他的眼睛无法复明，你想对他说什么？

2. 有人说《命若琴弦》作为一篇短篇小说，借鉴了寓言故事的写法，你同意吗？请说出你的理由。

3. 作品中两个瞎子形象真实可信，但在文中他们却相信一个荒诞的药引子——“三弦弹断一千根弦，自己的眼睛就能治好”，这算是作品的败笔吗？你如何看待这个设计？

4. 请课外阅读史铁生著的《病隙碎笔》。面对疾病的折磨，史铁生是何种心态？

围城（节选）[1]

钱锺书

导　读

钱锺书（1910—1998年），江苏无锡人，原名仰先，字哲良，中国现代作家、文学研究家。清华大学外文系毕业后赴牛津大学艾克赛特学院留学。归国后曾就职于昆明西南联大、国立蓝田师范学院、上海暨南大学、南京中央图书馆、清华大学。治学特点是贯通中西、古今互见的方法，融汇多种学科知识，探幽入微，钩玄提要，在当代学术界自成一家。代表作品有《围城》《管锥编》《谈艺录》《写在人生边上》。

《围城》是中国现代文学史上一部风格独特的讽刺小说，被誉为“新儒林外史”。作品主要描写了留洋假博士方鸿渐回国后在爱情、婚姻和个人事业上的一段经历，并通过他的人际交往活动，展现了各色高级知识分子个性和道德的弱点，包含了对人生的讽刺和伤感。本文节选的是小说第六部分中，方鸿渐等人初到三间大学任教时与校长、同事间交往活动的片段，作者用幽默的语言、细腻的笔触形象地勾画出各色人物不同的内心世界和行为表现。

[1] 本文选自钱锺书著《围城》，生活·读书·新知三联书店2002年出版。

选 文

三闾大学校长高松年是位老科学家。这“老”字的位置非常为难，可以形容科学，也可以形容科学家。不幸的是，科学家跟科学大不相同，科学家像酒，愈老愈可贵，而科学像女人，老了便不值钱。将来国语文法发展完备，总有一天可以明白地分开“老的科学家”和“老科学的家”，或者说“科学老家”和“老科学家”。现在还早得很呢，不妨笼统称呼。高校长肥而结实的脸像没发酵的黄面粉馒头，“馋嘴的时间”咬也咬不动它，一条牙齿印或皱纹都没有。假使一个犯校规的女学生长得很漂亮，高校长只要她向自己求情认错，也许会不尽本于教育精神地从宽处分。这证明这位科学家还不老。他是二十年前在外国研究昆虫学的；想来二十年前的昆虫都进化成为大学师生了，所以请他来表率多士。他在大学校长里，还是前途无量的人。大学校长分文科出身和理科出身两类。文科出身的人轻易做不到这位子的，做到了也不以为荣，准是干政治碰壁下野，仕而不优则学，借诗书之泽、弦诵之声来休养身心。理科出身的人呢，就全然不同了。中国是世界上最提倡科学的国家，没有旁的国家肯这样给科学家大官做的。外国科学进步，中国科学家晋爵。在外国，研究人情的学问始终跟研究物理的学问分歧；而在中国，只要你知道水电、土木、机械、动植物等等，你就可以行政治人——这是“自然齐一律”最大的胜利。理科出身的人当个把校长，不过是政治生涯的开始；从前大学之道在治国平天下，现在治国平天下在大学之道，并且是条坦道大道。对于第一类，大学是张休息的摇椅；对于第二类，它是个培养的摇篮——只要他小心别摇摆得睡熟了。

高松年发奋办公，亲兼教务长，精明得真是睡觉还睁着眼睛，戴着眼镜，做梦都不含糊的。摇篮也挑选得很好，在平成县乡下一个本地财主家的花园里，面溪背山。这乡镇绝非战略上必争之地，日本人唯一豪爽不吝啬的东西——炸弹——也不会浪费在这地方。所以，离开学校不到半里的镇上，一天繁荣似一天，照相铺、饭店、浴室、地方戏院、警察局、中小学校，一应俱全。今年春天，高松年奉命筹备学校，重庆几个老朋友为他饯行。席上说起国内大学多而教授少，新办尚未成名的学校，地方偏僻，怕请不到名教授。高松年笑道：“我的看法跟诸位不同。名教授当然很好，可是因为他的名望，学校沾着他的光，他并不倚仗学校里的地位。他有架子，有脾气，他不会全副精神为学校服务，更不会绝对服从当局的指挥。万一他闹别扭，你不容易找替人，学生又要借题目麻烦。我以为学校不但造就学生，并且应该造就教授。找到一批没有名望的人来，他们要借学校的光，他们要靠学校才有地位，而学校并非非有他们不可，这种人才真能跟学校合为一体，真肯出力为公家做事。学校也是个机关，机关当然需要科学管理，在健全的机关里，绝没有特殊人物，只有安分受支配的一个个分子。所以，找教授并非难事。”大家听了，倾倒不已。高松年事先并没有这番意见，临时信口胡扯一阵。经朋友们这样一恭维，他渐渐相信这真是至理名言，也对自己倾倒不已。他从此动不动发表这段议论，还加上个帽子道：“我是研究生物学的。学校也是个有机体，教职员之于学校,应当像细胞之于有机体——"这至理名言更变而为科学定律了。

亏得这一条科学定律,李梅亭、顾尔谦,还有方鸿渐会荣任教授。他们那天下午两点多钟到学校;高松年闻讯匆匆到教员宿舍里应酬一下,回到办公室,一月来的心事不能再搁在一边不想了。自从长沙危急,聘好的教授里十个倒有九个打电报来托故解约,七零八落,开不出班,幸而学生也受战事影响,只有一百五十八人。今天一来就是四个教授,军容大震,向部里报上去也体面些。只是怎样对李梅亭和方鸿渐解释呢?部里汪次长介绍汪处厚来当中国文学系主任,自己早写信聘定李梅亭了——可是汪处厚是汪次长的伯父,论资格也比李梅亭好,那时候给教授陆续辞聘的电报吓昏了头,怕上海这批人会半路打回票,只好先敷衍汪次长。汪处厚这人不好打发,李梅亭是老朋友,老朋友总讲得开,就怕他的脾气难对付,难对付!这姓方的青年人是容易对付的。他是赵辛楣的来头,辛楣最初不肯来,介绍了他,说他是留学德国的博士,真糊涂透顶!他自己开来的学历,并没有学位,只是个各国荡游的"游学生",并且并非学政治的,聘他当教授太冤枉了!至多做副教授,循序渐升,年轻人做事不应该爬得太高,这话可以叫辛楣对他说。为难的还是李梅亭——无论如何,他千辛万苦来了,绝不会一翻脸就走的;来得困难,去也没那么容易,空口允许他些好处就是了。他从私立学校一跳而进国立学校,还不是自己提拔他的?做人总要有良心。这些反正是明天的事,别去想它,今天——今天晚上还有警察局长的晚饭呢。这晚饭是照例应酬,小乡镇上的盛馔,翻来覆去,只有那几样,高松年也吃腻了。可是这时候四点钟已过,肚子有点饿,所以想到晚饭,嘴里一阵潮润。

同路的人,一到目的地,就分散了,好像是一个波浪里的水打到岸边,就四面溅开。可是鸿渐们四个男人,当天还一起到镇上去理发洗澡。回校只见告白板上贴着粉红纸的布告,说中国文学系同学今晚七时半在联谊室举行茶会,欢迎李梅亭先生。梅亭欢喜得直说:"讨厌,讨厌!我累得很,今天还想早点睡呢!这些孩子热心得不懂道理。赵先生,他们消息真灵呀!"

辛楣道:"岂有此理!政治系学生为什么不开会欢迎我呀?"

梅亭道:"忙什么?今天的欢迎会,你代我去,好不好?我宁可睡觉。"

顾尔谦点头叹道:"念中国书的人,毕竟知礼,我想旁系的学生绝不会这样尊师重道的。"说完笑眯眯地望着李梅亭,这时候,上帝会懊悔没在人身上添一条能摇的狗尾巴,因此减低了不知多少表情的效果。

鸿渐道:"你们都什么系,什么系,我还不知道是哪一系的教授呢。高校长给我的电报没有说明白。"

辛楣忙说:"那没有关系。你可以教哲学,教国文——"

梅亭狞笑道:"教国文是要得我许可的,方先生,你好好地巴结我一下,什么都可以商量。"

说着，孙小姐来了，说住在女生宿舍里，跟女生指导范小姐同室，也把欢迎会这事来恭维李梅亭，梅亭轻佻地笑道："孙小姐，你改了行罢，不要到外国语文系办公室去了，当我的助教，今天晚上，咱们俩同去开会。"五人同在校门口小馆子吃晚饭的时候，李梅亭听而不闻，食而不知其味，大家笑他准备欢迎会上演讲稿，梅亭极口分辩道："胡说！这要什么准备！"

晚上近九点钟，方鸿渐在赵辛楣房里讲话，连打呵欠，正要回房里去睡，李梅亭打门进来了。两人想打趣他，但瞧他脸色不正，便问："怎么欢迎会完得这样早？"梅亭一言不发，向椅子里坐下，鼻子里出气像待开发的火车头。两人忙问他怎么啦。他拍桌大骂高松年混账，说官司打到教育部去，自己也不会输的；高松年身为校长，出去吃晚饭，这时候还不回来，影子也找不见，这种玩忽职守，就该死。原来，今天欢迎会是汪处厚安排好的，兵法上有名的"敌人喘息未定，即予以迎头痛击"。先来校的四个中国文学系讲师和助教早和他打成一片，学生也唯命是听。他知道高松年跟李梅亭有约在先，自己迹近乘虚篡窃，可是当系主任和结婚一样，"先进门三日就是大"。这开会不是欢迎，倒像新姨太太的见礼。李梅亭跟随学生代表一进会场，便觉空气两样，听得同事和学生一连声叫"汪主任"，已经又疑又慌。汪处厚见了他，热烈地双手握着他手，好半天搓摩不放，仿佛捉搦了情妇的手，一壁似怨似慕地说："李先生，你真害我们等死了，我们天天在望你来——张先生，薛先生，咱们不是今天早晨还讲起他的——我们今天早晨还讲起你。路上辛苦啦？好好休息两天再上课，不忙。我把你的功课全排好了。李先生，咱们俩真是神交久矣。高校长拍电报到成都要我组织中国文学系，我想年纪老了，路又不好走，换生不如守熟，所以我最初实在不想来。高校长，他可真会磨人哪！他请舍侄——"张先生、薛先生、黄先生同声说："汪先生就是汪次长的令伯。"——"请舍侄再三劝驾，我却不过情，我内人身体不好，也想换换空气。到这儿来了，知道有你先生，我真高兴，我想这系办得好了——"李梅亭一篇主任口气的训话闷在心里讲不出口，忍住气，搭讪了几句，喝了杯茶，只推头痛，早退席了。

辛楣和鸿渐安慰李梅亭一会儿，劝他回房睡，有话明天跟高松年去说。梅亭临走说："我跟老高这样的交情，他还会要我，他对你们两位一定也有把戏。瞧着罢，咱们采取一致行动，怕他什么！"梅亭去后，鸿渐看着辛楣道："这不成话说！"辛楣皱眉道："我想这里面有误会，这事的内幕我全不知道。也许李梅亭压根儿在单相思，否则太不像话了！不过，像李梅亭那种人，真要当主任，也是个笑话，他那些印头衔的讲究名片，现在可不能用了，哈哈。"鸿渐道："我今年反正是倒霉年，准备到处碰钉子的。也许明天高松年不认我这个蹩脚教授。"辛楣不耐烦道："又来了！你好像存着心非倒霉不痛快似的。我告诉你，李梅亭的话未可全信——而且，你是我面上来的人，万事有我。"鸿渐虽然抱最大决意来悲观，听了又觉得这悲观不妨延期一天。

明天上午，辛楣先上校长室去，说把鸿渐的事讲讲明白，叫鸿渐等着，听了回话再去见高松年。鸿渐等了一个多钟点，不耐烦了，想自己真是神经过敏，高松年直接打电报来的，一个这样机关的首领好意思说话不作准么？辛楣早尽了介绍人的责任。现在自己就去正式拜会高松年，这最干脆。

高松年看方鸿渐和颜悦色，不相信世界上会有这样脾气好或城府深的人，忙问："碰见赵先生没有？"

"还没有。我该来参见校长，这是应当的规矩。"方鸿渐自信说话得体。

高松年想糟了！糟了！辛楣一定给李梅亭缠住不能脱身，自己跟这姓方的免不了一番唇舌："方先生，我是要跟你谈谈——有许多话我已经对赵先生说了——"鸿渐听口风不对，可脸上的笑容一时不及收敛，怪不自在地停留着，高松年看得恨不得把手指为他撮去——"方先生，你收到我的信没有？"一般人撒谎，嘴跟眼睛不能合作，嘴尽管雄赳赳地胡说，眼睛懦怯不敢平视对方。高松年老于世故，并且研究生物学的时候，学到西洋人相传的智慧，那就是：假使你的眼光能与狮子或老虎的眼光相接，彼此怒目对视，那野兽给你催眠了不敢扑你。当然野兽未必肯在享用你以前，跟你飞眼送秋波，可是方鸿渐也不是野兽，至多只能算是家畜。

他给高松年三百瓦特的眼光射得不安，觉得这封信不收到是自己的过失，这次来得太冒昧了，果然高松年写信收回成命，同时有一种不出所料的满意，惶遽地说："没有呀！我真没有收到呀！重要不重要？高先生什么时候发的？"倒像自己撒谎，收到了信在抵赖。

"咦！怎么没收到？"高松年直跳起来，假惊异的表情做得惟妙惟肖，比方鸿渐的真惊惶自然得多；他没演话剧，是话剧的不幸而是演员们的大幸——"这信很重要。唉！现在抗战时间的邮政简直该死。可是你先生已经来了，好得很，这些话可以面谈了。"

鸿渐稍微放心，迎合道："内地去上海的信，常出乱子。这次长沙的战事恐怕也有影响，一大批信会遗失，高先生给我的信假如寄出得早——"

高松年做个一切撇开的手势，宽宏地饶赦那封自己没写、方鸿渐没收到的信："信就不用提了，我生怕方先生看了那封信，会不肯屈就，现在你来了，你就别想跑，呵呵！是这么一回事，你听我说，我跟你先生虽然素昧平生，可是我听辛楣讲起你的学问人品种种，我真高兴，立刻就拍电报请先生来帮忙，电报上说——"高松年顿一顿，试探鸿渐是不是善办交涉的人，因为善办交涉的人绝不这时候替自己说许下的条件的。

可是方鸿渐像鱼吞了饵，一钓就上，急接口说："高先生电报上招我来当教授，可是没说明白什么系的教授，所以我想问一问。"

"我原意请先生来当政治系的教授，因为先生是辛楣介绍来的，说先生是留德的博士。可是先生自己开来的履历上并没有学位——"鸿渐的脸红得像有一百零三度寒热的病人——"并且不是学政治的，辛楣全搞错了。先生跟辛楣的交情本来不很深罢？"鸿渐脸上表示的寒热又升了华氏表上一度，不知怎么对答，高松年看在眼里，胆量更大——"当然，我决不计较学位，我只讲真才实学。不过部里定的规矩呆板得很，照先生的学历，至多只能当专任讲师，教授待遇呈报上去一定要驳下来的。我相信辛楣的保荐不会错，所以破格聘先生为副教授，月薪二百八十元，下学年再升。快信给先生就是解释这一回事。我以为先生收到信的。”

鸿渐只好第二次声明没收到信，同时觉得降级为副教授已经天恩高厚了。

“先生的聘书，我方才已经托辛楣带去了。先生教授什么课程，现在很成问题。我们暂时还没有哲学系，国文系教授已经够了，只有一班文法学院一年级学生共修的伦理学，三个钟点，似乎太少一点，将来我再想办法罢。”

鸿渐出校长室，灵魂像给蒸气碌碡滚过，一些气概也无。只觉得自己是高松年大发慈悲收留的一个弃物。满肚子又羞又恨，却没有个发泄的对象。回到房里，辛楣赶来，说李梅亭的事总算帮高松年解决了，要谈鸿渐的事。他知道鸿渐已经跟高松年谈过话，忙道：“你没有跟他翻脸罢？这都是我不好。我有个印象以为你是博士，当初介绍你到这儿来，只希望这事快成功——”“好让你去专有苏小姐。”——“不用提了，我把我的薪水，——好，好！我不，我不！”辛楣打拱赔笑地道歉，还称赞鸿渐有涵养，说自己在校长室讲话，李梅亭直闯进来，咆哮得不成体统。鸿渐问梅亭的事怎样了的。辛楣冷笑道：“高松年请我劝他，纠缠了半天，他说除非学校照他开的价钱买他带来的西药——唉，我还要给高松年回音呢。我心上牵挂着你的事，所以先赶回来看你。”鸿渐本来气倒平了，知道高松年真依李梅亭讨的价钱替学校买他带的私货，又气闷起来，想李梅亭就有补偿，只自己一个人吃亏。高松年下帖子当天晚上替新来的教授接风，鸿渐闹别扭要辞，经不起辛楣苦劝，并且傍晚高松年亲来回拜，总算有了面子，还是去了。

★学习与探究★

1.《围城》出版以后，颇受读者欢迎。20世纪60年代以后被翻译成多国文字流传于世界各地。请课后阅读整本书，注意品读书中的精言妙语，领略“新儒林外史”的文学魅力。

2. 试将钱锺书的《围城》与沈从文的《边城》相比较，书名中的“城”各指什么含义？两篇小说的语言特色有何异同点？

3.《围城》主要写抗战初期知识分子的群相。钱锺书寥寥几笔就勾勒出文中漫画式的系列人物。请你结合节选文本，谈谈各人物形象的不同性格特点。

4. 本文中描写的职场钩心斗角、刀光剑影的场面，引发我们对于人际交往的思考：与同学、同事相处的秘诀是什么？你有哪些经验与教训与大家分享呢？

★岗位实践★

活动:幼儿教师招聘之心理健康面试

2019年3月21日晚,上海市浦东新区人民政府新闻办公室官方微博发布通报称,某幼儿园出现疑似虐待幼儿情况。调监控发现,孩子在被施暴期间被吓得靠着角落,腿不停在颤抖,但老师继续辱骂并朝孩子扔凳子。公安和检察部门也已介入调查,启动调查取证程序。

此前,上海也曾出现过虐童案件。2017年11月1日,某亲子园教师打孩子的视频在网上流传。视频显示,教师除了殴打孩子,还强喂幼儿疑似芥末物,导致孩子一个小时内多次腹泻。教师不仅未给孩子换尿布,还用消毒水喷孩子的眼睛、嘴。2018年11月27日,该案在上海市长宁区人民法院一审宣判,8名被告人均因犯虐待被看护人罪被判处刑罚。

一系列虐童事件反映出一个重要问题,对幼儿教师的选拔、评估,除了要看重学历、职业技能外,健康的心理同样应该成为一种必要的职业资质。只有心理健康的教师才能教出心理健康的孩子。

形式:班级模拟招聘情景,随机抽题,现场作答,学生当评委打分并公布结果。

请看某幼儿园教师招聘中有关教师心理健康的面试题:

1. 当人们在谈论"我的恩师"这类话题的时候,大学老师、中学老师、小学老师都会被提起,却往往没有幼儿园老师。你感到委屈吗? 你怎么看待自己的付出与收获?

2. 你每天不仅要备课,上课,参加业务学习、教研活动,还要负责班级管理、环境创设、关心学生的安全和心理健康等工作,同时还被一群"小皇帝""小公主""小霸王"困扰。身心疲惫的你有哪些缓解工作压力的措施? 工作中有哪些控制情绪的技巧?

3. 你认为幼儿园老师的心理健康标准是什么? 如果你被录取了,你该如何保护幼儿的心理健康呢?

敬业与乐业[1]

梁启超

导读

梁启超(1873—1929年),字卓如,一字任甫,号任公,又号饮冰室主人、饮冰子、哀时客、中国之新民、自由斋主人。清朝光绪年间举人,中国近代思想家、政治家、教育家、史学家、文学家。

《敬业与乐业》创作于1922年8月。该演讲稿可分为三个部分:第一部分(第1段),提出问题,揭示全篇论述中心——敬业和乐业;第二部分(2~8段),论述敬业和乐业的重要性:有业之必要,敬业之重要,乐业之重要;第三部分(第9段),总结全文,勉励人敬业乐业。全文主旨鲜明,层次清晰,语言通俗,文短意长。

选文

我这题目,是把《礼记》里头"敬业乐群"和《老子》里头"安其居,乐其业"那两句话,断章取义造出来的。我所说的是否与《礼记》《老子》原意相合,不必深求;但我确信"敬业乐业"四个字,是人类生活的不二法门。

本题主眼,自然是在"敬"字、"乐"字。但必先有业,才有可敬、可乐的主体,理至易明。所以在讲演正文以前,先要说说有业之必要。

孔子说:"饱食终日,无所用心,难矣哉!"又说:"群居终日,言不及义,好行小慧,难矣哉!"孔子是一位教育大家,他心目中没有什么人不可教诲,独独对于这两种人便摇头叹气说道:"难!难!"可见人生一切毛病都有药可医,唯有无业游民,虽大圣人碰着他,也没有办法。

唐朝有一位名僧百丈禅师,他常常用两句格言教训弟子,说道:"一日不做事,一日不吃饭。"他每日除上堂说法之外,还要自己扫地、擦桌子、洗衣服,直到八十岁,日日如此。有一回,他的门生想替他服务,把他本日应做的工悄悄地都做了,这位言行相顾的老禅师,老实不客气,那一天便绝对地不肯吃饭。

我征引儒门、佛门这两段话,不外证明人人都要有正当职业,人人都要不断地劳作。倘

[1] 本文选自梁启超著《敬业与乐业》,江苏凤凰文艺出版社2018年出版。

若有人问我："百行什么为先？万恶什么为首？"我便一点不迟疑答道："百行业为先，万恶懒为首。"没有职业的懒人，简直是社会上的蛀米虫，简直是"掠夺别人勤劳结果"的盗贼。我们对于这种人，是要彻底讨伐，万不能容赦的。今日所讲，专为现在有职业及现在正在做职业上预备的人——学生——说法，告诉他们对于自己现有的职业应采何种态度。

第一要敬业。敬字为古圣贤教人做人最简易、直接的法门，可惜被后来有些人说得太精微，倒变了不适实用了。唯有朱子解得最好，他说："主一无适便是敬。"用现在的话讲，凡做一件事，便忠于一件事，将全副精力集中到这事上头，一点不旁骛，便是敬。业有什么可敬呢？为什么该敬呢？人类一面为生活而劳动，一面也是为劳动而生活。人类既不是上帝特地制来充当消化面包的机器，自然该各人因自己的地位和才力，认定一件事去做。凡可以名为一件事的，其性质都是可敬。当大总统是一件事，拉黄包车也是一件事，事的名称，从俗人眼里看来，有高下；事的性质，从学理上解剖起来，并没有高下。只要当大总统的人，信得过我可以当大总统才去当，实实在在把总统当作一件正经事来做；拉黄包车的人，信得过我可以拉黄包车才去拉，实实在在把拉车当作一件正经事来做，便是人生合理的生活。这叫作职业的神圣。凡职业没有不是神圣的，所以凡职业没有不是可敬的。唯其如此，所以我们对于各种职业，没有什么分别拣择。总之，人生在世，是要天天劳作的。劳作便是功德，不劳作便是罪恶。至于我该做哪一种劳作呢？全看我的才能何如，境地何如。因自己的才能、境地，做一种劳作做到圆满，便是天地间第一等人。

怎样才能把一种劳作做到圆满呢？唯一的秘诀就是忠实，忠实从心里上发出来的便是敬。《庄子》记佝偻丈人承蜩的故事，说道："虽天地之大，万物之多，而唯吾蜩翼之知。"凡做一件事，便把这件事看作我的生命，无论别的什么好处，到底不肯牺牲我现做的事来和他交换。我信得过我当木匠的做成一张好桌子，和你们当政治家的建设成一个共和国家同一价值；我信得过我当挑粪的把马桶收拾得干净，和你们当军人的打胜一支压境的敌军同一价值。大家同是替社会做事，你不必羡慕我，我不必羡慕你。怕的是我这件事做得不妥当，便对不起这一天里头所吃的饭。所以我做这事的时候，丝毫不肯分心到事外。曾文正说："坐这山，望那山，一事无成。"一个人对于自己的职业不敬，从学理方面说，便亵渎职业之神圣；从事实方面说，一定把事情做糟了，结果自己害自己。所以敬业主义，于人生最为必要，又于人生最为有利。庄子说："用志不分，乃凝于神。"孔子说："素其位而行，不愿乎其外。"我说的敬业，不外这些道理。

第二要乐业。"做工好苦呀！"这种叹气的声音，无论何人都会常在口边流露出来。但我要问他："做工苦，难道不做工就不苦吗？"今日大热天气，我在这里喊破喉咙来讲，诸君扯直耳朵来听，有些人看着我们好苦；反过来讲，倘若我们去赌钱去吃酒，还不是一样在淘神费力？难道又不苦？须知苦乐全在主观的心，不在客观的事。人生从出胎的那一秒钟起到咽气的那一秒钟止，除了睡觉以外，总不能把四肢、五官都搁起不用。只要一用，不是淘神，便是费力，劳苦总是免不掉的。会打算盘的人，只有从劳苦中找出快乐来。我想天下第一等苦人，莫过于无业游民，终日闲游浪荡，不知把自己的身子和心子摆在哪里才好。他们的日子真难过。第二等苦人，便是厌恶自己本业的人，这件事分明不能不做，却满肚子里不愿意做。不愿意做逃得了吗？到底不能。结果还是皱着眉头，哭丧着脸去做。这不是专门自己替自己开玩笑吗？我老实告诉你一句话："凡职业都是有趣味的，只要你肯继续做下去，趣味自然会发生。"为什么呢？第一，因为凡一件职业，总有许多层累、曲折，倘能身入其中，看它变化、进展的状态，最为亲切有味。第二，因为每一职业之成就，离不了奋斗；一步一步地奋斗前去，从刻苦中将快乐的分量加增。第三，职业性质，常常要和同业的人比较骈进，好像赛球一般，因竞胜而得快乐。第四，专心做一职业时，把许多游思、妄想杜绝了，省却无限闲烦恼。孔子说："知之者不如好知者，好知者不如乐之者。"人生能从自己职业中领略出趣味，生活才有价值。孔子自述生平，说道："其为人也，发愤忘食，乐以忘忧，不知老之将至云尔。"这种生活，真算得人类理想的生活了。

我生平最受用的有两句话：一是"责任心"，二是"趣味"。我自己常常力求这两句话之实现与调和，又常常把这两句话向我的朋友强聒不舍。今天所讲，敬业即是责任心，乐业即是趣味。我深信人类合理的生活总该如此，我盼望诸君和我一同受用！

★学习与探究★

1.《敬业与乐业》是梁启超在90多年前，对上海中华职业学校学生的一次演讲。通读全文，分析文中所用的写作手法及典故。

2. 文章第二点"乐业"部分，从反驳"做工好苦呀"入手，扣住"苦"与"乐"的不同态度展开论述。论述怎样理解"苦"，指出应当从"苦"中找出"乐"，批评了"无业游民"和"厌恶自己本业的人"，自然推出"只要你肯继续做下去，趣味自然会发生"。再具体分析原因，指出"趣味"在于"身入其中""奋斗前去""比较骈进""省却烦恼"，引导青年人确立"乐业"思想，鼓励青年人去过有价值的生活。结合自己实际思考：在学习生活中是否体验过"乐业"的价值？

3. 结合文中内容，试分析当代提倡的爱岗敬业与梁启超所说的"敬业与乐业"的共性在哪里。

我的父亲焦裕禄[1]

焦守云

导 读

焦裕禄(1922—1964年),山东淄博博山人,原兰考县委书记,干部楷模,中国共产党革命烈士。1962年他率领兰考干部、群众进行了小面积翻淤压沙、翻淤压碱、封闭沙丘试验。然后以点带面,全面铺开,总结出了整治“三害”的具体策略,探索出了大规模栽种泡桐的办法。2009年在中央宣传部、中央组织部等11个部门联合组织的评选活动中,被评为“100位新中国成立以来感动中国人物”。

《我的父亲焦裕禄》由焦裕禄三女儿焦守云所著,以女儿的视角回望了焦裕禄的一生。为了准确呈现焦裕禄成长、进步到成为全党楷模的历程,焦守云访谈了许多当事人,参阅了焦裕禄档案、焦裕禄手写的万言自传以及《兰考县志》等大量文献资料。

本文记录的是他自1962年调任兰考后的情况,也是他生命中最后的时光。工作中他率领兰考干部、群众,整治“三害”;生活中他与人民群众亲如一家;弥留时刻他仍然大公无私。全文脉络清晰,语言朴实,情感真挚,一位优秀共产党人的形象跃然纸上。

选 文

父亲去世已经50年了。

1922年8月16日,父亲出生在山东省博山县的小山村自耕农家庭里,小学毕业生,青少年时代他曾逃过荒、要过饭,做过长工、打过短工,还当过挖煤工。

父亲1945年参加革命,1946年加入中国共产党,1947年随军南下,曾经在河南尉氏县搞过土改,他工作最长的时间是在洛阳矿山机器厂(以下简称“洛矿”),他在那儿工作了9年。

在洛矿,父亲完成了从小学生到大学生的深造。厂里把他作为选干生派到哈尔滨工业大学学习,毕业后他又到大连起重机厂当了2年的实习车间主任。父亲在洛矿担任过车间主任、调度科长等职,1962年年初,他又调到当年参加土改的尉氏县,当了半年的县委副书记。

[1] 摘自中央纪委国家监委(现国家监委)网站,2016年10月4日。

1962年冬天，他调到河南兰考县，任县委第二书记，几个月后任县委书记。父亲在兰考的那段时间，也是大家最熟知的时期。

带头治“三害”，就是要在困难面前逞英雄

兰考县位于河南东部，与山东搭界，北依黄河，是历史上多灾多难的地方。黄河多次改道，给兰考留下了大片的沙荒地、盐碱地及内涝。风沙、盐碱、内涝“三害”给兰考带来了多年的灾难。

1962年冬天，父亲到兰考工作，这一年也是三年自然灾害的最后一年。“三害”加上自然灾害，兰考的粮食产量降到历史最低点，亩产只有43斤。当时兰考有36万人，灾民近20万。兰考紧邻陇海铁路，火车一来，大家都哭着喊着往火车上挤，灾民要逃荒到丰收区去。

在兰考，父亲组织的第一次工作会议在县火车站召开，因为当时灾民每天都集中在火车站。父亲指着逃荒要饭的人群对参加会议的委员说：“同志们，灾民们背井离乡去逃荒，党把兰考36万人民交给我们，我们不能让他们有饭吃、有衣穿，是我们失职啊！”

“三害”不除，兰考就永远摆脱不了贫困。面对大家的畏难情绪，父亲动情地说：“小鸡凭着一双爪子挠食吃还饿不死，我们有党的领导，有36万兰考人民，每人都有两只手，还愁治不了灾，养活不了自己吗？重要的是我们有没有生产自救的决心。只要我们发扬挖山不止的愚公精神，一定能够挖掉穷根。是共产党员，就要在困难面前逞英雄！”

当时兰考的沙土地有24万多亩，风沙非常大，一刮风水井都会被沙填平，晚上关好的门第二天就能被风沙堵住。当然，最可怕的还是兰考的沙丘，一刮风，沙丘就随风滚动，危害很大。

“必须查清风从哪儿来、到哪儿去，哪儿是风口，不能再让沙丘到处流动。”这是一项非常艰苦的工作。风最大的时候就是父亲他们查风口的时候，风刮得他们睁不开眼，一张口就是满嘴的沙土，合上嘴，嘴巴里就咯吱咯吱乱响。可就是在那样的条件下，他们查清了兰考的风口和风沙走向。

查出了风口，如何治理风沙？大家着急。一天早上，父亲在村口看见一个农民拿黏土封坟，父亲问他为何这样做。农民说，这是他母亲的坟，一刮风，坟头就没了，拿黏土封上坟，种上草，再大的风也刮不动，只要一个上午就能封好。当时父亲就想，兰考36万人还愁封不上那些沙丘吗。回去后，父亲立即召开会议，提出“贴上膏药、扎上针”的计划，贴上膏药就是拿黏土把沙丘封上，扎针就是种上树，时间长了再大的风也刮不动沙丘了。沙丘不流动了，沙土地就好治理了。

但执行计划时又遇到了困难，大家吃不饱肚子，怎么干重体力劳动？父亲召开了动员大会，他说：“……如果你们留下来治理沙丘，我保证你们能吃饱。”

兰考的土地上不长粮食，父亲组织多个小分队用救济款去丰收区采购萝卜干、红薯片、粉条等代用粮。于是，许多村民就留下来勒紧裤腰带干，有了领导干部带头，村民也发挥了冲天的干劲，很快，他们就用最简单、最实用的办法解决了封沙丘的问题。

兰考有16万多亩盐碱地，寸草不长、颗粒不收，铁路两边都是白花花的，像刚下过小雪。上世纪50年代，那里的老百姓卖小盐，不交税。要是地里全是盐还好，地里有盐、有硝也有马尿碱，必须区分开来。当时兰考没有盐碱化验器，父亲就说："我有一个从老农那儿学的办法，这个设备人人都有，结果准确、携带方便，那就是咱们的舌头，咸的是盐，凉的是硝，又骚又臭的是马尿碱。"父亲领着大家尝遍了兰考的盐碱地，把土地做了一个大致的分类。

治盐碱非常难。父亲下乡的时候发现一个农民的菜长得特别好，问其原因，才知道是农民把一米以下的土挖上来翻到上面来种地，土质能维持一两年。"兰考急需生产自救，这样做起码能解决当年的吃饭问题。"于是兰考就开始了土地深翻工作。1963年，在经过改造的盐碱地上，终于种上了庄稼，兰考取得了1958年以来最好的收成。

兰考位于黄河最后一道弯的拐弯处，黄河泛滥给兰考留下了许多坑坑洼洼的地方，根本种不了庄稼。更可怕的是一旦下雨，就会造成严重内涝。1963年8月2日到9日，下了整整8天的大雨，兰考人称为"白帐子雨"。雨又大又急，洪水横流。除了留下两位值班的同志外，父亲带着县委其他同志去各地考察水灾情况。

面对这样的大雨，有村干部犯愁，写了一首打油诗：吃也愁、穿也愁，住也愁、烧也愁，前也愁、后也愁，黑也愁、白也愁，进门愁、出门愁，愁来愁去没有头。读完后就趴在桌子上哭了起来，一些村干部也跟着哭。平时性情很好的父亲当时就急了："哭有什么用，天还是要下雨，地还是会积水，哭要是有用，我就带头哭。"于是趴桌子上做了一个哭的样子，同志们看他这样就破涕为笑了。父亲说："没有抗灾的干部就没有抗灾的群众，群众都眼巴巴看着县委，干部如果不能挺直腰杆，群众就不能充分发动起来。这叫'干部不领，水牛掉井'。"在父亲的带领下，一支由水利技术人员、当地干部和县委工作人员组成的考察队伍出发了。父亲生前就画了许多兰考地形图，但还有很多没画完。父亲去世时，群众打出的横幅是："挥泪继承壮士志，誓将遗愿化宏图。"

他管村里的大娘叫"娘"

在治理"三害"过程中，父亲提出了"深入群众、相信群众、依靠群众"的工作要求，每次到农村，他都要去最穷的那家人家去吃百家饭。"只有到最穷的人家去，看屋里有没有粮食，床上有没有被子，老人身上有没有棉衣，才能了解这个村到底是什么样的。"为此，他曾经在一个饲养员老大爷的牲口棚里住了三天三夜。

一个风雪交加的日子里，父亲和同事到了一个五保户家里，那家里一共两口人，老大娘是盲人，老大爷是个病人，躺在床上不能动。父亲到了他们家，习惯性地看了一圈后，就坐到老大爷床头问寒问暖。这时候，大娘摸摸索索地走了进来，拉住父亲的手问："你是谁啊，大雪天,你来干什么?”父亲拉着大娘的手喊了一声娘:“娘啊,我是您的儿子,毛主席派我来看望您老人家。”父亲喊人家娘,不是到兰考的习惯,在解放初期参加土改运动时,他看见村里头和他母亲年龄相仿的女同志,都喊人家“娘”,一是出于他亲近群众,二是他离开他娘的时间太长了,也一直没时间回家,他把这种感情寄托在老百姓身上。

当时,一个农民的孩子病得比较重,因为没钱给孩子治病,家里已经准备等孩子咽气了,送到村外去掩埋。父亲下乡的时候知道了这事,赶到孩子家里,对身边工作人员说:“这孩子还有呼吸呀,这是咱农民的孩子,赶快把孩子送到县医院去,想尽一切办法救活他。”后来这孩子被救活了。父亲去世后,孩子就改名叫张继焦,今年继焦已经50多岁了,一直在兰考县焦裕禄纪念园工作,他经常对别人说:“我这辈子就做好一项工作,就是为我的焦裕禄爸爸守坟,焦裕禄爸爸的坟,我是离不开了,只要我能动,我就守在这里。”

父亲在兰考就留下了4张照片,那时候,照相是奢侈的事。4张照片中只有一张是他自己愿意照的,是那张他站在泡桐树下掐着腰照的相,其他都是别人偷着拍的。在兰考他没有一张工作状态的照片,他当时总是对搞宣传的同志说:“你应该把镜头对准群众。”镜头对准群众,群众干劲就更足了,他们说:“使劲干哪、使劲干哪,你看他们给咱照相呢!”

……

他身边的物件,都成了与疾病斗争的见证

到了1963年11月,父亲的病越来越重,肝疼得也越来越厉害。他越来越瘦,脸色又青又黄,颧骨高高耸起,变得憔悴不堪。他身边的一切物件,都成了他与疾病斗争的见证。

刚开始,父亲肝疼时,就用茶杯盖上的疙瘩使劲顶肚子里的疙瘩。如果在写字,父亲就会用钢笔伸进去摁着;如果两只手都被占用,他就用刷衣服的刷子一头顶着肝一头顶着藤椅工作,时间长了,藤椅上就被顶出个窟窿。

有好几次,父亲工作结束了,还没站起来,就倒到了地上,那么大的个子,半天起不来,那是肝太疼了。母亲哭着劝他去看病,他说:“别着急,我把该安排的工作安排好了,就会去看的。”后来发展到肝疼得睡不着觉,他就把那些平时用的钢笔、杯盖搬到床上。母亲说那段时间父亲睡觉都是趴着睡,如果不趴着,那些东西就顶不住肝。

父亲的病越来越重,可他依然坚持工作。有次,父亲到农村听大队领导汇报工作,因为肝疼,冷汗一个劲地出,用来做记录的钢笔,两次从他手里掉了下来。在场的同志看到这种情况,非常紧张,立即把他送去开封地区人民医院。

到了地区人民医院,父亲被诊断为肝癌。当时大家不相信,送他到河南省医学院附属医院和北京协和医院去诊断。父亲最终被确诊为肝癌晚期,皮下扩散。据医生说,父亲肚子里长满了大大小小的瘤子,大的有鸡蛋那么大,小的像黄豆那么大,父亲的生命最多只有20多天了。

他们带着父亲回到了河南省医学院附属医院，那20多天里，父亲遭受了最大的苦、最大的罪。开始他还打止疼针，满怀希望自己能好起来，再回到兰考领着大家除“三害”。当他觉得身体一天不如一天时，开始拒绝打止疼针：“止疼针只能止疼，不能治病，这个药这么短缺，我能省一针就省一针，把药留给最需要的人吧！”

不打止疼针怎么办，父亲有时趴在床上，有时跪在床上，甚至还会把香烟点燃来烧自己的胳膊，他说这是他发明的肝疼转移疗法：“我其他地方疼了，肝疼就会稍微好一点。”胳膊上的皮肤没用了，他又开始烧肚子上的皮肤，大家见了都扭头落泪。

当时省委组织部副部长和地委组织部副部长来看他，他拉着两位领导的手说：“我最大的遗憾就是没能完成组织上交给我的任务，我没有达到兰考人民对我的要求，我心里很难过。”这两位领导说：“组织上对你的工作非常满意，你对后事有什么安排、对组织上有什么要求，你就和我们说吧。”父亲沉默了一会说：“我对组织上只有一个要求，就是我死了以后，把我运回兰考，埋在兰考的沙丘上，我活着没有治好沙丘，我死了，也要看见兰考人民把沙丘治好。”

父亲临终时，把母亲叫到身边，说：“没有想到，我这么快就要走了，我走了以后你会很难，你一定要教育好孩子，你再苦再难，都要把孩子抚养成人，把他们培养成对社会有用的人。你还要记住，再苦再难，也不能向组织伸手要钱要东西要救济。”这是他对母亲最后的交代。母亲当时才33岁，需要照顾两家的老人，还得抚养6个孩子，就是在这样的情况下，父亲还是给她约法三章。

1964年5月14日上午9时45分，父亲永远停止了呼吸，那一年，父亲42岁。父亲走了，我们家的天也塌了，母亲领着我们6个孩子，谨遵父亲临终前的嘱咐，艰难地生活。我们的日子是在母亲的泪水中度过的，父亲走了她没有了精神支柱，母亲流了许多泪，老了后还留下眼疾，不哭也流泪。

父亲不是苦行僧，但在兰考他舍弃了一切爱好

父亲不是苦行僧，也不是天生就喜欢吃苦受罪，实际上他在生活中也有许多爱好与追求。

他身高一米七八，皮肤黝黑，但长得非常英俊。到兰考前，父亲一直在哈尔滨、大连、洛阳等大城市工作，接触的都是新潮的东西。当时父亲有些文艺范儿，他二胡拉得非常好，舞也跳得好，还是个出色的男中音。早在南下工作队的时候，他就在文工团工作，他们工作队排练了歌剧《血泪仇》，由父亲出演男一号。

父亲对生活是很热爱的，工作再忙，胡子也刮得干干净净；衣服再旧，也洗得干干净净。父亲的文章写得非常好，还爱钻研。他在大连起重机厂时，给他们的厂报、广播电台写了很多文章。父亲这辈子穿的一件最好的衣服，就是母亲用他的稿费买来的。

但在兰考艰苦的环境下，首先面临的是解决民众温饱的严峻问题，父亲只能舍弃了他一切的爱好，一门心思带领兰考人民除“三害”。就像兰考一位领导干部说的：“焦裕禄在兰考的475天，是跑步度过的。”

……

（综合整理自《人民日报》2014年7月1日）

★学习与探究★

1. 阅读结束后，请与同学分享文中最令你感动的部分。从写作的角度想一想，让你感动的原因是什么？

2. 习近平同志曾在《福州晚报》发表过一首词《念奴娇·追思焦裕禄》，全文如下：

中夜，读《人民呼唤焦裕禄》一文，是时霁月如银，文思萦系……

魂飞万里，盼归来，此水此山此地。百姓谁不爱好官？把泪焦桐成雨。生也沙丘，死也沙丘，父老生死系。暮雪朝霜，毋改英雄意气！

依然月明如昔，思君夜夜，肝胆长如洗。路漫漫其修远矣，两袖清风来去。为官一任，造福一方，遂了平生意。绿我涓滴，会它千顷澄碧。

以此寄托对焦裕禄的崇高敬意和深切缅怀。焦裕禄的精神具有永恒的时代价值。联系选文，谈谈你理解的“焦裕禄精神”的内涵是什么。

3.《我的父亲焦裕禄》全书共6个章节，12万字。如果请你将这本书整理成一篇文章，你的思路是什么？有哪些注意事项呢？

火浴[1]

余光中

导　读

余光中（1928—2017年），当代著名作家、诗人、学者、翻译家，出生于江苏南京，祖籍福建泉州永春。余光中一生从事诗歌、散文创作，以及文学评论、翻译，自称为自己写作的“四度空间”，被誉为文坛的“璀璨五彩笔”。代表作有《白玉苦瓜》《记忆像铁轨一样长》《分水岭上：余光中评论文集》等。

[1] 本文选自《余光中集·第二卷》，百花文艺出版社2004年出版。

纵观全诗，诗中呈现出的是诗人心灵的一种进化，是一个灵魂的历练过程。在诗歌第二节、第三节，诗人明确表现出了自己的选择——凤凰的生存方式。“火浴更可羡，火浴更难。火比水更透明，比水更深”，虽然火浴可能会带来巨大的苦痛，但正因为经受了这种非比寻常的苦痛，生命和生活才更富有意义。

选　文

一种不灭的向往，向不同的元素
向不同的空间，至热，或者至冷
不知该上升，或是该下降
该上升如凤凰，在火难中上升
或是浮于流动的透明，一鳖天鹅
一片纯白的形象，映着自我
长颈与丰躯，全由弧线构成
有一种向往，要水，也要火
一种欲望，要洗濯，也需要焚烧
净化的过程，两者，都需要
沉淀的需要沉淀，飘扬的，飘扬
赴水为禽，扑火为鸟，火鸟与水禽
则我应选择，选择哪一种过程？

西方有一只天鹅，游泳在冰海
那是寒带，一种超人的气候
那里冰结寂寞，寂寞结冰
寂寞是静止的时间，倒影多完整
曾经，每一只野雁都是天鹅
水波粼粼，似幻亦似真。在东方
在炎炎的东方，有一只凤凰
从火中来的仍回到火中
一步一个火种，蹈着烈焰
烧死鸦族，烧不死凤雏
一羽太阳在颤动的永恒里上升

清者自清，火是勇士的行程
光荣的轮回是灵魂，从元素到元素

白孔雀，天鹅，鹤，白衣白扇
时间静止，中间栖着智士，隐士
永恒流动，永恒的烈焰
涤净勇士的罪过，勇士的血
则灵魂，你应该如何选择？
你选择冷中之冷或热中之热？
选择冰海或是选择太阳？
有洁癖的灵魂啊恒是不洁
或浴于冰或浴于火都是完成
都是可羡的完成，而浴于火
火浴更可羡，火浴更难
火比水更透明，比水更深
火啊，永生之门，用死亡拱成

用死亡拱成，一座弧形的挑战
说，未拥抱死的，不能诞生
是鸦族是凤裔决定在一瞬
一瞬间，咽火的那种意志
千杖交笞，接受那样的极刑
向交诟的千舌坦然大呼
我无罪！我无罪！我无罪！烙背
黥面，文身，我仍是我，仍是
清醒的我，灵魂啊，醒者何辜
张扬燃烧的双臂，似闻远方
时间的飓风在啸呼我的翅膀
毛发悲泣，骨骸呻吟，用自己的血液
煎熬自己，飞，凤雏，你的新生！

乱曰：
我的歌是一种不灭的向往

我的血沸腾，为火浴灵魂
蓝墨水中，听，有火的歌声
扬起，死后更清晰，也更高亢

一九六七年二月一日初稿
一九六七年九月九日改正

★学习与探究★

1. 反复吟诵是品味诗歌的方法之一。请你在小组内有感情地朗读，注意体会诗歌的抑扬之美、抒情之美。

2. 请你对诗歌中大鹅与凤凰两个意象进行对比赏析，并谈谈对整首诗歌的理解。

3. 从诗歌艺术上看，余光中是个“艺术上的多妻主义者”。他的诗歌因乡愁、爱情、理想、意志等主题不同而各具特色。请课后阅读余光中的作品，进一步了解。

4. 为了心中的追求，哪怕要“咽火”诗人也百折不回。在工作中，又何尝不是如此！爱岗敬业既是社会对劳动者的职业道德要求，更是劳动者个人的自身追求。请你联系马斯洛需求层次理论，试做阐述。

我的两个梦[1]

袁隆平

导　读

袁隆平（1930年— ），中国工程院院士，中国杂交水稻育种专家，中国研究与发展杂交水稻的开创者，被誉为“世界杂交水稻之父”。发明了“三系法”籼型杂交水稻，成功研究出“两系法”杂交水稻，创建了超级杂交稻技术体系。荣获首届国家最高科学技术奖、沃尔夫农业奖、国家科学技术进步奖等多项荣誉。2019年9月17日，国家主席习近平签署主席令，授予袁隆平“共和国勋章”。

本文原载于《人民日报》，2019年10月23日20版。作者管他的两个梦叫“禾下乘凉梦”“覆盖全球梦”，指的是他的两大心愿——“水稻高产”“杂交水稻走向全球”。文章以回望的方式，讲述了作者的杂交水稻研究之路，即为实现“两个梦”所做的努力。袁隆平

[1] 本文选自《人民日报》，2019年10月23日20版。

院士少年立志学农，研究路上敢于探索、勇于创新、不畏艰辛、勤于实践，90岁高龄的他仍然孜孜不倦地为自己的理想而奋斗，成功的背后付出了大量艰辛的劳动和努力。

选　文

我已经90岁了，但“老骥伏枥，志在千里”，我要力争让我们的团队早日完成每公顷18吨的高产攻关，做好第三代杂交水稻技术的生产应用。我希望最终能实现“禾下乘凉、覆盖全球”的两大心愿。

时光如白驹过隙，一转眼，90年过去，我成了正儿八经的“90后”。我大半辈子都在与水稻打交道，至今从事杂交水稻研究工作已有55个年头。我最关心的，就是与水稻和粮食相关的事。

新中国成立之前，中华大地上到处灾荒战乱，人民生活颠沛流离，少年时我就被迫从一个城市辗转到另一个城市，虽然少不更事，但每当看到沿路举家逃难、面如菜色的同胞，看到荒芜的田野和满目疮痍的土地，我的内心总会泛起一阵阵痛楚。报考大学时，我就对父母说，我要学农。母亲听了，吓一跳，说，傻孩子，学农多苦啊，你以为好玩儿呢？但我是真正爱上了农业，死活要学，还摆出大道理：吃饭可是天下第一桩大事，没有饭吃，人类怎么生存？最后，父母尊重我的选择。

毕业后，我被分配到湖南安江农校任教。安江农校地处偏远，临行前，学校的领导告诉我，那里很偏僻，“一盏孤灯照终身”，你可要做好思想准备。当时我想，能传播农业科学知识，也是为国家做贡献！没想到，去了不久，就碰上困难时期。我当时想，这么大一个国家，如果粮食安全得不到保障，其他一切都无从谈起，我要为让中国人吃饱饭而奋斗！

一天，我看到一些农民从高山上兑了种子，担回来种，就问他们，为什么跑到那么高的山上去换种呢？他们说，山上的种子质量好一些，产得多些。他们接着还说了一句话，叫作“施肥不如勤换种”。这对我有很大启发：农业上增产的途径有很多，但其中良种是非常重要的因素。

从此以后，我开始自己的杂交水稻研究之路。一路走来，有汗水和辛酸，也有丰收和喜悦。科学探索无止境，在这条漫长而又艰辛的路上，我一直有两个梦，一个是禾下乘凉梦，一个是杂交水稻覆盖全球梦。

禾下乘凉梦，我是真做过，我梦见水稻长得有高粱那么高，穗子像扫把那么长，颗粒像花生那么大，而我则和助手坐在稻穗下面乘凉。其实我这个梦想的实质，就是水稻高产梦，让人们吃上更多的米饭，永远都不用再饿肚子。

做梦容易，但要把梦变成现实，则需要付出大量艰苦的劳动和努力。我清楚地记得，那是1961年7月的一天，我到安江农校的试验田选种。突然，我发现了一株“鹤立鸡群”的稻株。穗大，颗粒饱满。我随手挑了一穗，竟有230粒之多！当时以为，选到了优良品种，岂不是可以增产无数粮食？

第二年春天，我把种子播下，结果却令人大失所望，一眼望去，高的高，矮的矮，没有一株赶得上最初的那株水稻。我不甘心，开始反复琢磨其中的奥秘，研究那一片试验田的稻株比例，最终得出一个结论：水稻是有杂交优势的，那株鹤立鸡群的水稻，就是天然的杂交水稻。既然天然杂交稻具有这样强的优势，那么人工杂交稻，也一定有优势。当时，遗传学理论一直否定自花授粉作物有杂交优势。我对此理论提出质疑。随后，我又拜访专家，翻找资料，最终得出结论，既然自然界存在杂交稻，那么人工杂交水稻也一定可以利用。而要想利用这一优势，首先需要找到“天然的雄性不育水稻”。

于是，我又走上曲折的寻找之旅。

其中，最令人刻骨铭心的是，在海南岛找到天然雄性不育野生稻“野败”并加以利用的过程。那是1970年11月，我和助手李必湖、尹华奇驻守在海南岛崖县南红农场，在当地寻找野生稻。在那里，有一位农专毕业的冯克珊，是南红良种繁育场的技术员，经常跑来听我讲课。冯克珊联想到农场附近有一种名叫“假禾”的草，很可能就是我要找的野生稻。11月23日，他找到李必湖，来到南红农场铁路涵洞附近的水塘边，到那片正在开花的野生稻中察看。他们发现了三个雄花异常的野生稻穗，野生稻穗的花药细瘦，色浅呈水渍状，不开裂散粉。这三个稻穗生长于同一禾蔸，是从一粒种子长出、匍匐于水面的分蘖。他们立即把这蔸野生稻连泥挖起，放在铁桶里拉回去，然后移栽到试验田里，等待鉴定。当时，我正在北京开会，收到助手们从海南发来的电报，连夜赶火车奔回海南岛。经过仔细检验，我们最终确认这是一株十分难得的天然雄性不育株野生稻，我给它命名为“野败”。

这真是大海捞针啊！

“野败”的发现对杂交水稻研究具有里程碑的意义，更是杂交水稻“三系”配套成功的突破口。1973年，我们协作组历尽千辛万苦才通过测交找到恢复系，攻克“三系”配套难关，才有了新中国第一代杂交水稻。第一代以细胞质雄性不育系为遗传工具的杂交水稻，优点是不育系不育性稳定，但也有缺点，即配组的时候受到恢保关系制约，因此选择优良组合的概率比较低，难度大。自上世纪80年代中后期起，我们开始研究两系杂交水稻。1995年，第二代以光温敏不育系为遗传工具的杂交水稻——两系法杂交稻研制成功，它的主要优点是配组自由选择，能选配到优良稻组合的概率比较高。但是，第二代杂交稻也不是完美的：不育系育性受气温和光照影响较大。我想，如果有一种杂交水稻，既兼具第一代和第二代的优点，又能克服二者的缺点，那该多好啊！2011年，我们又启动第三代杂交水稻育种技术的研究与利用，这是以遗传工程雄性不育系为遗传工具的杂交水稻，已初步研究成功，该杂交水稻克服了前两代的缺点。现在,我们甚至开始了第四代、第五代杂交水稻的研制。

追求高产更高产,是我们永恒的目标。自上世纪90年代中后期起,我们开始超级杂交稻攻关,分别于2000年、2004年、2011年、2014年实现大面积示范亩产700公斤、800公斤、900公斤、1000公斤目标。近5年又突破每公顷16吨、17吨的目标。2017年,世界水稻平均每公顷产量仅4.61吨,而我国杂交水稻平均产量每公顷达7.5吨,在世界上遥遥领先。

不可否认,上个世纪我们的主要任务是解决人民群众的温饱问题,所以杂交水稻把产量摆在优先地位。现在生活水平提高了,人民不仅要吃饱,还要吃好。所以,我们也改变思路,提出既要高产,又要优质。但是必须说清楚,虽然要满足市场对优质大米的需求,但我们仍然坚持一条,即不能以牺牲产量来求优质。我始终觉得,粮食安全问题必须时刻警惕。历史也无数次告诫我们,把饭碗牢牢端在自己手中的最有效途径,就是提高水稻的产量。

科学探索永无止境,我的另一个梦,就是杂交水稻走向世界、覆盖全球梦。

世界上超过一半人口以稻米为主食,一个令人担忧的事实却是,全球现有1.6亿公顷稻田中,杂交水稻种植面积还不到15%。发展杂交水稻不仅有广阔的舞台,更对保障世界粮食安全具有重要意义,倘若全球有一半稻田种上杂交稻,按每公顷比常规水稻增产2吨计算,则增产的粮食可以多养活4亿—5亿人口。杂交水稻覆盖全球不仅能提升全球水稻产量,造福人类,还能提升我国的国际地位。

为了实现这个梦,我们一直在努力。从上世纪80年代至今,我们坚持开办杂交水稻技术国际培训班,为80多个发展中国家培训了14000多名杂交水稻技术人才,我还受邀担任联合国粮农组织首席顾问,帮助其他国家发展杂交水稻。目前,杂交水稻已在印度、越南、菲律宾、孟加拉国、巴基斯坦、印度尼西亚、美国、巴西等国实现大面积种植。今年6月,在长沙举行的中非经贸博览会上,来了不少非洲国家农业界的朋友,看到他们对杂交水稻充满感激和期待,更坚定了我们将杂交水稻推向世界的信心与决心。

新中国杂交水稻事业能够取得丰硕成果,离不开党和国家的高度重视与大力支持,同时也是广大科技工作者集体智慧的结晶。我已经90岁了,但"老骥伏枥,志在千里",我要力争让我们的团队早日完成每公顷18吨的高产攻关,做好第三代杂交水稻技术的生产应用。我希望最终能实现"禾下乘凉、覆盖全球"的两大心愿。

★学习与探究★

1. 文中的涉农专业术语是否是你阅读中的"拦路虎"?你的解决办法是什么?

2. 爱岗敬业是对职业理想的执着追求,结合自身实际思考袁隆平带给我们的精神价值。

3. 中华人民共和国成立70周年之际,42人被授予国家勋章、国家荣誉称号,278名个人、22个集体被授予"最美奋斗者"荣誉称号。这些科学之星、奋斗之星、奉献之星,都应该是我们心中最亮的星。请你课后了解他们的先进事迹,汲取榜样的力量。

★思考与讨论★

1. 幼儿园教师保持心理健康的窍门在哪里?

2. 如何高效读懂专业性较强的书籍?

3. 你认为学生爱岗敬业的表现是什么?

4. 为了致敬普通劳动者的奋斗之路,推荐课后阅读王旭烽的《茶人三部曲》。

5.“敬业”是社会主义核心价值观中对公民职业行为准则的价值评价。请你联系所学专业,就如何做到爱岗敬业写一篇文章。

★主题实践★

活动一:举办颁奖典礼

为表现优秀的小朋友举办颁奖典礼是幼儿教师的工作内容之一。本学期即将结束时,请为本学期表现优秀的老师和学生举办一个小型的颁奖典礼。

提示:

1. 本活动由同学们团体协作完成。同学们在活动中要培养自身的合作意识和团队精神。

2. 活动要注重达到表彰先进、激励幼儿的效果。

3. 活动步骤:

第一步:设计活动流程;

第二步:安排人员分工,职责分明;

第三步:设定“爱岗敬业模范”“道德标兵”等奖项,投票评选;

第四步:活动准备(含准备主持词、颁奖词);

第五步:活动开展;

第六步:活动总结。

活动二:手抄报制作评比

环境创设、板报制作也是幼儿教师的工作内容之一。请你以“爱岗敬业”为主题制作一期板报。

PART 6

项目六

文学欣赏与终身学习

学习目标：

1. 能够初步了解不同体裁文学作品的创作特点和艺术表现手法。

2. 能够深刻领会文学作品的意蕴内涵，提升鉴赏能力，培养阅读兴趣，进而养成阅读习惯。

3. 将文学鉴赏进一步引向深入，引发学生关于人的存在之思。

4. 通过对作品的赏析，达到求真求善，逐步实现对健康人性、优良品格的自我塑造。

5. 自我激发对于人生的意义和价值的思考和求索，形成终身学习、终身成长的观念认知。

黍离[1]

佚名

导 读

《诗经》是我国第一部诗歌总集，共收入自西周初年至春秋中期的诗歌三百零五首，最初称《诗》，后被汉代儒者奉为经典，沿用至今。其诗采于民间，是表现周代社会生活的民间歌谣。

《黍离》一诗选自《诗经·王风》，西周末年，相传周幽王为博宠妃褒姒一笑，烽火戏诸侯；后戎族入侵，诸侯不再勤王，西周于是灭亡，都城镐京被夷为平地。周平王被迫东迁洛邑（洛阳旧称），国势就此一蹶不振。东周王朝的士大夫，对那繁华昌盛的宗周故都，自然怀有无限眷念之情。《毛诗故训传》："《黍离》，闵宗周也。周大夫行役，至于宗周，过古宗庙宫室，尽为禾离，闵宗周之颠覆，彷徨不忍去，而作是诗也。"这种解说在后代得到普遍接受，黍离之悲成为重要典故，多用以指亡国之痛和忧国忧民的情怀。

选 文

彼黍离离　彼稷之苗
行迈靡靡　中心摇摇
知我者　谓我心忧
不知我者　谓我何求
悠悠苍天　此何人哉

彼黍离离　彼稷之穗
行迈靡靡　中心如醉
知我者　谓我心忧
不知我者　谓我何求
悠悠苍天　此何人哉

[1] 本文选自《诗经》，三秦出版社2018年出版。

彼黍离离　彼稷之实
行迈靡靡　中心如噎
知我者　谓我心忧
不知我者　谓我何求
悠悠苍天　此何人哉

★学习与探究★

1. 自古以来，大家对《黍离》一诗的思想主题的理解都是多元性的。如郭沫若认为是旧家族悲伤自己的破产（《中国古代社会研究》），余冠英、金启华、雒江生等认为是流浪者陈述他的哀思（依次：《诗经选》《诗经全译》《诗经通诂》），蓝菊荪持爱国志士忧国怨战说（《诗经国风今译》），程俊英认为是家园难舍说（《诗经译注》），陈子展认为是诗人过宗周故都，看见小米高粱都很茂盛，引起了无限的感慨，无限的忧思的诗（《国风选译》），高亨认为是西周之后，东周王朝的大夫，因事要到镐京，看见原来宗庙宫殿所在的地方变成田野，长了庄稼，他悲悼西周灭亡，因此作诗（《诗经今注》）等。请根据自己的阅读感受，谈谈你对于诗歌的理解。

2. 请同学们有感情地诵读《黍离》，体会诗歌的节奏感和韵律之美。除叠字、押韵、重章叠唱、比兴运用、物象浓缩化而情感递进式的表现手法外，你认为《黍离》一诗还有哪些创作特点？

3. 由于本诗的流传，“黍离之悲”在中国文化中成了一种深沉的民族心理沉淀，成为亡国遗民借以抒发爱国情愫的一种典型意象。在中国文学中，抒发“黍离之悲”的诗、文、词、赋绵绵不绝。如著名的“国破山河在，城春草木深”（杜甫《春望》），“过春风十里，尽荠麦青青”（姜夔《扬州慢》）等。结合你的阅读体验和人生经历，谈谈你在何时也发出过类似“知我者谓我心忧，不知我者谓我何求”的感叹。

一只特立独行的猪[1]

王小波

导　读

王小波（1952—1997年），中国当代学者、作家。1969年起先后在云南、山东插队，做过民办教师，1974年以后在北京街道工厂当工人，1978年考入中国人民大学，1984年赴美国匹兹堡大学东亚研究中心求学，获硕士学位后于1988年回国，曾在北京大学、中国

[1] 本文选自王小波著《沉默的大多数》，北京理工大学出版社2009年出版。

人民大学任教,1992年辞职,成为自由撰稿人。代表作品有《黄金时代》《白银时代》《青铜时代》《黑铁时代》等。

《一只特立独行的猪》以王小波"文革"时期下乡插队时的一个故事为叙述主体,故事主角"猪"是中国散文中非常罕见的表现对象,这个对象的选择其实也说明了作品本身具有一种特立独行的因素。在作者看来人和猪一样,也是只求自由的本性,"它们会自由自在地闲逛,饥则食渴则饮,春天来临时还要谈谈爱情",无疑,猪所处的这种自然状态,正如人所追求的自由生活一样,是一种自然的要求和生活方式。王小波终其一生思考着并快乐着,他以独有的调侃的笔调完成了对自由与理性的反思与书写。读者从他那里学会如何独立而自由地思考,真切地体会到作为一个独立个体应有的尊严与自由。这种观点在20世纪90年代点燃了一代人的青春,放在当下,依然具有鲜活的感染力。

选　文

插队的时候,我喂过猪,也放过牛。假如没有人来管,这两种动物也完全知道该怎样生活。它们会自由自在地闲逛,饥则食渴则饮,春天来临时还要谈谈爱情;这样一来,它们的生活层次很低,完全乏善可陈。人来了以后,给它们的生活做出了安排:每一头牛和每一口猪的生活都有了主题。就它们中的大多数而言,这种生活主题是很悲惨的:前者的主题是干活,后者的主题是长肉。我不认为这有什么可抱怨的,因为我当时的生活也不见得丰富了多少,除了八个样板戏,也没有什么消遣。有极少数的猪和牛,它们的生活另有安排。以猪为例,种猪和母猪除了吃,还有别的事可干。就我所见,它们对这些安排也不大喜欢。种猪的任务是交配,换言之,我们的政策准许它当个花花公子。但是疲惫的种猪往往摆出一种肉猪(肉猪是阉过的)才有的正人君子架势,死活不肯跳到母猪背上去。母猪的任务是生崽儿,但有些母猪却要把猪崽儿吃掉。总的来说,人的安排使猪痛苦不堪。但它们还是接受了:猪总是猪啊。

对生活做种种设置是人特有的品性。不光是设置动物,也设置自己。我们知道,在古希腊有个斯巴达,那里的生活被设置得了无生趣,其目的就是要使男人成为亡命战士,使女人成为生育机器,前者像些斗鸡,后者像些母猪。这两类动物是很特别的,但我以为,它们肯定不喜欢自己的生活。但不喜欢又能怎么样?人也好,动物也罢,都很难改变自己的命运。

以下谈到的一只猪有些与众不同。我喂猪时,它已经有四五岁了,从名分上说,它是肉猪,但长得又黑又瘦,两眼炯炯有光。这家伙像山羊一样敏捷,一米高的猪栏一跳就过;它还能跳上猪圈的房顶,这一点又像是猫——所以它总是到处游逛,根本就不在圈里待着。所有喂过猪的知青都把它当宠儿来对待,它也是我的宠儿——因为它只对知青好,容许他们走到三米之内，要是别的人，它早就跑了。它是公的，原本该劁掉。不过你去试试看，哪怕你把劁猪刀藏在身后，它也能嗅出来，朝你瞪大眼睛，嗷嗷地吼起来。我总是用细米糠熬的粥喂它，等它吃够了以后，才把糠兑到野草里喂别的猪。其他猪看了嫉妒，一起嚷起来。这时候整个猪场一片鬼哭狼嚎，但我和它都不在乎。吃饱了以后，它就跳上房顶去晒太阳，或者模仿各种声音。它会学汽车响、拖拉机响，学得都很像；有时整天不见踪影，我估计它到附近的村寨里找母猪去了。我们这里也有母猪，都关在圈里，被过度的生育搞得走了形，又脏又臭，它对它们不感兴趣；村寨里的母猪好看一些。它有很多精彩的事迹，但我喂猪的时间短，知道得有限，索性就不写了。总而言之，所有喂过猪的知青都喜欢它，喜欢它特立独行的派头儿，还说它活得潇洒。但老乡们就不这么浪漫，他们说，这猪不正经。领导则痛恨它，这一点以后还要谈到。我对它则不只是喜欢——我尊敬它，常常不顾自己虚长十几岁这一现实，把它叫作“猪兄”。如前所述，这位猪兄会模仿各种声音。我想它也学过人说话，但没有学会——假如学会了，我们就可以做倾心之谈。但这不能怪它。人和猪的音色差得太远了。

后来，猪兄学会了汽笛叫，这个本领给它招来了麻烦。我们那里有座糖厂，中午要鸣一次汽笛，让工人换班。我们队下地干活时，听见这次汽笛响就收工回来。我的猪兄每天上午十点钟总要跳到房上学汽笛，地里的人听见它叫就回来——这可比糖厂鸣笛早了一个半小时。坦白地说，这不能全怪猪兄，它毕竟不是锅炉，叫起来和汽笛还有些区别，但老乡们却硬说听不出来。领导上因此开了一个会，把它定成了破坏春耕的坏分子，要对它采取专政手段——会议的精神我已经知道了，但我不为它担忧——因为假如专政是指绳索和杀猪刀的话，那是一点门都没有的。以前的领导也不是没试过，一百人也逮不住它。狗也没用：猪兄跑起来像颗鱼雷，能把狗撞出一丈开外。谁知这回是动了真格的，指导员带了二十几个人，手拿五四式手枪；副指导员带了十几人，手持看青的火枪，分两路在猪场外的空地上兜捕它。这就使我陷入了内心的矛盾：按我和它的交情，我该舞起两把杀猪刀冲出去，和它并肩战斗，但我又觉得这样做太过惊世骇俗——它毕竟是只猪啊；还有一个理由，我不敢对抗领导，我怀疑这才是问题之所在。总之，我在一边看着。猪兄的镇定使我佩服之极：它很冷静地躲在手枪和火枪的连线之内，任凭人喊狗咬，不离那条线。这样，拿手枪的人开火就会把拿火枪的打死，反之亦然；两头同时开火，两头都会被打死。至于它，因为目标小，多半没事。就这样连兜了几个圈子，它找到了一个空子，一头撞出去了，跑得潇洒至极。以后我在甘蔗地里还见过它一次，它长出了獠牙，还认识我，但已不容我走近了。这种冷淡使我痛心，但我也赞成它对心怀叵测的人保持距离。

我已经四十岁了，除了这只猪，还没见过谁敢于如此无视对生活的设置。相反，我倒见过很多想要设置别人生活的人，还有对被设置的生活安之若素的人。因为这个缘故，我一直怀念这只特立独行的猪。

★学习与探究★

1. 在一个荒谬的时代里，王小波用逻辑来揭示荒谬。而逻辑是人类最基本的思维能力，如果不能说逻辑是特立独行，那么也就不能说王小波特立独行。如果人们觉得王小波特立独行，那么也许是这个社会太不正常了。同样可以简单地说，王小波的意义不在于特立独行，而在于人性的正常。阅读全文，找到文中的逻辑主线是什么。

2. 王小波在《黄金时代》里说："那一年我21岁，在我一生的黄金时代，我有好多奢望。我想爱，想吃，还想在一瞬间变成天上半明半暗的云。"这样美好的奢望和猪的愿望没有本质的区别，都是自然而美好的。所谓"特立独行"，大概是"正常"在不正常的社会中的样子。"一只特立独行的猪"，重点应该在"一只"上，而非在"特立独行"。后者多少有些一惊一乍，而前者却真正彰显了无视对生活的设置的独立性。结合自己的职业定位思考，在既定的生活轨迹下，如何做好定位？

粽子里的乡愁[1]

琦君

导　读

琦君（1917—2006年），原名潘希真，浙江温州市瓯海区人，当代女作家、散文家。曾任中国文化学院、中央大学中文系教授。有散文集、小说集及儿童文学作品40余部，主要著作有《永是有情人》《水是故乡甜》《万水千山师友情》《三更有梦书当枕》《桂花雨》《细雨灯花落》《读书与生活》《母亲的金手表》。琦君的怀旧文字不论写人、写事、写物，总令人百读不厌，她笔走不同时空，由眼前琐事带到过去，以赤子童稚清明无邪的眼光看世界，清澈自然，她笔下的"童稚情怀"，纯美、天真，在好看的故事中，借着慈祥长者的叮咛，说出普遍而永恒的真理。

《粽子里的乡愁》对往事的回忆在包粽子、吃粽子、送粽子这条线索中逐一展开。同时，粽子也寄托了作者真挚浑厚的情怀：对家乡、对童年的怀念，对慈爱的母亲绵绵不尽的爱，以及对世态人生的感慨，既温馨悲悯又苍凉肃静。

[1] 本文选自琦君著《母亲的菩提树》，人民文学出版社2015年出版。

选　文

异乡客地，愈是没有年节的气氛，愈是怀念旧时代的年节情景。

端阳是个大节，也是母亲大忙特忙、大显身手的好时光。想起她灵活的双手，裹着四角玲珑的粽子，就好像马上闻到那股子粽香了。

母亲包的粽子，种类很多。莲子红枣粽只包少许几个，是专为供佛的素粽。荤的豆沙粽、猪肉粽、火腿粽可以供祖先，供过以后称之为"子孙粽"。吃了将会保佑后代儿孙绵延。包的最多的是红豆粽、白米粽和灰汤粽。一家人享受以外，还要布施乞丐。母亲总是为乞丐大量准备一些，美其名曰"富贵粽"。

我最最喜欢吃的是灰汤粽。是用早稻草烧成灰，铺在白布上，拿开水一冲，滴下的热汤呈深褐色，内含大量的碱。把包好的白米粽浸泡灰汤中一段时间（大约一夜晚吧），提出来煮熟，就是浅咖啡色带碱味的灰汤粽。那股子特别的清香，是其他粽子所不及的。我一口气可以吃两个，因为灰汤粽不但不碍胃，反而有帮助消化之功。过节时若吃得过饱，母亲就用灰汤粽焙成灰，叫我用开水送服，胃就舒服了。完全是自然食物的自然治疗法。母亲常说我是从灰汤粽里长大的。几十年以来，一想起灰汤粽的香味，就神往童年与故乡的快乐时光。但在今天到哪里去找早稻草烧出灰来冲灰汤呢？

端午节那天，乞丐一早就来讨粽子。真个是门庭若市。我帮着长工阿荣提着富贵粽，一个个分。忙得不亦乐乎。乞丐常高声地喊："太太，高升点（意谓多给点）。明里去了暗里来，积福积德，保佑你大富大贵啊！"母亲总是从厨房里出来，连声说："大家有福，大家有福。"

乞丐去后，我问母亲："他们讨饭吃，有什么福呢？"母亲正色道："不要这样讲。谁能保证一生一世享福？谁又能保证下一世有福还是没福。福是要靠自己修的。时时刻刻要存好心，要惜福最要紧。他们做乞丐的，并不是一个个都好吃懒做的，有的是一时做错了事，败了家业。有的是上一代没积福，害了他们。你看那些孩子，跟着爹娘日晒夜露的讨饭，他们做错了什么，有什么罪过呢？"

母亲的话，在我心头重重地敲了一下。因而每回看到乞丐们背上背的婴儿，小脑袋晃来晃去，在太阳里晒着，雨里淋着，心里就有说不出的难过。当我把粽子递给小乞丐时，他们伸出黑漆漆的双手接过去，嘴里说着："谢谢你啊！"眼睛睁得大大的，看我一身的新衣服。他们有许多都和我差不多年纪，差不多高矮。我就会想，他们为什么当乞丐，我为什么住这样的大房子，有好东西吃，有书读？想想妈妈说的，谁能保证一生一世享福？心里就害怕起来。

有一回，一个小女孩悄声对我说："再给我一个粽子吧。我阿婆有病走不动，我带回去给她吃。"我连忙给她一个大大的灰汤粽。她又说："灰汤粽是咬食的（帮助消化），我们没有什么肉吃呀！"我听了很难过，就去厨房里拿一个肉粽给她，她没有等我，已经走得很远了。我追上去把粽子给她。我说："你有阿婆，我没有阿婆了。"她看了我半晌说："我也没有阿婆，是我后娘叫我这么说的。”我吃惊地问：“你后娘?”她说：“是啊！她经常打我，用手指甲掐我，你看我手上脚上都有紫印。”

听了她的话，我眼泪马上流出来了，我再也不嫌她脏，拉着她的手说：“你不要讨饭了，我求妈妈收留你，你帮我们做事，我们一同玩，我教你认字。”她静静地看着我，摇摇头说：“我没这个福分。”

她甩开我的手，很快地跑了。

我回来呆呆地想了好久，告诉母亲，母亲也呆呆地想了好久。叹口气说：“我也不知道要怎样做才周全，世上苦命的人太多了。”

日月飞逝，那个讨粽子的小女孩，她一脸悲苦的神情，她一双吃惊的眼睛，和她坚决地快跑而逝的背影，时常浮现我心头，她小小年纪，是真的认命，还是更喜欢过乞讨的流浪生活？如果她仍在人间的话，也已是年逾七旬的老妪了。人世茫茫，她究竟活得怎样，在哪里活呢？

每年端午节来临时，我很少吃粽子，更无从吃到清香的灰汤粽。母亲细嫩的手艺和琐琐屑屑的事，都只能在不尽的怀念中追寻了。

一九八九年

★学习与探究★

1. 阅读全文，分析作者母亲的人物特点。

2. 作者深深印记母亲所说的“福是要靠自己修的。时时刻刻要存好心，要惜福最要紧。”同时对作者影响更深的是母亲的行为带给她的教诲，正如法国思想家罗曼·罗兰所说“善良不是一种学问，而是一种行为。”作者的母亲将对这个世界最大的善意包进了这颗小小的灰汤粽里，让作者深深怀念。结合自身经历，谈谈成长中你感受过的善良故事，试着与班上同学分享。

会唱歌的墙[1]

莫言

导 读

莫言，本名管谟业，1955年2月17日出生于山东高密，中国当代著名作家。自20世纪80年代中期以一系列乡土作品崛起，充满着“怀乡”以及“怨乡”的复杂情感，被归类为“寻

[1] 本文选自莫言著《会唱歌的墙》，作家出版社2005年出版。

根文学”作家。其作品深受魔幻现实主义影响，写的是一出出发生在山东高密东北乡的“传奇”。莫言在他的小说中构造独特的主观感觉世界，天马行空般的叙述，陌生化的处理，塑造神秘超验的对象世界，带有明显的“先锋”色彩。

本文选自莫言第一部散文集《会唱歌的墙》，该散文集收录了莫言从1981—2011年间的优秀散文，集齐了莫言最具代表性的散文作品。《会唱歌的墙》是其中一篇代表作，充满了作者对故乡高密的眷恋，对亲情的归依，对童年欢乐的回味。故乡已成为莫言借以理解沟通和抒写描摹整个世界的一条必经之路。他的文笔简洁，风格恬淡，看似平平淡淡，却蕴藏着无穷的艺术魅力，令人读后余味无穷，遐想不已。在平实的语言后面，饱含着对生活的感受，寄寓着对家乡风土人情以及内在人文精神的歌颂与赞美，如同一杯陈年老酒，需要慢慢品，才能得其芳醇。

选　文

高密东北乡东南边隅上那个小村，是我出生的地方。村子里几十户人家，几十栋土墙草顶的房屋稀疏地摆布在胶河的怀抱里。村庄虽小，村子里却有一条宽阔的黄土大道，道路的两边杂乱无章地生长着槐、柳、柏、楸，还有几棵每到金秋就满树黄叶、无人能叫出名字的怪树。路边的树有的是参天古木，有的却细如麻秆，显然是刚刚长出的幼苗。

沿着这条奇树镶边的黄土大道东行三里，便出了村庄。向东南方向似乎是无限地延伸着的原野扑面而来。景观的突变使人往往精神一振。黄土的大道已经留在身后，脚下的道路不知何时已经变成了黑色的土路，狭窄，弯曲，爬向东南，望不到尽头。人至此总是禁不住回头。回头时你看到了村子中央那完全中国化了的天主教堂上那高高的十字架上蹲着的乌鸦变成了一个模糊的黑点，融在夕阳的余晖或是清晨的乳白色炊烟里。也许你回头时正巧是钟声苍凉，从钟楼上溢出，感动着你的心。黄土大道上树影婆娑，如果是秋天，也许能看到落叶的奇观：没有一丝风，无数金黄的叶片纷纷落地，叶片相撞，索索有声，在街上穿行的鸡犬，仓皇逃窜，仿佛怕被打破头颅。

如果是夏天站在这里，无法不沿着黑土的弯路向东南行走。黑土在夏天总是黏滞的，你脱了鞋子赤脚向前，感觉会很美妙，踩着颤颤悠悠的路面，脚的纹路会清晰地印在那路面上。但你不必担心会陷下去。如果挖一块这样的黑泥，用力一攥，你就会明白了这泥土是多么的珍贵。我每次攥着这泥土，就想起了那些在商店里以很高的价格出售的那种供儿童们捏制小鸡小狗用的橡皮泥。它仿佛是用豆油调和着揉了九十九道的面团。祖先们早就用这里的黑泥，用木榔头敲打它几十遍，使它像黑色的脂油，然后制成陶器，砖瓦，都在出窑时呈现出釉彩，尽管不是釉。这样的陶器和砖瓦是宝贝，敲起来都能发出清脆悦耳的声音。

继续往前走，假如是春天，草甸子里绿草如毡，星星点点、五颜六色的小小花朵，如同这毡上的美丽图案。空中鸟声婉转,天蓝得令人头晕目眩。文背红胸的那种貌似鹌鹑但不是鹌鹑的鸟儿在路上蹒跚行走,后边跟随着几只刚刚出壳的幼鸟。还不时地可以看到草黄色的野兔儿一耸一耸地从你的面前跳过去,追它几步,是有趣的游戏,但要想追上它却是妄想。门老头子养的那匹莽撞的瞎狗能追上野兔子,那要在冬天的原野上,最好是大雪遮盖了原野,让野兔子无法疾跑。

前面有一个池塘,所谓池塘,实际上就是原野上的洼地,至于如何成了洼地,洼地里的泥土去了什么地方,没人知道,大概也没有人想知道。草甸子里有无数的池塘,有大的,有小的。夏天时,池塘里积蓄着发黄的水。这些池塘无论大小,都以极圆的形状存在着,令人猜想不透,猜想不透的结果就是浮想联翩。前年夏天,我带一位朋友来看这些池塘。刚下了一场大雨,草叶子上的雨水把我们的裤子都打湿了。池水有些混浊,水底下一串串的气泡冒到水面上破裂,水中洋溢着一股腥甜的气味。有的池塘里生长着厚厚的浮萍,看不到水面。有的池塘里生长着睡莲,油亮的叶片紧贴着水面,中间高挑起一枝两枝的花苞或是花朵,带着十分人工的痕迹,但我知道它们绝对是自生自灭的,是野的不是家的。朦胧的月夜里,站在这样的池塘边,望着那些闪烁着奇光异彩的玉雕般的花朵,象征和暗示就油然而生了。四周寂静,月光如水,虫声唧唧,格外深刻。使人想起日本的俳句:“蝉声渗到岩石中。”声音是一种力呢还是一种物质?它既然能"渗透"到磁盘上,也必定能"渗透"到岩石里。原野里的声音渗透到我的脑海里,时时地想起来,响起来。

我站在池塘边倾听着唧唧虫鸣,美人的头发闪烁着迷人的光泽,美人的身上散发着蜂蜜的气味。突然,一阵湿漉漉的蛙鸣从不远处的一个池塘传来,月亮的光彩纷纷扬扬,青蛙的气味凉森森地粘在我们的皮肤上。仿佛高密东北乡的全体青蛙都集中在这个约有半亩大的池塘里了,看不到一点点水面,只能看到层层叠叠地在月亮中蠕动鸣叫的青蛙和青蛙们腮边那些白色的气囊。月亮和青蛙们混在一起,声音原本就是一体——自然是人的自然,人是自然的一部分。人在天安门集会,青蛙在池塘里开会。

还是回到路上来吧,那条黄沙的大道早就被我们留在了身后,这条黑色的胶泥小路旁生了若干的枝杈,一条条小径像无数条大蛇盲目爬动时留下的痕迹,复杂地卧在原野上。你没有必要去选择,因为每一条小径都与其他的小径相连,因为每一条小路都通向奇异的风景。池塘是风景。青蛙的池塘。蛇的池塘。螃蟹的池塘。翠鸟的池塘。浮萍的池塘。睡莲的池塘。芦苇的池塘。水荭的池塘。冒泡的池塘和不冒泡的池塘。没有传说的池塘和有传说的池塘。

传说明朝的嘉靖年间,有一个给地主家放牛的孩子,正在池塘边的茅草中蹲着干一件事儿,听到有两个男人的声音在池塘边上响起。谈话的大意是:这个池塘是一穴风水宝地,半夜三更时会有一朵奇大的白莲花苞从池塘中升起。如果趁着这莲花开放时,把祖先的骨灰罐儿投进去,注定了后代儿孙会高中状元。这个放牛娃很灵,知道这是两个会看风水的南方蛮子。他心中琢磨:我给人家放牛,一个大字不识,一辈子不会有什么出息了,但如果我有中了状元的儿子,子贵父荣,也是一件大大的美事。尽管我现在还没有老婆,但老婆总是会有的。放牛娃回去把父母连同爷爷奶奶的尸骨起出来,烧化了,装在一个破罐子里,选一个月明之夜,蹲在池边茅草里,等待着。夜半三更时,果然有一个比牛头还要大的洁白的荷花苞儿从池塘正中冒了出来,紧接着就缓缓地开放,那些巨大的花瓣儿在月光的照耀下像什么只能由您自己去想象。等到花儿全部放开时,有磨盘那般大小,香气浓郁,把池塘边上的野草都熏蔫了。放牛娃头晕眼花地站起来,双手捧住那个祖先的骨灰罐子,瞄得亲切,投向那花心,自然是正中了。香气大放了一阵,接着就收敛了,那些花瓣儿也逐渐地收拢,缩成了初出水时的模样,缓缓地沉下水去。放牛娃在池边干完了这一切,仿佛在梦境中。月亮明晃晃地高挂在天中,池塘中水平如镜,万籁俱寂,远处传来野鹅的叫声,仿佛梦呓。此后放牛娃继续放他的牛,一切如初,他把这事儿也就淡忘了。一天,那两个南方蛮子又出现在池塘边,其中一位,跳足长叹:“晚了,被人家抢了先了。”放牛娃看到这两个人痛心疾首的样子,心中暗暗得意,装出无事人的样子,上前问讯:“二位先生,来这里干什么?怀里抱着什么东西?”那两个人低头看看怀中的骨灰罐子,抬头看看放牛娃,眼中射出十分锐利的光线。后来,这两个蛮子从南方带来了两个美女,非要送给放牛娃做老婆,所有的人都感到这事情不可思议,只有放牛娃心中明白。但送上门来的美女,不要白不要,于是就接受了,房子也是那两个蛮子帮助盖好。过了几年,两个女人都怀了孕。一天,趁放牛娃不在家,两个南方人把两个女人带走了。放牛娃回来后,发现女人不在了,招呼了乡亲,骑马去追,追上了,不让走,南方人也不相让,相持不下,最终由乡绅出面达成协议,两个女人,南方人带走一个,给放牛娃留下一个。过了半年,两个女人各生了一个儿子。长大后,都聪慧异常,读书如吃方便面,先生们如走马灯般地换。十几年中,都由童生而秀才,由秀才而举人,然后进京考进士。南方的那位,在北上的船头上,竖起了一面狂妄的大旗,旗上绣着:“头名状元董梅赞,就怕高密哥哥小蓝田。”进场后,都是下笔千言,满卷锦绣。考试官难分高下,只好用走马观榜、水底摸碑等方式来判定高低。董梅赞在水底摸碑时要了一个心眼,将天下太平的“太”字一点用泥巴糊住,使他的同父异母哥哥摸成了天下大平,于是,董梅赞成了状元,而蓝田屈居榜眼……这个传说还有别样的版本,但故事的框架基本如此。

如果干脆舍弃了道路,不管脚下是草丛还是牛粪,不要怕踩坏那一窝窝鲜亮的鸟蛋和活生生的鸟雏,不要怕被刺猬扎了你娇嫩的脚踝,不要怕花朵染彩了你洁净的衣裳,不要怕酢浆草的气味熏出你的眼泪,我们就笔直地对着东南方向那座秀丽的、孤零零的小山走吧。几个小时后,站在墨水河高高的、长满了香草、开遍了百花的河堤上,我们已经把那个幸运的放牛娃和他的美丽的传说抛在了脑后,而另外一个或是几个在河堤上放羊的娃娃正在睁大了眼睛,好奇地看着你。他们中如果有一个独腿的、满面孤独神情的少年,你千万可别去招惹他啊,他是高密东北乡最著名的土匪许大巴掌一脉单传的重孙子。许大巴掌曾经与在胶东纵横了十六年的八路军司令许世友比试过枪法和武术。“咱俩都姓许，一笔难写两个许字。”这句很有江湖气的话不知道出自哪个许口。至今还在流传着他们在大草甸子里比武的故事，流传的过程也就是传奇的过程。那孤独的独腿少年站在河堤上，挥动着手中的鞭子，抽打着堤岸上的野草，一鞭横扫，高草纷披，开辟出一块天地。那少年的嘴唇薄得如刀刃一样，鼻子高挺，腮上几乎没有肉，双眼里几乎没有白色。几千年前蹲在渭河边上钓鱼的姜子牙，现在就蹲在墨水河边上，头顶着黑斗笠，身披着黑蓑衣，身后放一只黑色的鱼篓子，宛如一块黑石头。他的面前是平静的河水，野鸭子在水边浅草中觅食，高脚的鹭鸶站在野鸭们背后，尖嘴藏在背羽中。明晃晃一道闪电，喀啦啦一声霹雳，头上的黑云团团旋转，顷刻遮没了半边天，青灰色的大雨点子急匆匆地砸下来，使河面千疮百孔。一条犁铧大小的鲫鱼落在了姜子牙的鱼篓里。河里有些什么鱼？黑鱼、鲇鱼、鲤鱼、草鱼、鳝鱼，泥鳅不算鱼，只能喂鸭子，人不吃它。色彩艳丽的“紫瓜皮”也不算鱼，它活蹦乱跳，好像一块花玻璃。鳖是能成精做怪的灵物，尤其是五爪子鳖，无人敢惹。河里最多的是螃蟹，还有一种青色的草虾子。这条河与胶河一样是我们高密东北乡的母亲河。胶河在村子后边，墨水河在村子前面，两条河往东流淌四十里后，在咸水口子那里汇合在一起，然后注入渤海的万顷碧波之中。有河必有桥，桥是民国初年修的，至今已经摇摇欲坠。桥上曾经浸透了血迹。一个红衣少女坐在桥上，两条光滑的小腿垂到水面上。她的眼睛里唱着五百年前的歌谣。她的嘴巴紧紧地闭着。她是孙家这个阴鸷的家族中诸多美貌哑巴中的一个。她是一个彻底的沉默者，永远紧绷着长长的秀丽的嘴巴。那一年九个哑巴姐妹叠成了一个高高的宝塔，塔顶上是她们的夜明珠般的弟弟——一个伶牙俐齿的男孩子。他踩在姐姐们用身体垒起来的高度上，放声歌唱：“桃花儿红，莲花儿白，莲花儿白白如奶奶……”这歌声也照样地渗透在他的姐姐们的眼睛里。每当我注视着孙家姐妹们冷艳的凤眼，便亲切地听到了那白牙红唇的少年的歌唱。这歌唱渗透到他的姐姐们丰满的乳房里，变成青白的乳汁，哺育着面色苍白的青年。

发生在这座老弱的小石桥上的故事多如牛毛。世间的书大多是写在纸上的，也有刻在竹简上的，但有一部关于高密东北乡的大书是渗透在石头里的，是写在桥上的。

过了桥，又上堤，同样的芳草野花杂色烂漫的堤，站上去往南望，土地猛然间改变了颜色：河北是黑色的原野，河南是苍黄的土地。秋天，万亩高粱在河南成熟，像血像火又像豪情。采集高粱米的鸽子们的叫声竟然如女人的悲伤的抽泣。但现在已经是滴水成冰的寒冬，大地沉睡在白雪下，初升的太阳照耀，眼前便展开了万丈金琉璃。许多似曾相识的人在雪地上忙碌着，他们仿佛是从地下冒出来的。这就是高密东北乡的“雪集”了。“雪集”者，雪地上的集市也。雪地上的贸易和雪地上的庆典，是一个将千言万语压在心头，一出声就要遭祸殃的仪式。成千上万的东北乡人一入冬就盼望着第一场雪，雪遮盖了大地，人走出房屋，集中在墨水河南那片大约有三百亩的莫名其妙的高地上。据说这块高地几百年前曾经是老孙家的资产，现在成了村子里的公田。据说高密东北乡的领导人要把这片高地变成所谓的开发区,这愚蠢的念头遭到了村民的坚决抵制。圈地的木橛子被毁坏了几十次,乡长的院子里每天夜里都要落进去一汽车破砖碎瓦。

我多么留恋着跟随着爷爷第一次去赶"雪集"的情景啊。在那里,你只能用眼睛看,用手势比画,用全部的心思去体会,但你绝对不能开口说话。开口说话会带来什么后果?我们心照不宣。"雪集"上卖什么的都有,最多的是用蒲草编织成的草鞋和各种吃食。主宰着"雪集"的是食物的香气:油煎包的香气,炸油条的香气,烧猪肉的香气,烤野兔的香气……女人们都用肥大的袖口捂住嘴巴,看起来是为了防止寒风侵入,其实是要防止话语溢出。我们这里遵循着这古老的约定:不说话。这是人对自己的制约,也是人对自己的挑战。前苏联的著名小说《钢铁是怎样炼成的》中的主人公保尔·柯察金说不抽烟就不抽烟了,高密东北乡人民说不说话就不说话了。会抽烟不抽烟是痛苦,但会说话不说话却是乐趣。难得的是来这里的人都憋着不说话。当年我目睹着因为不说话使"雪集"上的各项交易以神奇的速度进行着。因为不说话,一切都变得简捷明了,可见人世上的话,百分之九十九都是废话,都可以省略不说。闭住你的嘴巴,省出力量和时间来思想吧。不说话会让你捕捉到更多的信息。关于颜色,关于气味,关于形状。不说话使人处在一种相互理解的和谐气氛中,不说话使人避免了过分的亲昵也避免了争斗,不说话使人与人之间的关系拉上了一层透明的帷幕,由于有了这层帷幕,彼此反倒更深刻地记住了对方的容貌。不说话你能更多地听到美好的声音。不说话女人的嫣然一笑更加赏心悦目、心领神会。你愿意说话也可以,但只要你一开口,就会有无数的眼睛盯着你,使你感到无地自容。大家都能说话而不说,你为什么偏要说?人民的沉默据说是一个可怕的征兆,当人们七嘴八舌地议论着、詈骂着时,这个社会还有救;当人民都冷眼不语装了哑巴时,这个社会就到了尽头。据说有一个外乡人来到"雪集",纳闷地说:"你们这里的人都是哑巴吗?"他受到了什么样的惩罚?请你猜猜看。

不要在此流连,关于"雪集",我会在一部长篇小说里再次对你说起,非常的详细。下面,请你注意那条狗。那条瞎眼的狗,在雪地上追逐野兔。我在本文开篇时为这条狗下了一个定语:莽撞。其所以莽撞,是因为瞎眼;正因为盲目,所以就莽撞。其实它追逐着的,仅仅是野兔的气味和声音。但它最终总是能一口咬住野兔子。使我想起了德国作家聚斯金德的小说《香水》,那里边有一个怪人,通过对气味的了解,比所有的人都更加深刻地了解了这个世界。日本的盲音乐家宫城道雄写道:"失去了光之后,在我的面前却展现出无限复杂的音的世界,充分地弥补了我因为不能接触颜色造成的孤寂。"这位天才还听到了声音的颜色,他说音和色密不可分,有白色的声音,黑色的声音,红色的声音,黄色的声音,等等,也许还有一个天才,能听出声音的气味来。

就不去西南方向的沼泽地了吧?也不去东北方向的大河入海处了吧?那儿的沙滩上有着硕果累累的葡萄园。也不去逐个地游览高密东北乡版图上那些大小村镇了吧?那儿的历史上曾经有过的烧酒大锅、染布的作坊、孵小鸡的暖房、训老鹰的老人、纺线的老妇、熟皮子的工匠、谈鬼的书场等等等等都沉积在历史的岩层中，跑不了的。请看，那条莽撞的狗把野兔子咬住了，叼着，献给它的主人，高寿的门老头儿。他已经九十九岁。他的房屋坐落在高密东北乡最东南的边缘上，孤零零的。出了他的门，往前走两步，便是一道奇怪的墙壁，墙里是我们的家乡，墙外是别人的土地。

门老头儿身材高大，年轻时也许是个了不起的汉子。他的故事至今还在高密东北乡流传。我最亲近他捉鬼的故事。说他赶集回来，遇到一个鬼，是个女鬼，要他背着走。他就背着她走。到了村头时鬼要下来，他不理睬，一直将那个鬼背到了家中。他将那个女鬼背到家中，放下一看，原来是个……这个孤独的老人，曾经给一个大名鼎鼎的人物当过马夫。据说他还是共产党员。从我记事起，他就住在远离我们村子的地方。小时候我经常吃到他托人捎来的兔子肉或是野鸟的肉。他用一种红梗的野草煮野物，肉味于是鲜美无比，宛如动听的音乐，至今还缭绕在我的唇边耳畔。但别人找不到这种草。前几年，听村子里的老人说，门老头儿到处收集酒瓶子，问他收了干什么，他也不说。终于发现他在用废旧的酒瓶子垒一道把高密东北乡和外界分割开来的墙。但这道墙刚刚砌了二十米，老头儿就坐在墙根上，无疾而终了。

这道墙是由几十万只酒瓶子砌成，瓶口一律向着北。只要是刮起北风，几十万只酒瓶子就会发出声音各异的呼啸，这些声音汇合在一起，便成了亘古未有的音乐。在北风呼啸的夜晚，我们躺在被窝里，听着来自东南方向变幻莫测、五彩缤纷、五味杂陈的声音，眼睛里往往饱含着泪水，心中常怀着对祖先的崇拜，对大自然的敬畏，对未来的憧憬，对神的感谢。

你什么都可以忘记，但不要忘记这道墙发出的声音。因为它是大自然的声音，是鬼与神的合唱。

会唱歌的墙昨天倒了，千万只碎的玻璃瓶子，在雨水中闪烁清冷的光芒继续歌唱，但较之以前的高唱，现在已经是雨中的低吟了。值得庆幸的是，那高唱，那低吟，都渗透到了我们高密东北乡人的灵魂里，并且会世代流传着的。

★学习与探究★

1. 本文的题目《会唱歌的墙》具有深刻的寓意。结合范文，联系莫言的创作经历及自身的阅读经验，思考并回答："会唱歌的墙"具有哪些象征意义？

2. 莫言的很多小说都是以他的家乡高密东北乡为背景的，形成了"高密东北乡"系列。高密不仅仅是莫言地理意义上的家乡，更是他几十年来在文学创作道路上苦心孤诣所建构起来的文学故乡，是他借以理解沟通和抒写描摹整个世界的一条必经之路。家乡，对于每一个人来说，犹如伟大的母亲，不管走多远，都是心中永远的牵挂。请结合自身经历，谈谈你对故乡的认识。

3.莫言是第一个获得诺贝尔文学奖的中国籍作家，他在获奖演讲《讲故事的人》中说道："对一个作家来说，最好的说话方式是写作。我该说的话都写进了我的作品里。用嘴说出的话随风而散，用笔写出的话永不磨灭。"结合莫言的这句话谈一谈，你认为文学具有哪些方面的价值。

★岗位实践★

活动一：

全班分小组讲述印象最为深刻的一部文学作品，其他小组为其打分，看哪一组讲得最生动有趣，广受喜爱。

活动二：

阅读是有方法的，每个人的阅读习惯和方法也都不尽相同，全班分小组分享各自的读书方法，其他小组分为正反方对其优缺点进行辩论。

生死场（节选）[1]

萧红

导　读

萧红（1911—1942年），原名张秀环，出生于黑龙江省哈尔滨市呼兰区，中国近现代女作家，被誉为20世纪30年代的"文学洛神"。萧红一生坎坷飘零，幼年丧母，后来因逃离包办婚姻离开家庭，逃往北平，并进入女师大附中读书。1935年，在鲁迅的支持下，发表成名作《生死场》，在文坛上引起巨大的轰动和强烈的反响。

《生死场》是萧红一部传世的经典名篇。这篇小说讲述20世纪20年代至30年代哈尔滨近郊一个村庄的乡民"生"与"死"的故事，对人性、人的生存这一古老的问题进行了透彻而深邃的诠释。她在书中对人生的生存死亡的思索，超出了同时代的绝大部分作家。鲁迅为《生死场》所作的序言中说过："……然而北方人民的对于生的坚强，对于死的挣扎，却往往已经力透纸背"。鲁迅认为《生死场》深刻地表现了东北人民对于生的坚强和对于死的挣扎。

[1] 本文选自萧红著《生死场》，人民文学出版社2005年出版。

选文

一只山羊在大道边啮嚼榆树的根端。

城外一条长长的大道，被榆树荫蒙蔽着。走在大道中，像是走进一个动荡遮天的大伞。

山羊嘴嚼榆树皮，黏沫从山羊的胡子流涎着。被刮起的这些黏沫，仿佛是胰子的泡沫，又像粗重浮游着的丝条；黏沫挂满羊腿。榆树显然是生了疮疖，榆树带着偌大的疤痕。山羊却睡在荫中，白囊一样的肚皮起起落落……

菜田里一个小孩慢慢地踱走。在草帽的盖伏下，像是一棵大型的菌类。捕蝴蝶吗？捉蚱虫吗？小孩在正午的太阳下。

很短时间以内，跌步的农夫也出现在菜田里。一片白菜的颜色有些相近山羊的颜色。

毗连着菜田的南端生着青穗的高粱的林。小孩钻入高粱之群里，许多穗子被撞着，从头顶坠下来。有时也打在脸上。叶子们交结着响，有时刺痛着皮肤。那里是绿色的甜味的世界，显然凉爽一些。时间不久，小孩子争斗着又走出最末的那棵植物。立刻太阳烧着他的头发，机灵的他把帽子扣起来。高空的蓝天，遮覆住菜田上闪耀着的阳光，没有一块行云。一株柳条的短枝，小孩挟在腋下，走路时他的两腿膝盖远远的分开，两只脚尖向里勾着，勾得腿在抱着个盆样。跌脚的农夫早已看清是自己的孩子了，他远远地完全用喉音在问着：

“罗圈腿，哎呀！……不能找到？”

这个孩子的名字十分象征着他。他说：“没有。”

菜田的边道，小小的地盘，绣着野菜。经过这条短道，前面就是二里半的房窝，他家门前种着一株杨树，杨树翻摆着自己的叶子。每日二里半走在杨树下，总是听一听杨树的叶子怎样响；看一看杨树的叶子怎样摆动？杨树每天这样……他也每天停脚。今天是他第一次破例，什么他都忘记，只见跌脚跌得更深了！每一步像在踏下一个坑去。

土屋周围，树条编做成墙，杨树一半阴影洒落到院中；麻面婆在阴影中洗濯衣裳。正午田圃间只留着寂静，唯有蝴蝶们为着花，远近的翩飞，不怕太阳烧毁它们的翅膀。一切都回藏起来，一只狗也寻着有荫的地方睡了！虫子们也回藏不鸣！

汗水在麻面婆的脸上，如珠如豆，渐渐侵着每个麻痕而下流。麻面婆不是一只蝴蝶，她生不出磷膀来，只有印就的麻痕。

两只蝴蝶飞戏着闪过麻面婆，她用湿的手把飞着的蝴蝶打下来，一个落到盆中溺死了！她的身子向前继续浮动，汗流到嘴了，她舐尝一点盐的味，汗流到眼睛的时候，那是非常辣，她急切用湿手揩拭一下，但仍不停地洗濯。她的眼睛好像哭过一样，揉擦出脏污可笑的圈子，若远看一点，那正合乎戏台上的丑角；眼睛大得那样可怕，比起牛的眼睛来更大，而且脸上也有不定的花纹。

土房的窗子，门，望去那和洞一样。麻面婆踏进门，她去找另一件要洗的衣服，可是在炕上，她抓到了日影，但是不能拿起，她知道她的眼睛是晕花了！好像在光明中忽然走进灭了灯的夜。她休息下来。感到非常凉爽。过了一会在席子下面她抽出一条自己的裤子。她用裤子抹着头上的汗，一面走回树荫放着盆的地方，她把裤子也浸进泥浆去。

裤子在盆中大概还没有洗完，可是搭到篱墙上了！也许已经洗完？麻面婆的事是一件跟紧一件，有必要时，她放下一件又去做别的。

邻屋的烟筒，浓烟冲出，被风吹散着，布满全院。烟迷着她的眼睛了！她知道家人要回来吃饭，慌张着心弦，她用泥浆浸过的手去墙角拿茅草，她贴了满手的茅草，就那样，她烧饭，她的手从来没用清水洗过。她家的烟筒也冒着烟了。过了一会，她又出来取柴，茅草在手中，一半拖在地面，另一半在围裙下，她是拥着走。头发飘了满脸，那样，麻面婆是一只母熊了！母熊带着草类进洞。

浓烟遮住太阳，院中一霎幽暗，在空中烟和云似的。

篱墙上的衣裳在滴水滴，蒸着污浊的气。全个村庄在火中窒息。午间的太阳权威着一切了！

“他妈的，给人家偷着走了吧？”

二里半跌脚利害的时候，都是把屁股向后面斜着，跌出一定的角度来。他去拍一拍山羊睡觉的草棚，可是羊在哪里？

“他妈的，谁偷了羊……混账种子！”

麻面婆听着丈夫骂，她走出来凹着眼睛：

“饭晚啦吗？看你不回来，我就洗些个衣裳。”

让麻面婆说话，就像让猪说话一样，也许她喉咙组织法和猪相同，她总是发着猪声。

“哎呀！羊丢啦！我骂你那个傻老婆干什么？”

听说羊丢了，她去扬翻柴堆，她记得有一次羊是钻过柴堆。但，那在冬天，羊为着取暖。她没有想一想，六月天气，只有和她一样傻的羊才要钻柴堆取暖。她翻着，她没有想。全头发洒着一些细草，她丈夫想止住她，问她什么理由，她始终不说。她为着要做出一点奇迹，为着从这奇迹，今后要人看重她，表明她不傻，表明她的智慧是在必要的时节出现，于是像狗在柴堆上耍得疲乏了！手在扒着发间的草杆，她坐下来。她意外地感到自己的聪明不够用，她意外地对自己失望。

过了一会，邻人们在太阳底下四面出发，四面寻羊；麻面婆的饭锅冒着气，但，她也跟在后面。

二里半走出家门不远，遇见罗圈腿，孩子说：

“爸爸，我饿！”

二里半说：“回家去吃饭吧！”

可是二里半转身时，老婆和一捆稻草似的跟在后面。

“你这老婆，来干什么？领他回家去吃饭。”

他说着不停地向前跌走。

黄色的，近黄色的麦地只留下短短的根苗。远看来麦地使人悲伤。在麦地尽端，井边什么人在汲水。二里半一只手遮在眉上，东西眺望，他忽然决定到那井的地方，在井沿看下去，什么也没有，用井上汲水的桶子向水底深深的探试，什么也没有。最后，绞上水桶，他伏身到井边喝水，水在喉中有声，像是马在喝。

老王婆在门前草场上休息。

“麦子打得怎么样啦？我的羊丢了！”

二里半青色的面孔为了丢羊更青色了！

“咩……咩……”羊叫？不是羊叫，寻羊的人叫。

林荫一排砖车经过，车夫们哗闹着。山羊的午睡醒转过来，它迷茫着用犄角在周身剔毛。为着树叶绿色的反映，山羊变成浅黄。卖瓜的人在道旁自己吃瓜。那一排砖车扬起浪般的灰尘，从林荫走上进城的大道。

山羊寂寞着，山羊完成了它的午睡，完成了它的树皮餐，而归家去了。山羊没有归家，它经过每棵高树，也听遍了每张叶子的刷鸣，山羊也要进城吗！它奔向进城的大道。

“咩……咩”羊叫？不是羊叫，寻羊的人叫。二里半比别人叫出来更大声，那不像是羊叫，像是一条牛了！

最后，二里半和地邻动打，那样，他的帽子，像断了线的风筝，飘摇着下降，从他头上飘摇到远处。

“你踏碎了俺的白菜！——你……你……”

那个红脸长人，像是魔王一样，二里半被打得眼睛晕花起来，他去抽拔身边的一棵小树；小树无由的被害了，那家的女人出来，送出一支搅酱缸的耙子，耙子滴着酱。

他看见耙子来了，拔着一棵小树跑回家去，草帽是那般孤独地丢在井边，草帽他不知戴过了多少年头。

二里半骂着妻子：“混蛋，谁吃你的焦饭！”

他的面孔和马脸一样长。麻面婆惊惶着，带着愚蠢的举动，她知道山羊一定没能寻到。

过了一会，她到饭盆那里哭了！“我的……羊，我一天一天喂，喂……大的，我抚摸着长起来的！”

麻面婆的性情不会抱怨。她一遇到不快时，或是丈夫骂了她，或是邻人与她拌嘴，就连小孩子们扰烦她时，她都是像一摊蜡消融下来。她的性情不好反抗，不好争斗，她的心像永远贮藏着悲哀似的，她的心永远像一块衰弱的白棉。她哭抽着，任意走到外面把晒干的衣裳搭进来，但她绝对没有心思注意到羊。

可是会旅行的山羊在草棚不断地搔痒，弄得板房的门扇快要掉落下来，门扇摔摆地响着。

下午了，二里半仍在炕上坐着。

“妈的，羊丢了就丢了吧！留着它不是好兆相。”

但是妻子不晓得养羊会有什么不好的兆相，她说：

“哼！那么白白地丢了？我一会去找，我想一定在高粱地里。”

“你还去找？你别找啦！丢就丢了吧！”

“我能找到它呢！”

“哎呀，找羊会出别的事哩！”

他脑中回旋着挨打的时候：——草帽像断了线的风筝飘摇着下落，酱耙子滴着酱。快抓住小树，快抓住小树。……二里半心中翻着这不好的兆相。

他的妻不知道这事。她朝向高粱地去了。蝴蝶和别的虫子热闹着，田地上有人工作了。她不和田上的妇女们搭话，经过留着根的麦地时，她像微点的爬虫在那里。阳光比正午钝了些，虫鸣渐多了，渐飞渐多了！

老王婆工作剩余的时间，尽是，述说她无穷的命运。她的牙齿为着述说常常切得发响，那样她表示她的愤恨和潜怒。在星光下，她的脸纹绿了些，眼睛发青，她的眼睛是大的圆形。有时她讲到兴奋的话句，她发着嗄而没有曲折的直声。邻居的孩子们会说她是一头“猫头鹰”，她常常为着小孩子们说她“猫头鹰”而愤激：她想自己怎么会成个那样的怪物呢？像啐着一件什么东西似的，她开始吐痰。

孩子们的妈妈打了他们，孩子跑到一边去哭了！这时王婆她该终止她的讲说，她从窗洞爬进屋去过夜。但有时她并不注意孩子们哭，她不听见似的，她仍说着那一年麦子好，她多买了一条牛，牛又生了小牛，小牛后来又怎样，……她的讲话总是有起有落；关于一条牛，她能有无量的言辞：牛是什么颜色，每天要吃多少水草，甚至要说到牛睡觉是怎样的姿势。

但是今夜院中一个讨厌的孩子也没有，王婆领着两个邻妇，坐在一条喂猪的槽子上，她们的故事便流水一般地在夜空里延展开。

天空一些云忙走，月亮陷进云围时，云和烟样，和煤山样，快要燃烧似的。再过一会，月亮埋进云山，四面听不见蛙鸣；只是萤虫闪闪着。

屋里，像是洞里，响起鼾声来，布遍了的声波旋走了满院。天边小的闪光不住地在闪合。王婆的故事对比着天空的云：

“……一个孩子三岁了，我把她摔死了，要小孩子我会成了个废物。……那天早晨……我想一想！……是早晨，我把她坐在草堆上，我去喂牛；草堆是在房后。等我想起孩子来，我跑去抱她，我看见草堆上没有孩子；我看见草堆下有铁犁的时候，我知道，这是恶兆，偏偏孩子跌在铁犁一起，我以为她还活着呀！等我抱起来的时候……啊呀！“

一条闪光裂开来，看得清王婆是一个兴奋的幽灵。全麦田，高粱地，菜圃，都在闪光下出现。妇人们被惶惑着，像是有什么冷的东西，扑向她们的脸去。闪光一过，王婆的话声又连续下去：

“……啊呀！……我把她丢到草堆上，血尽是向草堆上流呀！她的小手颤颤着，血在冒着气从鼻子流出，从嘴也流出，好像喉管被切断了。我听一听她的肚子还有响；那和一条小狗给车轮轧死一样。我也亲眼看过小狗被车轮轧死，我什么都看过。这庄上的谁家养小孩，一遇到孩子不能养下来，我就去拿着钩子，也许用那个掘菜的刀子，把孩子从娘的肚里硬搅出来。孩子死，不算一回事，你们以为我会暴跳着哭吧？我会嚎叫吧？起先我心也觉得发颤，可是我一看见麦田在我眼前时，我一点都不后悔，我一滴眼泪都没淌下。以后麦子收成很好，麦子是我割倒的，在场上一粒一粒我把麦子拾起来，就是那年我整个秋天没有停脚，没讲闲活，像连口气也没得喘似的，冬天就来了！到冬天我和邻人比着麦粒，我的麦粒是那样大呀！到冬天我的背曲得有些利害，在手里拿着大的麦粒。可是，邻人的孩子却长起来了！……到那时候，我好像忽然才想起我的小钟。”

王婆推一推邻妇，荡一荡头：

“我的孩子小名叫小钟呀！……我接连着熬苦了几夜没能睡，什么麦粒？从那时起，我连麦粒也不怎样看重了！就是如今，我也不把什么看重。那时我才二十几岁。”

闪光相连起来，能言的幽灵默默坐在闪光中。邻妇互望着，感到有些寒冷。

狗在麦场张狂着咬过来，多云的夜什么也不能告诉人们。忽然一道闪光，看见黄狗卷着尾巴向二里半叫去，闪光一过，黄狗又回到麦堆，草茎折动出细微的声音。

“三哥不在家里？”

“他睡着哩！”王婆又回到她的默默中，她的答话像是从一个空瓶子或是从什么空的东西发出。猪槽上她一个人化石一般地留着。

“三哥！你又和三嫂闹嘴吗？你常常和她闹嘴，那会败坏了平安的日子的。”

二里半，能宽容妻子，以他的感觉去衡量别人。

赵三点起烟火来，他红色的脸笑了笑：“我没和谁闹嘴哩！”

二里半他从腰间解下烟袋，从容着说：

“我的羊丢了！你不知道吧？它又走了回来。要替我说出买主去，这条羊留着不是什么好兆相。”

赵三用粗嘎的声音大笑，大手和红色脸在闪光中伸现出来。

“哈……哈，倒不错，听说你的帽子飞到井边团团转呢！”

忽然二里半又看见身边长着一棵小树，快抓住小树，快抓住小树。他幻想终了，他知道被打的消息是传布出来，他捻一捻烟火，解辩着说：

“那家子不通人情，哪有丢了羊不许找的勾当？他硬说踏了她的白菜，你看，我不能和他动打。”

摇一摇头，受着辱一般的冷没下去，他吸烟管，切心地感到羊不是好兆相，羊会伤着自己的脸面。

来了一道闪光，大手的高大的赵三，从炕沿站起，用手掌擦着眼睛。他忽然响叫：

“怕是要落雨吧！——坏啦！麦子还没打完，在场上堆着！”

赵三感到养牛和种地不足，必须到城里去发展。他每日进城，他渐渐不注意麦子，他梦想着另一桩有望的事业。

“那老婆，怎不去看麦子？麦子一定要给水冲走呢！”

赵三习惯的总以为她会坐在院心。闪光更来了！雷响，风声。一切翻动着黑夜的村庄。

“我在这里呀！到草棚拿席子来，把麦子盖起吧！”

喊声在有闪光的麦场响出。声音像碰着什么似的，好像在水上响出。王婆又震动着喉咙：“快些，没有用的，睡觉睡昏啦！你是摸不到门啦！”

赵三为着未来的大雨所恐吓，没有同她拌嘴。

高粱地像要倒折，地端的榆树吹啸起来，有点像金属的声音，为着闪的缘故，全庄忽然裸现，忽然又沉埋下去。全庄像是海上浮着的泡沫。邻家和距离远一点的邻家有孩子的哭声，大人在嚷吵，什么酱缸没有盖啦！驱赶着鸡雏啦！种麦田的人家嚷着麦子还没有打完啦！农家好比鸡笼，向着鸡笼投下火去，鸡们会翻腾着。

黄狗在草堆开始做窝，用腿扒草，用嘴扯草。王婆一边颤动，一边手里拿着耙子。

“该死的，麦子今天就应该打完，你进城就不见回来，麦子算是可惜啦！”

二里半在电光中走近家门，有雨点打下来，在植物的叶子上稀疏地响着。雨点打在他的头上时，他摸一下头顶而没有了草帽。关于草帽，二里半一边走路一边怨恨山羊。

早晨了，雨还没有落下。东边一道长虹悬起来，感到湿的气味的云掠过人头，东边高粱头上，太阳走在云后，那过于艳明，像红色的水晶，像红色的梦。远看高粱和小树林一般森严着；村家在早晨趁着气候的凉爽，各自在田间忙。

赵三门前，麦场上小孩子牵着马，因为是一条年青的马，它跳着荡着尾巴跟它的小主人走上场来。小马欢喜用嘴撞一撞停在场上的石磙，它的前腿在平滑的地上跺打几下，接着它必然像索求什么似的叫起不很好听的声来。

王婆穿的宽袖的短袄，走上平场。她的头发毛乱而且绞卷着，朝晨的红光照着她，她的头发恰像田上成熟的玉米缨穗，红色并且蔫卷。

马儿把主人呼唤出来，它等待给它装置石磙，石磙装好的时候，小马摇着尾巴，不断地摇着尾巴，它十分驯顺和愉快。

王婆摸一摸席子潮湿一点，席子被拉在一边了；孩子跑过去，帮助她，麦穗布满平场，王婆拿着耙子站到一边。小孩欢跑着立到场子中央，马儿开始转跑。小孩在中心地点也是转着。好像画圆周时用的圆规一样，无论马儿怎样跑，孩子总在圆心的位置。因为小马发疯着，飘扬着跑，它和孩子一般地贪玩，弄得麦穗溅出场外。王婆用耙子打着马，可是走了一会它游戏够了，就和断要着的小狗需要休息一样，休息下来。王婆着了疯一般地又挥着耙子，马暴跳起来，它跑了两个圈子，把石碌带着离开铺着麦穗的平场；并且嘴里咬嚼一些麦穗。系住马勒带的孩子挨着骂：

“呵！你总偷着把它拉上场，你看这样的马能以打麦子吗？死了去吧！别烦我吧！”

小孩子拉马走出平场的门；到马槽子那里，去拉那个老马。把小马束好在杆子间。老马差不多完全脱了毛，小孩子不爱它，用勒带打着它走，可是它仍和一块石头或是一棵生了根的植物那样不容搬运。老马是小马的妈妈，它停下来，用鼻头偎着小马肚皮间破裂的流着血的伤口。小孩子看见他爱的小马流血，心中惨惨的眼泪要落出来，但是他没能晓得母子之情，因为他还没能看见妈妈，他是私生子。脱着光毛的老动物，催逼着离开小马，鼻头染着一些血，走上麦场。

村前火车经过河桥，看不见火车，听见隆隆的声响。王婆注意着旋上天空的黑烟。前村的人家，驱着白菜车去进城，走过王婆的场子时，从车上抛下几个柿子来，一面说：“你们是不种柿子的，这是贱东西，不值钱的东西，麦子是发财之道呀！”驱着车子的青年结实的汉子过去了，鞭子甩响着。

老马看着墙外的马不叫一声，也不响鼻子。小孩去拿柿子吃，柿子还不十分成熟，半青色的柿子，永远被人们摘取下来。

马静静地停在那里，连尾巴也不甩摆一下。也不去用嘴触一触石碌；就连眼睛它也不远看一下，同时它也不怕什么工做，工作来的时候，它就安心去开始；一些绳索束上身时，它就跟住主人的鞭子。主人的鞭子很少落到它的皮骨，有时它过分疲惫而不能支持，行走过分缓慢，主人打了它，用鞭子，或是用别的什么，但是它并不暴跳，因为一切过去的年代规定了它。

麦穗在场上渐渐不成形了！

“来呀！在这儿拉一会马呀！平儿！”

“我不愿意和老马在一块，老马整天像睡着。”

平儿囊中带着柿子走到一边去吃，王婆怨怒着：

“好孩子呀！我管不好你，你还有爹哩！”

平儿没有理谁，走出场子，向着东边种着花的地端走去。他看着红花，吃着柿子走。

灰色的老幽灵暴怒了：“我去唤你的爹爹来管教你呀！”

她像一支灰色的大鸟走出场去。

清早的叶子们，树的叶子们，花的叶子们，闪着银珠了！太阳不着边际地圆轮在高粱棵的上端,左近的家屋在预备早饭了。

老马自己在滚压麦穗,勒带在嘴下拖着,它不偷食麦粒,它不走脱了轨,转过一个圈,再转过一个,绳子和皮条有次序地向它光皮的身子摩擦,老动物自己无声的动在那里。

种麦的人家,麦草堆得高涨起来了!福发家的草堆也涨过墙头。福发的女人吸起烟管。她是健壮而短小,烟管随意冒着烟;手中的耙子,不住的耙在平场。

侄儿打着鞭子经行在前面的林荫,静静悄悄的他唱着寂寞的歌声;她为歌声感动了!耙子快要停下来,歌声仍起在林端:

"昨晨落着毛毛雨,……小姑娘,披蓑衣……小姑娘,……去打鱼。"

★学习与探究★

1.鲁迅在为《生死场》所做的序言中写道:"……叙事和写景,胜于人物的描写,然而北方人民的对于生的坚强,对于死的挣扎,却往往已经力透纸背;女性作者的细致的观察和越轨的笔致,又增加了不少明丽和新鲜。"认真阅读节选范文,找出写景的段落,并分析本文写景的语言特色。

2.《生死场》全书没有明显中心人物,而是重在对人物群像的展示,勾画出芸芸众生的生命图景。认真阅读范文,找出文中出现的人物,分析并比较不同人物的特征。

人物	外貌特征	性格特征

3."生"与"死"是人类文学的永恒主题,寄托着人们对生命的感悟与思考。《生死场》突出表现出"北方人民的对于生的坚强,对于死的挣扎"。继续阅读完《生死场》全文,思考这篇小说表达了什么样的生死观。并结合自身经历,谈谈你的生命观。

从前慢[1]

木心

导　读

木心(1927—2011年),本名孙璞,字仰中,号牧心,笔名木心,中国当代作家、画家,出版多部著作,在纽约华人圈被视为深解中国传统文化的精英和传奇人物。1927年生于浙江省嘉兴市桐乡乌镇东栅。毕业于上海美术专科学校。1982年定居纽约。2011年12月21日3时逝世于故乡乌镇,享年84岁。

《云雀叫了一整天》是木心先生代表作之一,由第一辑(诗歌)与第二辑(短句)组成,收录了《火车中的情诗》《女优的肖像》《伏尔加》等一百余首意境深远、金句纷披的完整诗篇,逾百行木心式的精彩箴言。在浓郁的情感中,用诗的语言表达自己,任何注释都是多余的。木心半生都在漂泊——从乌镇到上海,从上海到纽约,再从纽约重返故乡。可以说,文学之于木心先生就是"散步散远了的乡愁"。《从前慢》这首小诗便是木心先生在旅途中所写,当我们阅读这首小诗的时候就会有这样的感觉:旅途漫漫,身心俱疲的长者打开回忆之门,随着"吱呀"一声,纯净古朴气息的生活跃然纸上。

选　文

记得早先少年时
大家诚诚恳恳
说一句是一句

清早上火车站
长街黑暗无行人
卖豆浆的小店冒着热气

[1] 本文选自木心著《云雀叫了一整天》,广西师范大学出版社2009年出版。

从前的日色变得慢
车、马、邮件都慢
一生只够爱一个人

从前的锁也好看
钥匙精美有样子
你锁了，人家就懂了

★学习与探究★

1. 朗读全诗，感受诗歌的美。诗虽然对现在的事情只字未提，但每一节都暗含了现在——咀嚼着长大成人，无奈吊唁着青春。诚诚恳恳的少年、冒着热气的小店、传递爱意的车马书信、精美的锁都是从前的事物，生活的质感就在这些词句中得到丰满，岁月变迁好像变得再自然不过。对比互联网迅猛发展的当下生活，说说你体会到的心境感悟。

2. 木心先生的这首诗，像是一面镜子，走进去，是那个你心中的旧时光，是你忘不掉的童年乐，回不去的少年忧，放不下的中年愁。这首诗写到了读者的心坎里去，让人感动。读着读着，这首诗似乎活在了读者的生命里。试着写一首你对生活感悟的小诗歌。

一个星期一的早晨[1]

三毛

导　读

三毛（1943—1991年），中国现代作家，出生于重庆，浙江省定海县人，原名为陈懋平，后改名陈平，笔名“三毛”，英文名“Echo”。1964年进入中国文化大学哲学系，肄业后曾留学欧洲，婚后定居西属撒哈拉沙漠加纳利岛，并以当地的生活为背景，写出一连串情感真挚的作品。1981年回到台湾，曾在中国文化大学任教，1984年辞去教职，专职从事写作和演讲。三毛的足迹遍及世界各地，平生著作、译作十分丰富，其中《撒哈拉的故事》《雨季不再来》《哭泣的骆驼》《我的宝贝》《闹学记》《滚滚红尘》等散文、小说、剧本更是脍炙人口。

[1] 本文选自三毛著《雨季不再来》，北京十月文艺出版社2009年出版。

《一个星期一的早晨》以清新的美感来描述一个炎夏的林中午日朋友们旧地重游的故事，流露出一种伤感怀旧的情绪，接近自然的欢悦与淡淡追念流光的伤怀交织在一片明快的诗情里，具有浓郁的抒情色彩。

选　文

当我开始爬树时，太阳并没有照耀得那么凶猛，整个树林是新鲜而又清凉的，刚一进来的时候几乎使我忘了这已是接近夏天的一个早晨了。阳光透过树上的叶子照在我脸上，我觉得睁不开眼睛，便换了一个姿势躲开太阳。

这时的帕柯正在我躺着的树干下，她坐在一大堆枯叶上，旁边放着她那漂亮的粗麻编的大手袋，脚旁散着几张报纸。这是帕柯的老习惯，无论到哪儿，总有几张当天的或过时的报纸跟着她，而帕柯时常有意无意地翻动着，一方面又不经意地摆出一副异乡人的无聊样子来。现在我伏在树上看着她，她就怪快乐的样子，又伸手去翻起报纸来。

我在树上可以看见那河，那是一条冲得怪急的小河，一块块的卵石被水冲得又清洁又光滑，去年这个时候，我总喜欢跟帕柯在石头上跨来跨去。小河在纱帽山跟学校交接的那个山谷里流着。我渡水时老是又叫又喊的，总幻想着纱帽山的蛇全在河里，而帕柯从不怕蛇，也从不喊叫，她每到河边总将书一放，就一声不响地涉到对岸的大相思树下去。太阳照耀着整个河床，我们累了就会躺在大石上晒一下，再收拾东西一块走公路去吃冰，然后等车回家。有时辛堤和奥肯也会一块儿去，但我看得出，只有帕柯和我是真正快快乐乐地在水里走来走去。这样的情形并没有很多次，后来帕柯要预备转学考试，就停掉了这种放学后的回家方式。

辛堤今天破例想自己去涉起水来，他在带着土黄色的卵石上走着，肩上还背了照相机。天很热，辛堤的白衬衫外面却套了一件今年流行的男孩背心，那种格子的花样显得古怪而轻浮。我看看帕柯，她也正在看下面的河，于是我就对辛堤嚷起来。

“辛堤，不要那样走来走去了，你不是还有一堂课，快回去上，我跟帕柯在这儿等你。”

“卡诺，不要催我吧，如今的帕柯已不是从前每天来上学的她了，让我留在这儿，明早帕柯就再不会来了。”

辛堤仰着头朝我喊着，这时候阳光照在他单纯的脸上，显得他气色很好，水花在他脚边溅起，在阳光里亮得像透明的碎钻石，我看着这情景就异常的欢悦起来。

帕柯在树下走来走去，一会儿她走过来，用手绕着我躺着的树干，摇晃着身体，一面又仰头在看树顶的天空。

“卡诺，离开这儿已经一年多了，今早我坐车上山觉得什么都没有变过，连心情都是一样的，要不是辛堤这会儿背着我的相机，我真会觉得我们正是下课了，来这林子玩的，我没有离开过。”

“帕柯，你早就离开了，你离去已不止一年了，今早在车站见你时，我就知道你真的走了有好久了，要不然再见你时不会有那样令人惊异的欢悦。”

今天的帕柯穿得异常的好看，绸衬衫的领子很软地搭在颈上，裙子也系得好好的，还破例地用了皮带，一双咖啡色的凉鞋踏在枯叶上，看起来很调和，头发直直地披在肩上，又光滑又柔软。整个的帕柯给这普通的星期一早晨带来了假日的气息，我觉得反而不对劲起来。

“帕柯，你全身都不对劲，除了那几张报纸之外，你显得那么陌生。”

“卡诺，你这样说我似乎要笑起来，你知道吗，早晨我起来时就一直告诉自己，今天的我不是去新庄，今天是回华冈去，我就迷惑起来，觉得昨天才上山去过，那地方对我并不意味着什么，我去也不是去做什么，整个心境就是那样的，我不喜欢那种不在乎的样子，就让自己换了一件新衣服，好告诉自己，今天是不同的。卡诺，你看我，我这做作的人。”

“帕柯，不要在意那种没有来由的心情吧，毕竟回来的快乐有时是并不明显的，也不要来这儿找你的过去，你没有吧？帕柯。”

“没有。卡诺，不是没有，我不知道。”

“不要再想这些，我们去叫辛堤起来。”

我从树上踩着低桠处的树枝下来，地上除了野生的凤尾草之外，便是一大片落叶和小枯树枝铺成的地，从去年入秋以来就没有人扫过这儿的叶子。树林之外有一条小径斜斜地通到那横跨小河的水泥桥上，然后过了桥，经过橘子园直通到学校的左方。我走到树边的斜坡上向下望着辛堤，他不在河里，辛堤已经拿着脱下来的背心，低着头经过那桥向我们的地方走来。

林外的太阳依旧照耀着，一阵并不凉爽的风吹过我和帕柯站的斜坡，野草全都摇晃起来。辛堤已经走上了那伸延得很陡的小径，我由上面望着他，由于阳光的关系，我甚至可以清楚地看见他绣在衬衫口袋上的小海马。此时的帕柯站在我身旁，一只手搁在我肩上，我们同时注视着坡下的辛堤，他仍低着头走着，丝毫没有察觉我们在看他。四周的一切好似都突然寂寥起来，除了吹过的风之外没有一点声音，我们热切地注视着他向我们走近，此时，这一个本来没有意味着什么的动作，就被莫名其妙地蒙上了一层具有某种特殊意象的心境。辛堤那样在阳光下走近，就像带回来了往日在一起的时光，他将我们过去的日子放在肩上；走过桥，上坡，一步一步地向我们接近。

“帕柯，这光景就像以前，跟那时一模一样，帕柯，你看光线怎么样照射在他的头发上，去年没有逝去，我们也没有再经过一年，就像我们刚刚涉水上来，正在等着辛堤一样。”

“是的，卡诺，只要我们记得，没有一件事情会真正地过去。”

“帕柯，有时觉得你走了，有时又觉得你不过是请假，你还会来的。”

“我不知道，卡诺，我没有认真想过。”

辛堤走到尚差林子几步时，就很快地将肩上的背心一丢，口中嚷着热，走到树荫下便将身子像鸟似的扑到地上去。他自己并不知道，刚才他那样上坡时，带给了我们如何巨大的一种对过去时光的缅怀。

“热坏了,卡诺,你带了咖啡没有?”

“辛堤,你忘了,我中午留在学校才带咖啡的,今天是陪帕柯,整天没课。帕柯,你几点想回去?”

“不知道,不管,累了就回去,你走过来。辛堤不要懒了,替我们拍照吧。”

辛堤靠在那棵杨桐树的树根上,将背心罩着相机,开始装起软片来。我枕着帕柯的麻布手袋仰面躺着,而帕柯正满面无聊地在嚼一根酢浆草。我转一个身想看看河,但我是躺着的,看不见什么,只有树梢的阳光照射在帕柯的裙上,跳动着一个个圆圆的斑点。

我们从上山到现在已快三个钟点了,我觉得异常的疲倦。树林很凉爽,相思树开满黄花,风一吹香气便飘下来,我躺着就想睡过去了,小河的水仍在潺潺地流着,远处有汽车正在经过公路。

“卡诺,我在你书上写了新地址,这次搬到大直去了,你喜欢大直吗?”

“帕柯,你这不怕麻烦的家伙,这学期你已经搬了三次家了。”

“一切的感觉就是那样无助,好似哪儿都不是我该定下来的地方,就是暑假回乡时也是一样。故乡古老的屋宇和那终年飘着蔗糖味的街道都不再羁绊我了,这种心境不是一天中突然来的,三年前它就开始一点一滴地被累积下来。那时我觉得长大了,卡诺,我已没有自己的地方了。”

“帕柯。”

“我喜欢用我的方式过自由自在的日子,虽然我自己也不确信我活得有多好。”

“我不喜欢城市,尤其是山下那个城,但我每天都回到那里去,帕柯,我是一个禁不起流浪的人。”

“我不会,我每日放学就在街上游荡,有时碰到朋友,我就跟他们一块吃小摊逛街直到夜深。”

那时我躺得不想起来,地上的湿气透过小草和枯叶慢慢地渗到背脊里去,我觉得两肩又隐约地酸痛起来,就随手拉了一张报纸垫在身下,辛堤已装好软片向我们走来。

“挪过来一点,卡诺,你脸上有树叶的影子,坐到帕柯左边去,你总不会就这样躺着拍照吧。”

“就让我躺着吧,毕竟怎么拍是不重要的。”

时间已近正午了,我渐渐对这些情景厌烦起来,很希望换个地方,我是个不喜欢拍照的人,觉得那是件做作的事情。

“卡诺,你这不合作的朋友,帕柯一年都没来一次,你却不肯好好跟她一起拍些照片,卡诺——”

辛堤生气起来,一脸不高兴的样子,帕柯看见就笑了。

“辛堤,好朋友,我们去吃冰吧,不要跟卡诺过不去,毕竟我们没有什么改变,何必硬把它搞得跟以往有什么不同呢。”

于是我们离开了树林,抱着许多书,穿过桥,上坡,再经过一个天主堂就到大路了。从树林中走到正午的天空下总是不令人欢悦的,太阳被云层遮住,见不到具体的投射下来的光线,但放眼望去,在远处小山的上面,那照耀得令人眼花的天空正一望无际地展开着。大路上静静地停放着几辆车子,路旁的美洲菊盛开着火焰似的花朵,柏油路并没有被晒得很烫,但我走在上面,却因为传上来的那一点微热,使人从脚下涌起一股空乏的虚弱来。

到冰店的路并不很长,我们只需再经过一个旧木堆,绕过一家洗衣店和车站就到了,我们懒散地走着,有时踢踢石头,路上偶尔有相识的同学迎面走过。我们三人都没有说话,经过木堆时,嗅到腐木的味道,一切就更真实起来了。

“我们干脆提早一点吃饭去,我想去那家小店。”

“又要多走四十几步路,帕柯,你最多事。”

小店的墙上贴了许多汽水广告和日历女郎的照片,另外又挂了许多开张时别人送的镜子。以前帕柯常常嘲笑这家土气的小店,今日却又想它了。

今天的学生不多,我们坐在靠街的一张桌子,一面等东西吃一面看着公路上来来往往的车辆。刚才的太阳晒得我头痛,我觉得该去照照镜子,仔细去看看自己的脸,于是我就挪过椅子,对着一面画有松鹤的镜子打量起自己来,真是满面疲乏的神色了。回身去看他们,帕柯正在喝茶,辛堤在另一桌与几个男同学谈话,样子怪有精神的,这时蛋花汤来了,他就坐回来吃得很起劲。帕柯拿起筷子在擦,动作慢慢的,脸上露出思索的表情,但她没说什么。

“卡诺,我们吃完了去阳明山,走小路去,底片还有好多呢。”辛堤吃着东西人就起劲了。

“我现在不知道。”

“我要去,现在下山没意思。”帕柯在一旁说。

太阳又出来了,见到阳光我的眼睛就更张不开了,四周的一切显得那么地拉不住人,蓝色的公路局车一辆辆开过,我突然觉得异常疲倦,就极想回去了。

“我不管你们,吃完饭我要走了,帕柯,你跟辛堤去吧。”

“卡诺永远是一个玩不起的家伙,回去吧,我们先陪你去等车。”

我们站在候车亭的栏杆边上,四周有几个小孩在跑来跑去,车站后面的冰店在放着歌曲,那带着浪漫的拉丁情调的旋律在空气中飘来,四周的一切就突然被浸在这奇怪的伤感的调子里,放眼望去,学校的屋顶正在那山冈上被夏日的太阳照得闪闪发光。

帕柯在送我,就如以前那一阵接近放假时的日子一样,什么都没改变,心中一样也浮着些深深浅浅的快乐和忧伤。车来了,正午的阳光照着车顶和玻璃,我上车,望着留下来的帕柯和辛堤,他们正要离开。我问帕柯:

“帕柯,什么时候再来?”

“不知道。再见，卡诺。”

车开了，沿途的橘树香味充满了整个空旷的车厢，一幢幢漂亮精致的别墅在窗外掠过，远处的山峦一层层绵亘到天边，淡水河那样熟悉地在远处流着，而我坐在靠右的窗口，知道我正在向山下驶去。

这是一个和帕柯在一起的星期一的早晨。

★学习与探究★

1.通读全文，感受作品中“我”、帕柯、辛堤三人面对星期一早晨的相聚离散，及各人表现出的性格使然和伤感怀旧的情怀，试分析“我”在作品中的性格特点。

2.“三毛婚后七年，那一次，陈爸爸和陈妈妈远道飞来欧洲探望外子，因为地域的文化差异，荷西不懂得如何称呼中国的岳父母，依西方人习惯，他便要称呼其为陈先生陈太太，而对三毛来说，一定要叫爸爸妈妈，荷西紧张得不得了，言行拘谨，从始至终都还是未能将爸爸妈妈叫出口。而就在吃晚饭时，正在收拾碗筷的三毛忽听聊天中的荷西对她爸爸说：‘爹爹，你叫Echo准许我买摩托车好不好？’三毛赶紧躲进厨房，泪流满面。荷西肯这样叫她的爸爸，是缘于他对她多么深情的爱才可以做到的。”搜索三毛与荷西的故事，感悟世间真情。

3.三毛母亲有言：“三毛是个纯真的人，在她的世界里，不能忍受虚假，就是这点求真的个性，使她踏踏实实地活着。也许她的生活、她的遭遇不够完美，但是我们确知：她没有逃避她的命运，她勇敢地面对人生。”查阅资料，品读三毛作品，去尝试理解三毛的人生。尝试写一篇关于你和朋友间的小散文。

赠与今年毕业的大学生[1]

胡适

导 读

胡适（1891—1962年），曾用名嗣穈，字希疆，学名洪骍，后改名适，字适之，思想家、文学家、哲学家，以倡导“白话文”、领导新文化运动闻名于世。

《赠与今年毕业的大学生》是胡适于1932年发表在《独立评论》上的一篇文章，是对北京大学新一届毕业学生的临别赠言，又是对全国学子提出的希望。胡适了解现代大学

[1] 本文选自《胡适全集·第4卷》，安徽教育出版社2003年出版。

生的所思所想。并且,他性格平和而谨严,对学生既不会疾言厉色,亦不会放任不问。他的所长恰恰是做谆谆之教,循循善诱,以理悦人,以理服人。最重要的,是他抱有拳拳之心,时时处处为国家、民族、下一代人、学校、学术、科学、文化着想,而不含私欲,其情也真,其言也信,故而有效。我们看到,这可不是一般的赠言,不是含混的祝福,不是空泛的嘱咐,对当今学子来说也裨益良多,诚如作者所言:"虽未必是救命毫毛,也许做个防身的锦囊罢!"

选 文

这一两个星期里,各地的大学都有毕业的班次,都有很多的毕业生离开学校去开始他们的成人事业。学生的生活是一种享有特殊优待的生活,不妨幼稚一点,不妨吵吵闹闹,社会都能纵容他们,不肯严格的要他们负行为的责任。现在他们要撑起自己的肩膀来挑他们自己的担子了。在这个国难最紧急的年头,他们的担子真不轻!我们祝他们的成功,同时也不忍不依据自己的经验,赠与他们几句送行的赠言,——虽未必是救命毫毛,也许做个防身的锦囊罢!

你们毕业之后,可走的路不出这几条:绝少数的人还可以在国内或国外的研究院继续作学术研究;少数的人可以寻着相当的职业;此外还有做官,办党,革命三条路;此外就是在家享福或者失业闲居了。第一条继续求学之路,我们可以不讨论。走其余几条路的人,都不能没有堕落的危险。堕落的方式很多,总括起来,约有这两大类:

第一是容易抛弃学生时代的求知识的欲望。你们到了实际社会里,往往所用非所学,往往所学全无用处,往往可以完全用不着学问,而一样可以胡乱混饭吃,混官做。在这种环境里,即使向来抱有求知识学问的决心的人,也不免心灰意懒,把求知的欲望渐渐冷淡下去。况且学问是要有相当的设备的;书籍,试验室,师友的切磋指导,闲暇的工夫,都不是一个平常要糊口养家的人所能容易办到的。没有做学问的环境,又谁能怪我们抛弃学问呢?

第二是容易抛弃学生时代的理想的人生的追求。少年人初次与冷酷的社会接触,容易感觉理想与事实相去太远,容易发生悲观和失望。多年怀抱的人生理想,改造的热诚,奋斗的勇气,到此时候,好像全不是那么一回事。渺小的个人在那强烈的社会炉火里,往往经不起长时期的烤炼就熔化了,一点高尚的理想不久就幻灭了。抱着改造社会的梦想而来,往往是弃甲曳兵而走,或者做了恶势力的俘虏。你在那俘虏牢狱里,回想那少年气壮时代的种种理想主义,好像都成了自误误人的迷梦!从此以后,你就甘心放弃理想人生的追求,甘心做现成社会的顺民了。

要防御这两方面的堕落,一面要保持我们求知识的欲望,一面要保持我们对于理想人生的追求。有什么好法子呢？依我个人的观察和经验，有三种防身的药方是值得一试的。

第一个方子只有一句话："总得时时寻一两个值得研究的问题！"问题是知识学问的老祖宗；古今来一切知识的产生与积聚，都是因为要解答问题，——要解答实用上的困难或理论上的疑难。所谓"为知识而求知识"，其实也只是一种好奇心追求某种问题的解答，不过因为那种问题的性质不必是直接应用的，人们就觉得这是"无所为"的求知识了。我们出学校之后，离开了做学问的环境，如果没有一个两个值得解答的疑难问题在脑子里盘旋，就很难继续保持追求学问的热心。可是，如果你有了一个真有趣的问题天天逗你去想他，天天引诱你去解决他，天天对你挑衅笑你无可奈何他，——这时候，你就会同恋爱一个女子发了疯一样，坐也坐不下，睡也睡不安，没工夫也得偷出工夫去陪她，没钱也得撙衣节食去巴结她。没有书，你自会变卖家私去买书；没有仪器，你自会典押衣服去置办仪器；没有师友，你自会不远千里去寻师访友。你只要能时时有疑难问题来逼你用脑子，你自然会保持发展你对学问的兴趣，即使在最贫乏的智识环境中，你也会慢慢的聚起一个小图书馆来，或者设置起一所小试验室来。所以我说：第一要寻问题。脑子里没有问题之日，就是你的智识生活寿终正寝之时！古人说，"待文王而兴者，凡民也。若夫豪杰之士，虽无文王犹兴。"试想葛理略(Galieo)和牛敦(Newton)有多少藏书？有多少仪器？他们不过是有问题而已。有了问题而后，他们自会造出仪器来解答他们的问题。没有问题的人们，关在图书馆里也不会用书，锁在试验室里也不会有什么发现。

第二个方子也只有一句话："总得多发展一点非职业的兴趣。"离开学校之后，大家总得寻个吃饭的职业。可是你寻得的职业未必就是你所学的，或者未必是你所心喜的，或者是你所学而实在和你的性情不相近的。在这种状况之下，工作就往往成了苦工，就不感觉兴趣了。为糊口而作那种非"性之所近而力之所能勉"的工作，就很难保持求知的兴趣和生活的理想主义。最好的救济方法只有多多发展职业以外的正当兴趣与活动。一个人应该有他的职业，又应该有他的非职业的顽艺儿，可以叫作业余活动。凡一个人用他的闲暇来做的事业，都是他的业余活动。往往他的业余活动比他的职业还更重要，因为一个人的前程往往全靠他怎样用他的闲暇时间。他用他的闲暇来打马将，他就成个赌徒；你用你的闲暇来做社会服务，你也许成个社会改革者；或者你用你的闲暇去研究历史，你也许成个史学家。你的闲暇往往定你的终身。英国十九世纪的两个哲人，弥儿(J.S.Mill)终身做东印度公司的秘书，然而他的业余工作使他在哲学上，经济学上，政治思想史上都占一个很高的位置；斯宾塞(Spencer)是一个测量工程师，然而他的业余工作使他成为前世纪晚期世界思想界的一个重镇。古来成大学问的人，几乎没有一个不是善用他的闲暇时间的。特别在这个组织不健全的中国社会，职业不容易适合我们性情，我们要想生活不苦痛或不堕落，只有多方发展业余的兴趣，使我们的精神有所寄托，使我们的剩余精力有所施展。有了这种心爱的顽艺儿，你就做六个钟头的抹桌子工夫也不会感觉烦闷了，因为你知道，抹了六点钟的桌子之后，你可以回家去做你的化学研究,或画完你的大幅山水,或写你的小说戏曲,或继续你的历史考据,或做你的社会改革事业。你有了这种称心如意的活动,生活就不枯寂了,精神也就不会烦闷了。

第三个方子也只有一句话:“你总得有一点信心。”我们生当这个不幸的时代,眼中所见,耳中所闻,无非是叫我们悲观失望的。特别是在这个年头毕业的你们,眼见自己的国家民族沉沦到这步田地,眼看世界只是强权的世界,望极天边好像看不见一线的光明,——在这个年头不发狂自杀,已算是万幸了,怎么还能够希望保持一点内心的镇定和理想的信任呢?我要对你们说:这时候正是我们要培养我们的信心的时候!只要我们有信心,我们还有救。古人说:“信心(Faith)可以移山。”又说:“只要功夫深,生铁磨成绣花针。”你不信吗?当拿破仑的军队征服普鲁士占据柏林的时候,有一位穷教授叫作菲希特(Fichte)的,天天在讲堂上劝他的国人要有信心,要信仰他们的民族是有世界的特殊使命的,是必定要复兴的。菲希特死的时候(1814),谁也不能预料德意志统一帝国何时可以实现。然而不满五十年,新的统一的德意志帝国居然实现了。

一个国家的强弱盛衰,都不是偶然的,都不能逃出因果的铁律的。我们今日所受的苦痛和耻辱,都只是过去种种恶因种下的恶果。我们要收将来的善果,必须努力种现在的新因。一粒一粒的种,必有满仓满屋的收,这是我们今日应该有的信心。

我们要深信:今日的失败,都由于过去的不努力。

我们要深信:今日的努力,必定有将来的大收成。

佛典里有一句话:“福不唐捐。”唐捐就是白白地丢了。我们也应该说:“功不唐捐!”没有一点努力是会白白地丢了的。在我们看不见想不到的时候,在我们看不见想不到的方向,你瞧!你下的种子早已生根发叶开花结果了!

你不信吗?法国被普鲁士打败之后,割了两省地,赔了五十万万佛朗的赔款。这时候有一位刻苦的科学家巴斯德(Pasteur)终日埋头在他的试验室里做他的化学试验和微菌学研究。他是一个最爱国的人,然而他深信只有科学可以救国。他用一生的精力证明了三个科学问题:(1)每一种发酵作用都是由于一种微菌的发展;(2)每一种传染病都是由于一种微菌在生物体中的发展:(3)传染病的微菌,在特殊的培养之下,可以减轻毒力,使它从病菌变成防病的药苗。——这三个问题,在表面上似乎都和救国大事业没有多大的关系。然而从第一个问题的证明,巴斯德定出做醋酿酒的新法,使全国的酒醋业每年减除极大的损失。从第二个问题的证明,巴斯德教全国的蚕丝业怎样选种防病,教全国的畜牧农家怎样防止牛羊瘟疫,又教全世界的医学界怎样注重消毒以减除外科手术的死亡率。从第三个问题的证明,巴斯德发明了牲畜的脾热瘟的疗治药苗,每年替法国农家灭除了二千万佛朗的大损失;又发明了疯狗咬毒的治疗法,救济了无数的生命。所以英国的科学家赫胥黎(Huxley)在皇家学会里称颂巴斯德的功绩道:“法国给了德国五十万万佛朗的赔款,巴斯德先生一个人研究科学的成绩足够还清这一笔赔款了。”

巴斯德对于科学有绝大的信心，所以他在国家蒙奇辱大难的时候，终不肯抛弃他的显微镜与试验室。他绝不想他的显微镜底下能偿还五十万万佛朗的赔款，然而在他看不见想不到的时候，他已收获了科学救国的奇迹了。

朋友们，在你最悲观最失望的时候，那正是你必须鼓起坚强的信心的时候。你要深信：天下没有白费的努力。成功不必在我，而功力必不唐捐。

★学习与探究★

1.胡适在文中提到成长过程中的两方面的堕落指的是什么？作者送给大学毕业生的三种防身的药方是什么？你认为这些药方现在还是否有效？为什么？

2.作者在文章结尾说：“成功不必在我，而功力必不唐捐。”如何领会这句话的含义？

3.终身学习是指社会每个成员为适应社会发展和实现个体发展的需要，贯穿于人一生的持续的学习过程。结合当下在校学习的情况，谈谈如何培养自己终身学习的良好习惯。

★思考与讨论★

1.文学的四种主要体裁各有特色，结合阅读经验说说你最喜欢的是哪一类体裁的文学作品。

2.读书是一种十分重要的学习方式，也是终身学习所必不可少的重要途径，在你的生活中读书给你带来的最大影响是什么？

3.你想成为什么样的人？

4.在面对人生这道考题时，我们永远都是学习者，只有心怀信念、勇于反抗、热爱生命、不息求索、终身学习，每个人才可能给出自己满意的答案。

★主题实践★

活动内容：对于人生理想与价值意义的追求贯穿于一个人的一生，可能会随着成长而改变，也随着不断学习而调整。请结合个人生活经历，以小时候、上学后、进入大学、毕业后等几个重要时间节点对理想价值的看法为主要内容，撰写一篇文章。（可尝试以诗歌、散文、小说、戏剧等文学形式来进行写作）。

参考文献

REFERENCES

[1]韦苇.世界儿童文学史[M].合肥:安徽教育出版社,2015.
[2]樊发稼,少军.中国儿童文学新经典·诗歌卷[M].济南:山东教育出版社,2016.
[3]左怀建.中外文学经典导读[M].杭州:浙江大学出版社,2015.
[4]张爱军.文学经典赏析[M].青岛:中国海洋大学出版社,2015.
[5]家伟.百年百部文学经典导读[M].北京:中国华侨出版社,2016.
[6]李玉平.多元文化时代的文学经典理论[M].天津:南开大学出版社,2010.
[7]李凤杰.一次读完50部中国文学经典[M].哈尔滨:哈尔滨出版社,2008.
[8]王蕾.50部必读的中国文学经典[M].北京:北京工业大学出版社,2006.
[9]北岛.给孩子的诗[M].广州:广东大音音像出版社,2015.
[10]顾城.顾城的诗 顾城的画[M].南京:江苏文艺出版社,2009.
[11]高诱.吕氏春秋[M].毕沅校.余翔标点.上海:上海古籍出版社,1996.
[12]雷志成,徐珊玲.医学应用语文[M].长沙:湖南科学技术出版社,2008.
[13]云香.孩子的成长,妈妈的修行[M].北京:北京理工大学出版社,2015.
[14]张建,呙立军.大学语文[M].北京:高等教育出版社,2014.
[15]张泉灵,等.成长,请带上这封信:他们致孩子[M].北京:人民文学出版社,2014.
[16]托马斯·费兰.这样说,孩子才会听[M].于海生,译.长春:吉林文史出版社,2008.
[17]方明.陶行知教育名篇[M].北京:教育科学出版社,2005.
[18]梁启超.为学与做人[M].苏州:古吴轩出版社,2016.
[19]莫言.三匹马[M].杭州:浙江文艺出版社,2017.
[20]路遥.平凡的世界[M].北京:北京十月文艺出版社,2019.
[21]张专赟,辜静波.大学语文[M].成都:电子科技大学出版社,2018.
[22]毕淑敏.毕淑敏散文集[M].北京:中央编译出版社,2006.
[23]朱自清.朱自清散文集[M].北京:西苑出版社,2006.
[24]周国平.人生哲思录(修订版)[M].上海:上海辞书出版社,2011.